心一堂術數古籍整理叢刊　三式類・六壬系列

壬竅

[清]無無野人編
劉　浩
李鏘濤　校訂

心一堂有限公司
星易圖書有限公司

書名：壬竅
系列：心一堂術數古籍整理叢刊　三式類　六壬系列
作者：〔清〕熊熊野人小蘇郎逸
主編、責任編輯：陳劍聰
心一堂術數古籍叢刊編校小組：陳劍聰　梁松盛　鄒偉才　虛白盧主　李鏘濤
莊圓　丁鑫華　天乾山人

出版：心一堂有限公司
地址／門市：香港九龍尖沙咀東麼地道六十三號好時中心LG六十一室
電話號碼：+852-6715-0840　+852-3466-1112
網址：publish.sunyata.cc
電郵：sunyatabook@gmail.com
網上書店：http://book.sunyata.cc
網上論壇：http://bbs.sunyata.cc/

出版：星易圖書有限公司
地址：香港九龍旺角西洋菜南街十四之二十四號榮華大樓五字樓十六室
電話號碼：+852-3997-0550　+852-3997-0560
網址：http://www.xinyibooks.com

版次：二零一五年四月初版
平裝
定價：港幣　二百四十八元正
　　　新台幣　一千四百一十八元正
國際書號：ISBN 978-988-8316-41-0

香港及海外發行：香港聯合書刊物流有限公司
地址：香港新界大埔汀麗路三十六號中華商務印刷大廈三樓
電話號碼：+852-2150-2100
傳真號碼：+852-2407-3062
電郵：info@suplogistics.com.hk

台灣發行：秀威資訊科技股份有限公司
地址：台灣台北市內湖區瑞光路七十六巷六十五號一樓
電話號碼：+886-2-2796-3638
傳真號碼：+886-2-2796-1377
網絡書店：www.bodbooks.com.tw
台灣讀者服務中心：國家書店
地址：台灣台北市中山區松江路二〇九號一樓
電話號碼：+886-2-2518-0207
傳真號碼：+886-2-2518-0778
網絡書店：http://www.govbooks.com.tw/

中國大陸發行・零售：心一堂書店
深圳地址：中國深圳羅湖立新路六號東門博雅負一層零零八號
電話號碼：+86-755-8222-4934
北京地址：中國北京東城區雍和宮大街四十號
心一店淘寶網：http://sunyatacc.taobao.com

心一堂術數古籍珍本叢刊　總序
整理

術數定義

術數，大概可謂以「推算（推演）、預測人（個人、群體、國家等）、事、物、自然現象、時間、空間方位等規律及氣數，並或通過種種『方術』，從而達致趨吉避凶或某種特定目的」之知識體系和方法。

術數類別

我國術數的內容類別，歷代不盡相同，例如《漢書·藝文志》中載，漢代術數有六類：天文、曆譜、五行、蓍龜、雜占、形法。至清代《四庫全書》，術數類則有：數學、占候、相宅相墓、占卜、命書、相書、陰陽五行、雜技術等，其他如《後漢書·方術部》、《藝文類聚·方術部》、《太平御覽·方術部》等，對於術數的分類，皆有差異。古代多把天文、曆譜、及部份數學均歸入術數類，而民間流行亦視傳統醫學作為術數的一環；此外，有些術數與宗教中的方術亦往往難以分開。現代民間則常將各種術數歸納為五大類別：命、卜、相、醫、山，通稱「五術」。

本叢刊在《四庫全書》的分類基礎上，將術數分為九大類別：占筮、星命、相術、堪輿、選擇、三式、讖諱、理數（陰陽五行）、雜術（其他）。而未收天文、曆譜、算術、宗教方術、醫學。

術數思想與發展——從術到學，乃至合道

我國術數是由上古的占星、卜筮、形法等術發展下來的。其中卜筮之術，是歷經夏商周三代而通過「龜卜、蓍筮」得出卜（筮）辭的一種預測（吉凶成敗）術，之後歸納並結集成書，此即現傳之《易經》。經過春秋戰國至秦漢之際，受到當時諸子百家的影響、儒家的推崇，遂有《易傳》等的出現，原本是卜筮術書的《易經》，被提升及解讀成有包涵「天地之道（理）」之學。因此，《易・繫辭傳》曰：「易與天地準，故能彌綸天地之道。」

漢代以後，易學中的陰陽學說，與五行、九宮、干支、氣運、災變、卦氣、讖緯、天人感應說等相結合，形成易學中象數系統。而其他原與《易經》本來沒有關係的術數，如占星、形法、選擇，亦漸漸以易理（象數學說）為依歸。《四庫全書・易類小序》云：「術數之興，多在秦漢以後。要其旨，不出乎陰陽五行，生尅制化。實皆《易》之支派，傳以雜說耳。」至此，術數可謂已由「術」發展成「學」。

及至宋代，術數理論與理學中的河圖洛書、太極圖、邵雍先天之學及皇極經世等學說給合，通過術數以演繹理學中「天地中有一太極，萬物中各有一太極」（《朱子語類》）的思想。術數理論不單已發展至十分成熟，而且也從其學理中衍生一些新的方法或理論，如《梅花易數》、《河洛理數》等。

在傳統上，術數功能往往不止於僅僅作為趨吉避凶的方術，及「能彌綸天地之道」的學問，亦有其「修心養性」的功能，「與道合一」（修道）的內涵。《素問・上古天真論》：「上古之人，其知道者，法於陰陽，和於術數。」數之意義，不單是外在的算數、歷數、氣數，而是與理學中同等的「道」、「理」——心性的功能，北宋理氣家邵雍對此多有發揮：「聖人之心，是亦數也」、「萬化萬事生乎心」、「心為太極」。《觀物外篇》：「先天之學，心法也。……蓋天地萬物之理，盡在其中矣，心一而不分，則能應萬物。」反過來說，宋代的術數理論，受到當時理學、佛道及宋易影響，認為心性本質上是等同天地之太極。天地萬物氣數規律，能通過內觀自心而有所感知，即是內心也已具備有術數的推演及預測、感知能力；相傳是邵雍所創之《梅花易數》，便是在這樣的背景下誕生。

《易·文言傳》已有「積善之家，必有餘慶；積不善之家，必有餘殃」之說，至漢代流行的災變說及讖緯說，我國數千年來都認為天災，異常天象（自然現象），皆與一國或一地的施政者失德有關；下至家族、個人之盛衰，也都與一族一人之德行修養有關。因此，我國術數中除了吉凶盛衰理數之外，人心的德行修養，也是趨吉避凶的一個關鍵因素。

術數與宗教、修道

在這種思想之下，我國術數不單只是附屬於巫術或宗教行為的方術，又往往是一種宗教的修煉手段——通過術數，以知陰陽，乃至合陰陽（道）。「其知道者，法於陰陽，和於術數。」例如，「奇門遁甲」術中，即分為「術奇門」與「法奇門」兩大類。「法奇門」中有大量道教中符籙、手印、存想、內煉的內容，是道教內丹外法的一種重要外法修煉體系。甚至在雷法一系的修煉上，亦大量應用了術數內容。此外，相術、堪輿術中也有修煉望氣（氣的形狀、顏色）的方法；堪輿家除了選擇陰陽宅之吉凶外，也有道教中選擇適合修道環境（法、財、侶、地中的地）的方法，以至通過堪輿術觀察天地山川陰陽之氣，亦成為領悟陰陽金丹大道的一途。

易學體系以外的術數與的少數民族的術數

我國術數中，也有不用或不全用易理作為其理論依據的，如揚雄的《太玄》、司馬光的《潛虛》。也有一些占卜法、雜術不屬於《易經》系統，不過對後世影響較少而已。

外來宗教及少數民族中也有不少雖受漢文化影響（如陰陽、五行、二十八宿等學說。）但仍自成系統的術數，如古代的西夏、突厥、吐魯番等占卜及星占術，藏族中有多種藏傳佛教占卜術、苯教占卜術、擇吉術、推命術、相術等；北方少數民族有薩滿教占卜術；不少少數民族如水族、白族、布朗族、佤族、彝族、苗族等，皆有占雞（卦）草卜、雞蛋卜等術，納西族的占星術、占卜術，彝族畢摩的推命術、占卜術……等等，都是屬於《易經》體系以外的術數。相對上，外國傳入的術數以及其理論，對我國術數影響更大。

曆法、推步術與外來術數的影響

我國的術數與曆法的關係非常緊密。早期的術數中，很多是利用星宿或星宿組合的位置（如某星在某州或某宮某度）付予某種吉凶意義，并據之以推演，例如歲星（木星）、月將（某月太陽所躔之宮次）等。不過，由於不同的古代曆法推步的誤差及歲差的問題，若干年後，其術數所用之星辰的位置，已與真實星辰的位置不一樣了；此如歲星（木星），早期的曆法及術數以十二年為一周期（以應地支），與木星真實周期十一點八六年，每幾十年便錯一宮。後來術家又設一「太歲」的假想星體來解決，是歲星運行的相反，週期亦剛好是十二年。而術數中的神煞，很多即是根據太歲的位置而定。又如六壬術中的「月將」，原是立春節氣後太陽躔娵訾之次而稱作「登明亥將」，至宋代，因歲差的關係，要到雨水節氣後太陽才躔娵訾之次，當時沈括提出了修正，但明清時六壬術中「月將」仍然沿用宋代沈括修正的起法沒有再修正。

由於以真實星象周期的推步術是非常繁複，而且古代星象推步術本身亦有不少誤差，大多數術數除依曆書保留了太陽（節氣）、太陰（月相）的簡單宮次計算外，漸漸形成根據干支、日月等的各自起例，以起出其他具有不同含義的眾多假想星象及神煞系統。唐宋以後，我國絕大部份術數都主要沿用這一系統，也出現了不少完全脫離真實星象的術數，如《子平術》、《紫微斗數》、《鐵版神數》等。後來就連一些利用真實星辰位置的術數，如《七政四餘術》及選擇法中的《天星選擇》，也已與假想星象及神煞混合而使用了。

隨着古代外國曆（推步）、術數的傳入，如唐代傳入的印度曆法及術數，元代傳入的回回曆等，其中我國占星術便吸收了印度占星術中羅睺星、計都星等而形成四餘星，又通過阿拉伯占星術而吸收了其中來自希臘、巴比倫占星術的黃道十二宮、四大（四元素）學說（地、水、火、風），並與我國傳統的二十八宿、五行說、神煞系統並存而形成《七政四餘術》。此外，一些術數中的北斗星名，不用我國傳統的星名：天樞、天璇、天璣、天權、玉衡、開陽、搖光，而是使用來自印度梵文所譯的：貪狼、巨門、祿存、文曲，廉貞、武曲、破軍等，此明顯是受到唐代從印度傳入的曆法及占星術所影響。如星命術中的《紫微斗數》及堪輿術中的《撼龍經》等文獻中，其星皆用印度譯名。及至清初《時憲曆》，置閏之法則改用西法「定氣」。清代以後的術數，又作過不少的調整。

此外，我國相術中的面相術、手相術，唐宋之際受印度相術影響頗大，至民國初年，又通過翻譯歐西、日本的相術書籍而大量吸收歐西相術的內容，形成了現代我國坊間流行的新式相術。

陰陽學——術數在古代、官方管理及外國的影響

術數在古代社會中一直扮演着一個非常重要的角色，影響層面不單只是某一階層、某一職

業、某一年齡的人，而是上自帝王，下至普通百姓，從出生到死亡，不論是生活上的小事如洗髮、出行等，大事如建房、入伙、出兵等，從個人、家族以至國家，從天文、氣象、地理到人事、軍事，從民俗、學術到宗教，都離不開術數的應用。我國最晚在唐代開始，已把以上術數之學，稱作陰陽（學），行術數者稱陰陽人。（敦煌文書、斯四三二七唐《師師漫語話》：「以下說陰陽人謾語話」，此說法後來傳入日本，今日本人稱行術數者為「陰陽師」）。一直到了清末，欽天監中負責陰陽術數的官員中，以及民間術數之士，仍名陰陽生。

古代政府的中欽天監（司天監），除了負責天文、曆法、輿地之外，亦精通其他如星占、選擇、堪輿等術數，除在皇室人員及朝庭中應用外，也定期頒行日書、修定術數，使民間對於天文、日曆用事吉凶及使用其他術數時，有所依從。

我國古代政府對官方及民間陰陽學及陰陽官員，從其內容、人員的選拔、培訓、認證、考核、律法監管等，都有制度。至明清兩代，其制度更為完善、嚴格。

宋代官學之中，課程中已有陰陽學及其考試的內容。（宋徽宗崇寧三年〔一一零四年〕崇寧算學令：「諸學生習……並曆算、三式、天文書。」「諸試……三式即射覆及預占三日陰陽風雨。天文即預定一月或一季分野災祥，並以依經備草合問為通。」

金代司天臺，從民間「草澤人」（即民間習術數人士）考試選拔：「其試之制，以《宣明曆》試推步，及《婚書》、《地理新書》試合婚、安葬，並《易》筮法，六壬課、三命、五星之術。」（《金史》卷五十一・志第三十二・選舉一）

元代為進一步加強官方陰陽學對民間的影響、管理、控制及培育，除沿襲宋代、金代在司天監掌管陰陽學及中央的官學陰陽學課程之外，更在地方上增設陰陽學課程（《元史・選舉志一》：「世祖至元二十八年夏六月始置諸路陰陽學。」）地方上也設陰陽學教授員，培育及管轄地方陰陽人。（《元史・選舉志一》：「（元仁宗）延祐初，令陰陽人依儒醫例，於路、府、州設教授員，凡陰陽人皆管轄之，而上屬於太史焉。」）自此，民間的陰陽術士（陰陽人），被納入官方的管轄之下。

至明清兩代，陰陽學制度更為完善。中央欽天監掌管陰陽學，明代地方縣設陰陽學正術，各州設陰陽學典術，各縣設陰陽學訓術。陰陽人從地方陰陽學肄業或被選拔出來後，再送到欽天監考試。（《大明會典》卷二二三：「凡天下府州縣舉到陰陽人堪任正術等官者，俱從吏部送（欽天監），考中，送回選用；不中者發回原籍為民，原保官吏治罪。」）清代大致沿用明制，凡陰陽術數之流，悉歸中央欽天監及地方陰陽官員管理、培訓、認證。至今尚有「紹興府陰陽印」、「東光縣陰陽學記」等明代銅印，及某某縣某某之清代陰陽執照等傳世。

清代欽天監漏刻科對官員要求甚為嚴格。《大清會典》「國子監」規定：「凡算學之教，設肄業生。滿洲十有二人，蒙古、漢軍各六人，於各旗官學內考取。漢十有二人，於舉人、貢監生童內考取。附學生二十四人，由欽天監選送。教以天文演算法諸書，五年學業有成，舉人引見以欽天監博士用，貢監生童以天文生補用。」學生在官學肄業、貢監生肄業或考得舉人後，經過了五年對天文、算法、陰陽學的學習，其中精通陰陽術數者，會送往漏刻科。而在欽天監供職的官員，《大清會典則例》「欽天監」規定：「本監官生三年考核一次，術業精通者，保題升用。不及者，停其升轉，再加學習。如能黽勉供職，即予開復。仍不及者，降職一等，再令學習三年，能習熟者，准予開復，仍不能者，黜退。」除定期考核以定其升用降職外，《大清律例》中對陰陽術士不準確的推斷（妄言禍福）是要治罪的。《大清律例．一七八．術七．妄言禍福》：「凡陰陽術士，不許於大小文武官員之家妄言禍福，違者杖一百。其依經推算星命卜課，不在禁限。」大小文武官員延請的陰陽術士，自然是以欽天監漏刻科官員或地方陰陽官員為主。

官方陰陽學制度也影響鄰國如朝鮮、日本、越南等地，一直到了民國時期，鄰國仍然沿用着我國的多種術數。而我國的漢族術數，在古代甚至影響遍及西夏、突厥、吐蕃、阿拉伯、印度、東南亞諸國。

術數研究

術數在我國古代社會雖然影響深遠，「是傳統中國理念中的一門科學，從傳統的陰陽、五行、九宮、八卦、河圖、洛書等觀念作大自然的研究。……傳統中國的天文學、數學、煉丹術等，要到上世紀中葉始受世界學者肯定。可是，術數還未受到應得的注意。術數在傳統中國科技史、思想史，文化史、社會史，甚至軍事史都有一定的影響。……更進一步了解術數，我們將更能了解中國歷史的全貌。」（何丙郁《術數、天文與醫學中國科技史的新視野》，香港城市大學中國文化中心。）

可是術數至今一直不受正統學界所重視，加上術家藏秘自珍，又揚言天機不可洩漏，「（術數）乃吾國科學與哲學融貫而成一種學說，數千年來傳衍嬗變，或隱或現，全賴一二有心人為之繼續維繫，賴以不絕，其中確有學術上研究之價值，非徒癡人說夢，荒誕不經之謂也。其所以至今不能在科學中成立一種地位者，實有數因。蓋古代士大夫階級目醫卜星相為九流之學，多恥道之；而發明諸大師又故為惝恍迷離之辭，以待後人探索；間有一二賢者有所發明，亦秘莫如深，既恐洩天地之秘，復恐譏為旁門左道，始終不肯公開研究，成立一有系統說明之書籍，貽之後世。故居今日而欲研究此種學術，實一極困難之事。」（民國徐樂吾《子平真詮評註》，方重審序）

現存的術數古籍，除極少數是唐、宋、元的版本外，絕大多數是明、清兩代的版本。其內容也主要是明、清兩代流行的術數，唐宋或以前的術數及其書籍，大部份均已失傳，只能從史料記載、出土文獻、敦煌遺書中稍窺一鱗半爪。

術數版本

坊間術數古籍版本，大多是晚清書坊之翻刻本及民國書賈之重排本，其中豕亥魚魯，或任意增刪，往往文意全非，以至不能卒讀。現今不論是術數愛好者，還是民俗、史學、社會、文化、版本等學術研究者，要想得一常見術數書籍的善本、原版，已經非常困難，更遑論如稿本、鈔本、孤本等珍稀版本。在文獻不足及缺乏善本的情況下，要想對術數的源流、理法、及其影響，作全面深入的研究，幾不可能。

有見及此，本叢刊編校小組經多年努力及多方協助，在海內外搜羅了二十世紀六十年代以前漢文為主的術數類善本、珍本、鈔本、孤本、稿本、批校本等數百種，精選出其中最佳版本，分別輯入兩個系列：

一、心一堂術數古籍珍本叢刊

二、心一堂術數古籍整理叢刊

前者以最新數碼（數位）技術清理、修復珍本原本的版面，更正明顯的錯訛，部份善本更以原色彩色精印，務求更勝原本。并以每百多種珍本、一百二十冊為一輯，分輯出版，以饗讀者。

後者延請、稿約有關專家、學者，以善本、珍本等作底本，參以其他版本，古籍進行審定、校勘、注釋，務求打造一最善版本，方便現代人閱讀、理解、研究等之用。

限於編校小組的水平，版本選擇及考證、文字修正、提要內容等方面，恐有疏漏及舛誤之處，懇請方家不吝指正。

心一堂術數古籍珍本整理叢刊編校小組

二零零九年七月序

二零一四年九月第三次修訂

提要

大六壬之學，由來久矣。漢代《吳越春秋》、《越絕書》已有記載，《隋書·經籍志》載有《六壬式經雜古》、《六壬釋兆》。《唐書·藝文志》及《宋史·藝文志》等史書中也提及六壬之書名。《四庫全書總目提要》云：「六壬與遁甲、太乙，世謂之三式，而六壬其傳尤古。大抵數根於五行，而五行始于水，舉陰以起陽，故稱壬。舉成以該生，故日六。其法有天地盤與神將相臨，雖漸近奇遁九宮之式，然大旨原本義爻。蓋亦易象之支流，推而衍之者矣。」六壬為古傳三式之一，歷代有名家輩出。

清代六壬名家紛呈，著述傳世者有程樹勳、紀大奎、張官德、劉赤江等。同時，大部頭彙編性質之壬學作品頻出，如《壬占匯選》六卷、《大六壬尋源編》十卷、《六壬針見血》十六卷等不一而足，而《壬竅》亦可添列其中。

《壬竅》，十卷，清抄本，藏於大陸上海圖書館。考歷代書目，未見著錄，應為海內孤本。是書小引末題「無無野人小蘇郎逸」，為本書編纂者。無無野人小蘇郎逸，正史和地方誌均無載，其生平已無法確考。據是書小引中編纂者自述，其人尚編有《羣書奧義類摘》四卷及《止戈集》一卷，合為一書，亦未見諸家書目著錄。小引又云：「而諸占所可通用者，錄凡占總訣數頁以冠其首，則又如地潑水銀無孔不入，蟻行珠曲有穴必穿，得而名之曰竅。」此即《壬竅》一書得名由來。

《壬竅》內頁鈐印「研易樓藏書印」、「沈仲濤印」、「紹縣沈氏舊藏」、「研易樓」數方，知是書原為沈仲濤舊藏。沈仲濤（西元一八九二至一九八〇），現代藏書家，號研易樓主人，浙江山陰（今紹興）人，清代著名藏書家沈復粲裔孫。

細覽《壬竅》全書，編纂者將諸占分為二十七門，內容涉及日常社會生活的方方面面。二十七門分別為：陰晴占、國運占、歲時占、家宅占、修造占、鬼祟占、墳墓占、出行占、行人占、逃亡占、考試占、官祿占、武備占、脫盜占、婚姻占、疾病占、孕產占、詞訟占、幹謁占、年命占、來意占、財物占、奴婢占、畜產占、蠶桑占、射覆占、怪異占。每門之下又細分總論、看法、類神、諸煞四條，在清代六壬典籍中屬於分類占比較多且齊全的一本，為後學者精研六壬提供了更多的分門斷占思路。

新疆伊犁劉浩君，大學畢業後方接觸易學，雖僅四年，但於六壬、卜筮頗有心得。今校訂《壬竅》一書，歷時歲餘方克完工。學者細心玩之，不難由淺即深，登堂入室矣。因壬學水準有限，文本錄入和校對過程中難免存在錯漏之處，還請方家指正。

歲次甲午臘月東海寧波李鏘濤於璇璣居

壬竅小引

余既編《羣書奧義類摘》四卷，及後附《止戈集》一卷，而得窺壬學之一斑。然事各有其占，占各有其法，提要鈎元而不分條析縷，則猶泰山之高、黃河之曲，而茫然無以覔其路，又烏能躋其巔而窮其源？是以復集此編，占分二十餘門，門分總論、看法、類神、諸煞四條。而諸占所可通用者，錄凡占總訣數頁以冠其首，則又如地潑水銀無孔不入，蟻行珠曲有穴必穿，得而名之曰竅。

道光壬寅鞠秋無無野人小蘇郎逸自識

壬竅目次

小引　七
卷之一
凡占總訣　五三
陰晴占　六三
總論　六三
看法　六七
看元武乘神　六七
看亥上遁干　六七
看天盤壬天盤子　六七
看青龍乘神　六八
看天后乘神　六八
看庚申辛酉及巳酉丑乙庚化金納音金　六八
占明日雨看明日干支上　六八

占晴看雨神空絕日　六八
占雷看甲卯乙及六合　六八
占風看巳午即雀未寅卯雀虎　六八
占風來方看虎地盤　六九
占風看辰勾巳蛇　六九
占雪看陰龍后元蛇虎合戌未巳丙辛　六九
類神　七〇
諸煞　七二
國運占　七三
總論　七三
看法　七八
看太歲　七八
看歲陰為后宮　七九
看月建上神　七九
看日干及干上神　七九

看干陰 七九
看日支支上神 八〇
看支陰 八〇
看占時 八〇
看貴人順逆分刑德喜怒 八一
看太陽 八一
看分野 八一
類神 八一
諸煞 八二
歲時占 八五
總論 八五
看法 八七
看干為農人 八七
看支為田地 八七
看太歲為主 八七

看歲祿所臨定其何方最稔　八七
總看日辰上下　八七
看財神臨家長行年否　八七
看課傳辰上察近遠高低田熟否　八八
看日辰之發用分早晚種　八八
看辰巳未戌蟲神　八八
看歲上神生何類神　八八
看日剋支上及支剋日上　八八
看支上為種神分視歲君或歲上相生合　八九
類神　九〇
諸煞
卷之二
家宅占附遷移占　修造占　鬼祟占　九一
總論　九一
看法　九五

互看干支兩課　九五
看干及干陽干陰　九六
看支及支陽支陰　九六
看支上祿神墓神太陽白虎太常死炁血支血忌天后月厭病符喪吊等神　九七
總看四課　九九
看三傳　一〇〇
看宅音　一〇〇
看監將　一〇〇
看井灶廁水道　一〇一
類神　一〇一
論家屬　一〇一
論宮室　一〇二
論家宅處所景物　一〇六
論內景物　一〇六

論外景物　一一一
論八卦方向所屬　一一二
諸煞　一一二
附占遷移　一一四
附占修造　一一五
附占鬼祟　一一五
墳墓占　一一六
總論　一一六
看法　一一七
看日干兩課兼及亡人年命以占生前歿後　一一七
看支陽支陰分生墳死墳　一一七
看日辰兩課　一一八
看干支課占風氣盤結否　一一八
看干支兩課分占沙水　一一八
看支陽爲主山　一一八

看支陽對衝為案山　一一九
又看朱雀為案山　一一九
看支陰以占墳墓　一一九
看支陰為穴　一一九
看墓音　一二〇
看內景二法（決所葬何人　決墓有何物）　一二〇
看墓干占外景　一二二
看課之五行偏勝以決地形并應兆　一二四
看亡人男女　一二五
看墓在何處　一二五
看青龍龍神為來龍　一二六
看土宿占山勢聚散　一二六
看螣蛇為穴支陰為穴　一二六
看元武為水法大局　一二六
又看陰后為水口　一二七

看貴人占水局順逆　一二七
看螣蛇作羅城　一二七
看勾為明堂午為明堂　一二七
論墓　一二七
看何房吉凶　一二八
看蔭氣　一二八
看支陰所乘天官占土色及物　一二九
看發用定葬後吉凶　一二九
類神　一三〇
諸煞　一三一
卷之三
出行占　一三三
總論　一三三
看法　一三四
看日干千上　一三四

看干長生　一三五
看日支支上　一三五
看支長生　一三五
合看干支　一三六
看馬　一三六
合看魁罡丁馬動神　一三七
看三傳　一三七
看發用　一三八
合看干支年命　一三八
看隔神　一三八
看白虎　一三九
看水陸舟車　一三九
看死絕　一四〇
看所往方宜忌　一四〇
附占投宿法　一四〇

附占迷路法　一四一
附求飲食占法　一四一
附渡江河忌日　一四一
類神　一四二
諸煞　一四三
行人占附信息占　一四四
總論　一四四
看法　一四五
看干支　一四五
看干　一四六
看支　一四六
看第四課斷應至不至之來期　一四七
看三傳　一四七
看發用　一四八
看末傳為行人足　一四八

看末傳與干支　一四八
合看日與行年　一四九
合看課傳行年　一四九
看年命　一四九
看行年　一五〇
又看天上行年　一五〇
看飛伏　一五一
看限至　一五一
看馬　一五二
合看魁罡二馬　一五三
合看遊子斬關丁馬游煞諸動神　一五三
看天罡加日辰　一五三
看貴人　一五三
看空　一五三
看墓絕　一五四

看類神　一五四
斷歸期法　一五五
占近出行人法　一五六
看伏吟　一五六
看反吟　一五六
看元武臨四季　一五七
看天乙與正時　一五七
看遊神戲神　一五八
看大煞　一五八
看劫煞　一五八
看阻隔　一五八
類神　一五九
諸煞　一六〇
附占信息　一六一
逃亡占附隱遁占　一六二

總論 一六二
看法 一六四
先看德刑剋賊 一六四
次看元武三傳 一六五
看三奸下 一六七
看三傳墓 一六七
看元武初傳 一六八
看元武陰神即第二傳 一六八
看元武在晝夜方 一六八
看武臨太陰太陽 一六九
看武乘丁馬 一六九
剋武有幾等 一六九
看日干為追捉人 一六九
看日支為逃失處 一七〇
看干支水陸路 一七〇

看子孫爲剋制神　一七〇
看逃亡遠近　一七〇
看德刑占去路里數　一七一
以本日三合之墓加時看魁罡臨處尋之一法　一七一
看閉口課　一七一
看發用日辰年命上阻隔　一七二
看能獲否　一七三
看獲期　一七四
看貴人順逆　一七五
占地理法　一七五
占人狀貌法　一七八
占人行止法　一八〇
類神　一八一
諸煞　一八四
附占隱遁　一八四

卷之四
考試占 附武試占 一八九
總論 一八九
看法 一九〇
先看朱雀為文書 一九〇
參看青龍午火印綬為文字 一九二
占各人文字看年命之印爻 一九二
看主試類 一九二
看日干年命之官鬼為功名類神 一九三
看幕貴 一九三
總看干支吉格 一九四
看干為文字支為題目 一九四
看日干為己身 一九五
看遊干 一九六
看干陰 一九六

看日支為文場　一九六
看支課左右　一九六
看地盤支之左右　一九七
看支上之對衝　一九七
看支神加處　一九七
看三傳為功名遲早高低及三試三場三文次第　一九七
看名次甲乙　一九八
看魁罡　一九八
看從魁酉　一九九
看丑未相加　一九九
看辰未相加　一九九
看龍蛇　一九九
看墓　一九九
看德入天門　二〇〇
看丁馬　二〇〇

類神　二〇〇
諸煞　二〇二
附占武試　二〇三
官祿占附到仕占　二〇三
總論　二〇三
看法　二〇四
合看干支及干支上　二〇四
看干為己身及看日陰　二〇五
看支為任所及看辰陰　二〇六
看三傳　二〇七
看發用　二〇九
總看八門　二〇九
總看太歲貴人與日辰年命　二一〇
看龍常　二一二
合看龍常祿馬印綬等　二一三

看官星　二一四
看月建月將為臺省與日辰年命相較兼及陰神　二一五
看祿馬德神　二一六
看丁神　二一七
看催官　二一八
看河魁太常印綬　二一八
看朱雀　二一八
看貴人　二一九
看幕貴　二二〇
看劫煞　二二〇
看帝旺臨官　二二〇
看天城天吏　二二〇
看子孫爻　二二〇
看魁度天門　二二〇
看龍化蛇蛇化龍　二二一

看天羅地網　二二一
類神　二二一
諸煞　二二三
附占到仕　二二四
武備占　二二五
總論　二二五
看法　二二六
看勾陳元武為類將　二二六
看干支及干支上並陰神　二二七
看三傳為戰守勝負進退緩急　二二九
看本將行年　二三〇
看天乙　二三〇
看巳申子卯臨干支　二三〇
看亥子臨干支　二三〇
臨兵選將看將星　二三一

出師擇門看子孫日子孫時子孫方　二三一
看雀蛇武后龍合貴勾常空分五軍　二三一
探賊看天耳地耳　二三一
攻城看陰陽城　二三二
覘賊行藏看遊都天乙魯都　二三二
看子辰巳未加日辰　二三四
占賊多寡視遊都日干正時三法　二三四
看天目臨處為賊方　二三四
途中占賊前後看天盤丑字所加　二三四
貯糧看丑未臨方　二三五
看卯未方下覓水　二三五
遣使看年上門上行干到干　二三五
潛伏我兵看天上子丑卯酉下　二三六
占戰守占伏兵占迷路占突圍占避寇占來人占將心不寧　二三六
迷路兼看申辰臨方或看辰未臨方　二三七

類神 二三八
諸煞 二三八

卷之五

脫盜占 二三九
總論 二三九
看法 二四一
看五行十二支官將所屬類神以決物之損否得否 二四一
看元武螣蛇天空鬼賊脫盜比劫為偷竊神 二四二
看三傳物類及鬼脫劫現否兼及年命日辰 二四六
看日干為外為失主干又為外人 二四七
占身失物兼看遊干 二四八
看日支為內為失處支又為內人 二四八
看月建引出類神 二四九
看剋制元武有幾等 二四九
看身宅財類 二四九

失物類多看財爻　二四九
物有損否看物上下及干支有否蛇虎
魁罡羅網煞羊刃刀屠砧灶　二五〇
看生合剋制　二五〇
取元武三傳法　二五〇
看六處有元武陰陽神否　二五二
看元武居晝夜方　二五二
看元武本家及盜神見太陽太陰　二五三
看元武所立為賊來方　二五三
看元武下地支臨處為賊去方　二五三
又看盜來去方一法　二五四
看賊來去里數　二五四
初傳起一數至元武地盤本位之陰神可以詳賊數多少　二五四
看元武乘懸索長繩驛馬戌亥辰巳　二五五
看贓藏處並方向　二五五

看子孫爻為趕賊神　二五六
看勾及年命官鬼制武　二五六
看歲月年時剋元武及入傳初中末為獲期遲速　二五七
看元武三傳捕盜法　二五七
看盜神乘朱虎勾蛇合五者遙剋武　二五九
看盜神所乘天官占獲否　二六〇
看行年制武盜可獲　二六一
擇捕人法　二六一
看丁馬辰戌寅申為動神　二六二
伏吟捕盜取贓法　二六二
返吟捕盜取贓法　二六二
看閉口　二六二
看魁渡天門　二六三
看游都天乙　二六三
占大賊看亡神天目　二六三

看三奸捕逃法　二六四
探信息看丑未天耳卯酉地耳及天目衝位之天耳　二六五
看三傳澤賊之路途居處景物法　二六五
以失家官司分定方向道里　二六五
路途車舟失物看法　二六五
占地理道路兼看天干　二六五
占地形看刑衝破害合　二六六
占行止看生剋　二六六
看賊為何等人　二六七
類神　二六七
器用類神　二七〇
禽獸類神　二七二
占地理道路　二七三
占行止　二七三
諸煞　二七三

婚姻占 二七四
總論 二七四
看法 二七九
看龍后為類神占成否吉凶 二七九
合看龍后財官干支決成否 二八〇
看傳將干支生合決成否 二八〇
看干支龍后年命交加交見決男女邪正 二八一
看太常乘長生并看加干支兼看財官 二八一
看干支生印及財爻 二八二
看干為男家支為女家及干財為婦支鬼為夫 二八二
看干支上見子丑 二八三
看干支陰課決男女家宅眷 二八四
看三傳為初男中媒下女并為婚姻遲速應期 二八四
看三傳遞生遞剋 二八五
看中傳為媒天官之六合為媒剋我者為媒 二八五

看末傳衝合為應期　二八六
占品貌性情看青龍天后兼看功曹神后　二八六
看其年之虛實看行年乘神上下　二九一
占其伯仲之次第看發用與龍后乘神　二九一
看翁姑　二九二
看嗣息　二九二
看羊刃飛刃　二九二
看丁馬　二九三
忌后合並見于干支　二九三
忌財官空亡　二九四
忌太陰入卦　二九四
忌亥卯未酉發用　二九四
忌魁度天門　二九四
忌私門　二九四
類神　二九五

諸煞　二九六
卷之六
疾病占附鬼祟占　二九九
總論　二九九
看法　三〇二
看七處虎鬼為病症類神　三〇二
看虎鬼地盤　三〇五
看虎鬼之天盤陰神　三〇五
看日干為病體兼看遊干又兼看日陰　三〇六
看日支為病處又兼看遊支又兼看支陰　三〇七
總看干支脫敗傷死　三〇九
看干支羅網　三〇九
總看三傳　三〇九
看三傳分症之內外表裏陰陽生墓吉凶　三一〇
看三傳分病在上中下體及內外遠近　三一一

看三傳分藥病醫　三一一
看三傳究脈法　三一一
看剋賊分症表裏　三一二
看發用之五行所主病　三一二
看初傳重神　三一三
忌地盤本命剋日　三一四
看墓　三一四
看空　三一七
看貴神　三一八
看生龍　三一八
看太常　三一八
看生炁死炁死神兼敗神　三一九
看病符　三一九
看祿神　三二〇
看丁　三二〇

看馬　三二二
看食神祿神馬煞生炁及課傳干神年命臨死墓絕空　三二二
看食神為運糧神　三二三
看喪門吊客破碎　三二三
看占者與病者年命上華蓋　三二三
看羊刃　三二三
看血支血忌月厭　三二四
看閉口　三二四
看寅為鬼戶又巳為鬼戶　三二四
看亥為天門　三二四
看天盤申為身或為屍地盤卯為棺或為床　三二五
看地盤巳與乘神蛇夾墓　三二五
看卯戌相加　三二五
看干支陰陽辨臟腑　三二六
總看脈息法　三二六

十二經分配五行干支　三二八
看病由何處起　三三三
求醫諸看法　三三三
看死期　三三六
看愈期　三三六
類神　三三六
干屬臟腑歌　三三六
臟腑血氣所注之時歌　三三七
十二支所屬身體歌　三三七
地盤備人形　三三七
十二神將主症　三三八
諸煞　三三九
附鬼祟占　三四二
卷之七
孕產占　三四九

總論 三四九
看法 三五三
占孕之有無看子孫爻或官鬼爻兼看六合太衝登明神后
乾坤六子之陰陽神旺相比和干支及夫妻年命神否 三五三
看胎神作妻財乘生炁或日支之胎神
乘生炁或妻財雖不作胎神乘生炁 三五三
重看胎神藏現 三五三
看孕產宜忌吉凶諸法 三五四
占孕總法看諸類神 三五六
占產總法看諸類神 三五六
看干為子支為母 三五七
看六合為子天后為母 三五七
總看三傳決孕產 三五八
總看三傳干支年命 三五八
看三傳初為孕中為腹末為產兼及胎神 三五九

看受胎期　三五九
看產期　三六一
看男女諸法　三六三
占雙生看月將月建干支夫婦年命及巳亥等　三六五
看所孕何胎　三六六
看胎神子孫之類占是第幾胎　三六七
看丁　三六七
類神　三六七
諸煞　三六八
詞訟占　三六九
總論　三六九
看法　三七二
先看勾陳為類神　三七二
次看朱雀為詞狀類神　三七三
看貴人為勘官類神兼看官鬼　三七五

分論官鬼二字　三七七
看子孫制官鬼父母化官鬼　三七八
分看干為原告支為被告兼看陰課　三七八
看發用　三八〇
看三傳　三八二
看太歲　三八七
看六合　三八七
看青龍　三八七
看天空　三八七
看白虎螣蛇　三八八
看太常　三八九
看太陰　三八九
看天后　三八九
看太陽　三八九
看墓　三八九

看害神合神　三九〇
看生炁　三九〇
看丁馬　三九〇
看羊刃　三九一
看干證　三九一
看官鬼決訟因何起　三九一
看刑責　三九二
看囚禁　三九三
看結案及和解　三九四
看決罪　三九五
看赦　三九七
類神　三九八
諸煞　四〇〇

卷之八

干謁占　四〇三

總論　四〇三
看法　四〇四
　總看干支三傳　四〇四
　看干支與干支上　四〇五
　不知其人看日德兼陰神　四〇五
　看德之宅音卜其宅　四〇六
　知其人看支為彼　四〇六
　看類神正時用神方神年命干支上下之三合六合及五合　四〇六
　看類神臨處為所在處看類神上下為來去處　四〇七
　看魁罡丁神及支馬類馬日馬年馬命馬　四〇七
　干貴看貴人　四〇八
　看所干求之事成期散期　四一〇
　看饋物受否　四一〇
　看投書達否　四一〇
類神　四一一

諸煞　四一二
年命占　四一二
總論　四一二
看法　四一三
總看日辰年命相為表裏　四一三
看年命為類神　四一四
看日為身辰為宅　四一八
看三傳及早中晚年　四一九
看發用　四一九
看歲月建將時貴人　四二〇
總看男命六親　四二一
總看女命六親　四二一
看父母　四二二
看兄弟　四二三
看財　四二三

看官　四二六
看子孫　四二八
看合刑　四二九
看馬　四二九
看祿　四二九
看長生　四二九
看死炁　四二九
看羊刃飛刃　四二九
看宅位田莊　四三〇
類神　四三一
諸煞　四三二
來意占　四三三
總論　四三三
看法　四三三
看正時為類與日辰相較　四三三

看正時兼發用　四三九
看日辰　四三九
看三傳兼看天地人　四四〇
看七處十二支　四四一
看十二時來意吉凶大畧　四四二
看六情　四四四
類神　四四四
諸煞　四四五
卷之九
財物占附買賣占　四四七
總論　四四七
看法　四五一
看青龍為類神　四五一
看太常　四五四
總看干支　四五四

看日干為求財之人兼看日陰　四五五
看日支為求財之處兼看支陰　四五六
看三傳　四五七
看日財及行年財暗財又支之明暗財命財正財偏財內財外財　四五八
看財神所帶之神斷是何財　四六二
看官鬼　四六二
看劫財　四六三
看子孫　四六三
看祿　四六三
看魁罡丁馬　四六四
看病符　四六五
看空墓絕　四六六
看鑒將　四六八
看成期散期　四六八

看求財方　四六九
看得財數目　四七〇
看得財之新舊　四七〇
類神　四七一
諸煞　四七二
附占買賣　四七三
奴婢占　四七八
總論　四七八
看法　四七八
看酉戌　四七八
分看生尅干支　四七九
看德刑　四七九
看太歲　四七九
占奴婢走失　四七九
類神　四八〇

諸煞　四八〇
畜產占　四八〇
總論　四八一
看法　四八一
看干支及干支上　四八一
看畜類美惡及走失　四八二
看買貨宜何物類　四八二
看走失里數　四八三
看丁馬生炁　四八三
忌子午（一作巳）卯酉蛇虎魁罡　四八三
忌羊刃　四八三
忌刀砧煞　四八三
類神　四八四
支神屬昆蟲鳥獸歌　四八四
諸煞　四八五

卷之十

蠶桑占　四八七
總論　四八七
看法　四八九
看勝光午為蠶類神　四八九
總看三傳干支　四九〇
看日干為蠶人為蠶體兼看日陰　四九〇
看日支為蠶室兼看支陰　四九一
看三傳　四九二
看太歲長生位為蠶命　四九三
看太歲之養神為蠶官象蠶人　四九三
看太歲養位長生位為蠶室象蠶房　四九三
看蠶將　四九四
看螣蛇巳為蠶象　四九四
看寅午戌　四九四

忌酉戌亥子丑　四九四
看寅卯辰巳午未申　四九四
看遣人代育　四九五
看代人育　四九五
看蠶種　四九五
占蠶之歲收法　四九六
看損蠶事因及蠶病　四九六
看小吉未為桑葉類神　四九七
看桑地　四九七
看買賣桑葉　四九八
類神　五〇〇
諸煞　五〇一
射覆占　五〇一
總論　五〇一
看法　五〇五

一論陰陽　五〇五
二論五行　五〇五
辨五行在四時　五〇六
辨五行物形　五〇六
辨五行物味　五〇七
辨五行物色　五〇八
辨五行物數　五〇八
三論長生十二位　五〇八
四論旺相休囚死五炁　五〇九
辨五氣物形　五一〇
看孟仲季物形　五一〇
看日辰上與發用陰陽　五一一
看日辰上與發用五行　五一一
看日辰上與發用十二位　五一二
看日辰上與發用五炁　五一二

看日辰上及發用所逢十二支辨物形　五一三
看日辰上及發用所逢十干辨物色　五一四
看日辰上及發用所逢干支辨物數　五一五
看三傳　五一六
先看用爻次看旺爻　五一七
看發用　五一八
看炎上潤下从革曲直稼穡五局　五一九
占死活　五一九
占表裏　五一九
占可食不可食　五二〇
占有無　五二〇
占老少　五二〇
占新舊　五二一
占物之當時與過時　五二一
占完缺　五二一

占虛實　五二二
占多少　五二二
占水陸　五二三
占物在左右手　五二三
占物在覆仰器　五二三
類神　五二四
干支形象　五二四
十二支物形物類　五二四
十二支所屬器物歌　五二七
十二天官所主物形物類　五二九
諸煞　五三〇
怪異占　五三〇
總論　五三〇
看法　五三一
占落星　五三一

占雷震　五三一
占暴風　五三一
占心動　五三二
占什物自動　五三二
占井溢　五三二
占釜鳴　五三二
占犬吠　五三二
占牝雞鳴　五三二
占鳥怪鳴　五三三
類神　五三三
諸煞　五三三

壬竅目次終

壬竅卷之一

清無無野人小蘇郎逸　編纂
新疆伊犁劉　浩　校訂
東海寧波李鏘濤　參訂
東海台州楊　益　校閱

凡占總訣

五行，均從旺論，不均從多論，不多從生多者論。吉地之吉氣，神自當之，將無與也。凶地之凶氣，神自當之，在將為失勢。

空不宜，惟神生其將，而神自空者，尚有出旬可望。吉凶係于陰神。陰神者，事之主。類陰之氣，遲速攸關。旺相應速，休為已過，囚死必遲，空亡小應。凡事類神兼二三，以入課傳為取用。若皆入皆不入，不用兼神，責將神。

凡占斷，須放此心于活潑潑之地。

凡類到則神煞應之，否則空憑神煞者不應。

凡占，私用責年命，不必拘定歲月。公用責歲月，不必兼及年命。

歲月日時，為六壬大占之綱領。

大要，吉則欲無傷，凶則欲有救。

旺神，合局有七處之旺神，分局有四位之旺神。旺者，四時旺，相生旺，隨日辰旺，又有從多旺。

凡日辰年命，其地盤三合六合、刑衝破害處皆為路，吉凶神立其上則應之。然日辰與年命又有別。如年命無路，則吉凶與我無涉。若立日干上為臨身，雖無路而亦應之。臨宅亦然，而稍次之。蓋除占宅外，則辰神或作他人論也。

凡吉凶，重年命不重類神。

凡遁干之為鬼者，若非旺神（從時旺，從多旺，從生多者旺。）則不論。故支（此即遁干上之支，譬如遁甲子，則甲為遁干、子為支。）旺仍以支言；支不旺，從三傳旺神言。或他處有類多者，則又舍此從彼論吉凶。凡七處皆如此例，若四位占法，則就四位中論旺神矣。

丁馬皆動神，而丁主變動，馬主遷動。變者變換，遷者遷移，故亦有別也。

《畢法》云：所筮不入仍憑類。又有云：不入課傳為局外，所臨地位看元因。有氣亦遠無氣難，旺相德合終可欣。故類可于課傳外責之，四位占法是也。

凡占，取課傳中旺神，或年命上及占時旺神，旺則有力故也。或舍時令而從多為旺。

凡斷地理、宮室、物類等件，從旺斷有，剋者為無。

凡占以日干為本人之身，雖代占亦然惟尊卑並占，則以日支為卑幼者之身。或吉凶有干于代占者之身，亦自有五鄉類神及年命之生剋吉凶，現入課傳可看。

凡吉事欲三傳生助之，凶事欲三傳剋制之。始凶而終剋始則吉，始剋終則凶。三傳凶，行年吉，亦能解凶。三傳、行年俱凶，不可解也。初凶末空亦可解凶，若吉事則不成矣。凶遇衝破，反凶為吉；吉遇衝破，反吉成凶。須細推。

類神者，觸類旁通皆是。

萬有之類，其吉凶必歸決于三傳。要之，類吉者，以內外戰而反凶；

類凶者，以內外戰而反吉。仍合類之陰神以決吉凶。類若下失地利而無氣，上失天時而休囚，須得月建生合輔助之（生合輔助類上所得之神也）。

凡三傳，或連茹、合局而剋類，而類又見七處剋，則煞盛類傷，須得日辰年命上有生助類神者為救，否則有剋制煞神者為救。或三傳日辰年命俱不救，則得吉時救之，猶可化凶為吉。若占凶事，反以類受尅無救而得解。故凡一切神煞，皆隨類而變，不可呆看。

類固以入七處者占吉凶，即不入七處，仍宜以類神上下，與日辰、年命、正時論斷生剋。《畢法》所謂所占不入仍憑類也。

凡占，因類為言。或占兩三事，便有兩三類，吉凶各以類應。若吉凶之象現七處，而非其事類，卻不相干，不必泛言，所謂非其事類勿言之。

凡占，有要見類神者，如尋人、覓物等是也。類不見則難求，類見而失天時地利、休囚無氣，宜月令引出，日辰助扶，若落空得衝為救。

凡占，有不必見類神者。如占官爵，不必定要官星現出，若未得官者宜見之。占病，不必定要類神見，逢生類神者宜見，有剋類神者，反以不見類神為幸。占婚姻，以見財官龍后為類，若已成夫婦，不必定要見類神。

凡陰神之天官，主其事因，其地神（當亦指陰神之地神）司其吉凶，其（指陰神）氣則遲速攸關，照旺、相、休、囚、死推之。

凡類見于陽而情歸于陰，或陰神生合類神，或生比日辰則吉。凡生剋制化之權，一切惟陰神操之，俯視重而仰視尤要。

凡課中論貴在日辰前，貴在日辰後，俱說得不明其實。貴人的以順逆分前後，其云貴在日辰前後，實是日辰在貴前後耳。當以天盤上貴人前蛇、朱、六、勾、青五位為動，日辰得此者，即貴在日辰前也。貴人後空、白、常、元、陰、后六位為靜，日辰得此者，即貴在日辰後也。然則前後不以日辰之地盤分也。

凡陽神吉，而陰神助之愈吉，制之則其吉不終。陽神凶，而陰神助之愈凶，制之則其凶自散。故上云俯視重而仰視尤要。

吉凶之應，應于八占。占不逢時，惟用是責。八占者，八門也。正時為先鋒門，正時上所得天官為值事門，見于日上為外事門，見于辰上為內事門，見于初傳為發端門，見于中傳為移易門，見于末傳為歸計門，見于年命上為變體門。此八門上不見正時，則責發用三傳。

凡鬼，最忌臨身宅。其外臨干支三六合地為眷屬親黨，臨刑衝破害處為疏遠。日支雖為宅，還須照此看。若非干之三六合及刑衝破害，則亦非我宅中事。所謂辰神、傳、命屬他人，鬼來無路不相侵。剋我無氣身自喜，我復剋兮不畏人。無氣，失天時地利也。我復剋鬼者，親黨多也。

萬物歸于土，墓是也。墓乃土氣，亦畏木剋，值木旺亦可解凶。若墓之遁干木旺，則論木而不論墓，所謂剋者為無也，其餘干旺亦然。干旺而支相則兼墓言之，墓旺而干相則兼干言之，否則所謂從旺斷而衰者不論也。墓無剋則取衝，衝不為墓。然旺能衝衰，衰不能衝旺。衝神得旺相神併佐，其上下生扶，及同類多，亦為旺而能衝。

辰戌丑未皆土也，然亦有衰旺之別。戌即辰戌，己即丑未。丑中有金水，旺于秋冬。戌中有金火，旺于夏秋。未中有木火，旺于春夏。辰中有水木，旺于冬春。旺賅相而言之，辰之旺于冬者，水；相于冬者，木也。而木卻旺于春，木令行而辰為相。戌丑未不得言相，云未旺春者，以木火雜氣言也。而論土，則未為木墓，丑為坵煞，安得云相？故己土亦不相。戊土、戌土亦是死氣，此以時令論墓土則然。然逢相生旺而言相者，惟夏令，雖一切土皆為旺相。蓋中央土旺于戊己，故四季皆相土也。但火旺時言相，火終即言旺矣。餘則秋冬如春例而推之。至於相生旺、隨日辰旺、類多為旺，此又非時令可得而拘，五行皆然。故衰旺隨干支而變，言之支者，官將神有定屬者也。旬遁、時遁之干，無定屬也，旺則亦如支神論之。

凡占，日逢丁皆言動，而支旺則從支言。如丑未剋壬癸日干，縱不在課傳而在年命，亦言官鬼動也。丁不旺不必論妻財，若與支兼旺相則并而言之。如因官鬼而妻財動之類，若干旺則從干言，不論官鬼而論妻財矣。但丁為妻財、官鬼，一凶一吉，例既如此，而其他木日則為子孫，火日則為兄弟，土日則為父母，或為吉神，或為凶神，吉凶雖異而其動則同也，一如金水日例論之。若課中逢水旺剋丁則不動，值支旺而受剋則丁干亦不動。蓋丁不自旺，而支又被剋去故也。

故水日逢丁，干旺則言干，支旺則言支。支旺帶丁，但言動而已，而不論妻財也，俱旺相則兼言之。干旺支相，則言因妻財而六親動；支旺干相，則言因六親而妻財動。餘一切倣此。

凡類之陰神，不獨看其與陽神生剋何如，須要看其吉凶於日辰者何如。特是陰神入七處，則與日辰論吉凶；不入七處，但自與陽神論生剋可耳。

用神為各神衰旺之本，猶一家有家長，故凡事決于此。

凡占以旺神為主，時令旺之外，又有生多為旺，從多為旺。合七處則以發用、三傳為旺之本，分七處則以各神四位官將神為旺也。蓋就一神言，而一神有衰旺者，官將為之也，即四位為之也。

凶神以空亡為喜（鬼空無制又極凶），或雖為吉神而無關緊要者，空猶不妨。吉神以空亡為懼，或雖為凶神而有關緊要者，空亦可厭。所謂喜懼空亡乃妙機。然遊行空，吉凶猶有二三分；而落底空，吉凶全無。得衝神卻能衝出，惟旺能衝衰，衰不能衝德、合、墓及旺神也。衰而得旺相併佐，或月令引出，日辰扶助，方克當其衝任。

看墓，凶事宜逢，衝破反凶；吉事忌見，衝破反吉。亦須看休囚死為墓，旺相為庫。如春辰、夏未、秋戌、冬丑為旺相。

凡論阻隔神多矣，所謂門戶道路休逢阻，鬼截休囚要審機，發用、日辰、年命上，諸事不成成也災。若有破隔之神來救，主先阻而後通。

凡作日之凶神者，欲年命剋制之；作日之吉神者，欲年命生合之。乃占斷之大關節，不可不知。故年命切于日辰者，課傳同而年命獨也。年又切于命者，命遠而年近也。

凡旺相時凶不發，休囚時吉不發。

凡生剋隨衰旺而變，干旺以干言，支旺以支言。干支者，旬干支也。

凡生剋日辰年命者重，生剋日辰年命上者輕。上神為外，下神為內。干支相剋則減力。

凡占要結局好，謂末傳也。

凡四位占，則干支並論（干旺論干，支旺論支），占時亦然（如來意占中所云）。月建（謂生合輔助）則專用支（如正月用寅），天官乘七處亦重支神，但干旺則參用干耳。

凡類在地盤者，即陰神也；類在天盤者，即陽神也。陰神為藏，陽神為現。七處陰陽神並入者，為入局；單入者，則陰陽不全。蓋必陰陽合德，而後生成之功著。故無陽必求之陽，無陰必求之陰，有藏有現，生成乃全。若藏現俱無，全無根柢，須得月建引出纔好。

若入兩陰課者，亦為入局，不止七處也。

又云：凡有所占事類，要得天時、地利，兼其陰神旺相、相生、德合為吉，此則不須月建引出也。入局然，不入局亦然。

若失天時、地利，兼其陰神休囚、相尅為凶，此則須月建引出也。入局然，不入局亦然。

月建引出者，或月建為類、生類、合類。合者，六合，即月合也。三合亦好，月德合亦可用，如正五九月德丙合辛也。此為輔扶引出，反凶為吉。

但凡五行在課傳、年命、日辰，不免上下有生尅。其生尅互有多少，而生尅中又互有生尅多少，則從生多者斷其吉，從尅多者斷其凶。其干支生尅，隨衰旺而變言之。

上所云生尅中者，就官、將、神三才言之。生和者吉，尅賊者凶。

然賴有旬干、時干、納音以救之。類神受上下剋賊者亦然。假如月建為類，或生合類神，妙矣，而類神卻上下不和，事不全吉，幸得納音為救，反凶為吉。其陰神倣此。

陰晴占

總論

不用年命，當合歲月建為七處。

陽為晴，陰為雨。陰從陽，故晴多雨少。陰陽和而後雨，陰陽怒而為風，陰陽聚而為雲。陽氣勝，散為雨露。陰氣勝，凝為霜雪。陽為雨，陰脅陽為雹。陰為雪，陽脅陰為霰。地氣升天，不應為霧。

陰晴發見于三傳者，如欲雨而得晴神，晴神與干支上相生比，此天地應也。晴神受干支上一生一剋，為陰陽不和。從旺者應，生旺者晴，剋旺者雨。俱不旺，半陰晴。助其生者多，晴；助其剋者多，雨。晴神多者晴，雨神多者雨。晴神傳入墓絕空亡之類，主將雨。雨神傳入墓絕空亡之類，主將晴。須觸類引伸。

訣曰：

壬癸亥子臨寅卯，甲乙之日見淋漓。

若加季位尋戊己，巳午丙丁依例推。

蓋課傳中有雨象，而後以雨神臨處之五行為應。

如課傳不見壬癸亥子水神，或見而空亡，則尋元武勾龍之類，以合處斷雨期。如子乘龍，以丑上斷雨期，子丑合也。然必其上神得雨氣方准，否則不應。再看其三合地，如上例。

驗晴雨于天地盤，細按之亦各有宜、有不宜。如亥子加巳為水絕雨少，加午為胎雨小，加未受剋無雨，加申長生雨大。又如酉加巳為金生處，見水方有雨；加午為敗，當為虹；加未為生，加申為臨官，見水方有雨。凡得雨神，或旺，或多，或生多，皆為有氣。如刑剋日辰，滂沱立見。

如無氣或空，縱雨亦微。

丑酉會，雨大，雨師遇畢也，得水方應。未寅會，風大，風伯遇箕也。

罡加四季，入傳臨日發用，如占晴，但看離日辰幾位，即是晴期。

然須再看火神丙丁巳午臨處，其下方是晴期。

凡陰備陰盛雨，陽備陽盛晴。金局盛，見水則生水而為雨雪，不見水則為冰雹霜露虹（庚酉辛亦然，乙庚化金亦然）。或為陰木遇之，不雨而風。木局盛，生火，火盛熱極則生風，故木盛亦生風，見金轉甚，風從虎也。空則木朽火焚（丁壬化木亦然）。火局盛，逢水則剋戰，而為電光霹靂（戊癸化火亦然）。水局盛，主澇，逢土則潤，逢木則洩，逢火則戰（丙辛化水亦然）。土局盛，主晴，然見水火則薰蒸為雲霧，見金木則剋洩為風涼（甲己化土亦然）。土空則土崩金見，非水涸即洪災應之。

陽水主大雨，陰水主小雨。土主雲，水剋火為電。木見金為暴風雨，冬則為雪。水逢金土為連陰，木剋土而見火為大旱。土多無水則陰，火土見木則熱，水多見金則霖。

勾陳為旱風，白虎為狂風。

伏吟無丁馬，晴雨照舊；返吟不遇空亡，晴雨變易。

大局蛇雀勾空與火神得地不受制者，為晴；龍虎陰合與水神作用（元后亦要看）不受制者，為雨。

蛇雀加卯丁克戰（兼天地盤看），主雹電霹靂之應。

三傳虎乘申酉，雪占也，而陰虎勾并則霰。申酉旺相而巳子相加者，霜占也。水少火土勝，用乘虎者，雹占也。用土乘六合，而土上火下者，霧占也。

歲占何月雨，月將加歲，而以亥子所臨之月為雨月。月占何日雨倣此。

坎為雨，而壬癸亥子元后皆坎類也。離為晴，而丙丁巳午蛇雀皆離類也。震為雷，而甲乙卯合皆震類也。坎臨日辰及發用，主雨；離臨日辰及發用，主晴；震臨日辰及發用，主雷。巽為風，而辰巳勾蛇皆巽類也。巽臨日辰及發用，主風。

亥子二神及龍在課傳，刑剋日，或日上神者，有雨。不入課傳，無雨。

亥子加于巳午未申，是水升火降，主累日雨。亥子旺，主大雨。加申酉，亦大雨。乘勾，久雨，冬則主雪深厚。惟落空及臨土受制，無雨。居北方為退歸江湖，無雨。

龍乘申酉，主雨，不以剋制論。蓋申為水母，酉為兌澤。若旺相，雨更大。

龍旺升天，必雨，謂巳午未申也。臨亥子丑，為遊樂江湖，不能變化，主無雨，入墓亦然。蛇入亥子爲變化，主雨。

虎臨亥子，有大風雨。大都龍虎須以披神合看，虎披甲乙，先風後雨；龍披庚辛戊己，先雨後風。皆取剋制之辰爲雨日，以五子遁干、干支交戰即雨日。初傳爲雨來雲起方位，末傳爲雨止期。

虎地盤可決風來處，生虎處風起，剋虎處風止，遇空亦止。

甲乙寅卯木能生火，亦能生風。丙丁巳午火爲晴，壬癸亥子水爲雨，庚辛申酉金生水，戊己辰戌丑未土爲陰。

看法

看元武乘神

武爲苦雨神，不內外戰比和，則有雨，否則難。戰則以納音救。

看亥上遁干

亥即武也。

看天盤壬天盤子

壬子與癸同。

看青龍乘神

龍為甘雨神。

看天后乘神

后為雨母，即子也，為陰雨神。

看庚申辛酉及巳酉丑乙庚化金納音金

上皆為水之母，而有母無子不應。

占明日雨看明日干支上

月將加時，視明日干支上神將。

占晴看雨神空絕日

久雨占晴，專看雨神絕日及空亡日的。

占雷看甲卯乙及六合

無甲卯乙，雖見雷煞亦不應。

四者皆震類，臨日及發用，主雷。

占風看巳午(即雀)未寅卯雀虎

巳為風門，未為風伯，日辰上有此二神到纔有風。

虎，風神也，逢劫煞、飛廉、大煞，大風暴起。若日干旺相乘諸風煞，風速起；休囚而又不乘煞，主無風。

寅卯乘虎加未，必主大風，空則無。一云：虎在東方為出林，主風，乘未愈猛，即上意。

風煞風伯（正起申逆）或發用，或並加日辰之上，與雀巳午等神會，主大風。

以火神之熱極生風故也。空始小。

巳未虎發用有氣，主風，披刑帶殺，迅速。

占風來方看虎地盤

傳見虎乘有氣之神，又加有氣之鄉，下賊上，必大風。欲知來方，看虎臨何神。如乘亥臨酉上酉風，臨卯東風，倣此。

占風看辰勾巳蛇

皆巽類，見總論。

占雪看陰龍后元蛇虎合戌未巳丙辛

以用神看寅卯乘陰龍后，戌未乘虎合，或巳發用，或蛇亦是，須看雨水入傳方應。若天干遁得丙辛化水即是，而乘蛇元龍后陰，必雪。

類神

分干為天類，支為地類。

剋制類神者不應，生助類神者應。類神臨處，下為應期。欲知來方，視類神上何處來。欲知去方，視類神下何處去。

類現則易，類藏則難。類不入課傳，則訣云：

不入課傳為局外，所臨地位看原因。

有氣亦遠無氣難，旺相德合終可欣。

此當專視發用以求應。

子：陰　雲　月　作勾主久雨　冬至後子加巳午主雪　大雨

丑：雨師

寅：青龍雨神　雲　風伯

卯：雷　冬無雷主雪

辰：水庫　星奇　霧　露　陰　辰在陰宮主雨在陽宮主晴

巳：風門　晴神　虹　冬至後主雪

午：雹母　日　晴神
未：風伯　月宮
申：雪　水母　白虎風神
酉：霜　虹（水敗鄉）　兌澤
戌：霧　天河
亥：水神　天門　江湖水神
貴：乘亥臨亥主時雨　陰
蛇：雹　晴神　虹
朱：霹靂　晴神　招風神
合：雷神　雨師
勾：雲神　霧
龍：甘雨神　入廟晴　升天雨
空：晴神　塵霧
虎：霜雪冰凍　風雷霹靂雹　出林烈風（加寅卯）
常：和風甘雨

武：苦雨神

陰：霜雪冰凍　風雷霹靂雹

后：水神　陰雨神

月將：日

月宿：月

諸煞

風伯：正申逆十二

風煞：正寅逆十二

雨師：日支逆五位，又正子順四仲

雨煞：正子順十二

雷公：正起寅亥申巳

雷煞：正起亥申巳寅

電煞：正巳順十二

晴朗：日支衝位

旬丁：最速

飛符：甲日起巳順至丑，己日起午順至戌，最速。

國運占

總論

凡占以太歲為天（視歲上神），以貴人順逆分陰陽。陰主施刑，陽主布德。刑為凶，德為吉。旺相則凶者減凶，吉者愈吉。休囚則吉者減吉，凶者愈凶。吉凶以五行言之，吉生干休徵至，生支萬寶成；凶剋干咎徵至，剋支五穀不登。

太歲而下看月建（視建上神）。建乃代天當令者，必與歲比和，而後吉凶應，否則如君臣不和，威福皆不得下逮，如雨終不晴、晴終不雨之類。如歲建相剋，以旺相者應，但威福減力耳。

月建下看日辰。日辰乃承歲月之令者，又視其生剋順逆，為五行吉凶之應。凡順天昌，逆天亡。

日辰下看占時，仍視干支決之。時與干俱傷，民受其殃；時與支俱傷，物當其禍。

月將亦猶月建，然建為近臣權重，將為使臣權輕，不如向歲月日時上討消息。以上為占國而言。

王省惟歲，故王者占國，尤重太歲為類神。又德（干德兼歲德）旺相而刑（支刑兼歲刑）休囚，或德制刑，是君子制小人而天下順；刑旺相而德休囚，或刑制德，是小人制君子而天下逆。以與干支生旺比合為所喜，以剋害刑衝為所怒。

太歲統治諸神（即陽建以下歲煞），占遇某宮則應其事。若病符臨歲宅，蛇虎臨歲墓，皆不利。

既占歲事，十二宮無處不當作歲事推，凡加地盤皆宜察，而太歲所臨為尤要。臨在天上為得位，天乙乘之，真帝王位，尤莫妙于登天門。次則臨鬼戶，次則坐帝旺宮，或長冠臨宮，並德祿馬財印吉地，或臨干上生旺比合，陰神無制更吉，官不內外戰方為全吉。若歲作鬼賊，災禍尤深。及臨八凶地、刑衝剋害地，更忌坐墓、落空、乘天空，主舉措失宜，動作無功。

欲知事之過去未來，仍視歲加過去。月建為過去事，加未來月建為未來事，正值建辰，事在當時。又加去年太歲，去年事；加來年太歲，來年事。事即歲上所乘者是。又歲破主半年，歲墓主去年，歲宅主來年。又歲在初傳及行年，主今年事，在中末為隔年事。或初見歲而中末見月建、日辰，為移遠就近。見月建，則論月建屬何人事；見日辰，則論日辰屬何人事。或太歲合建將發用，及加臨建將生和，主君臣一德。歲前後宮為左輔右弼，以陰陽之休旺，觀其臣之忠邪；以支辰之陰陽，觀其臣之德業。天盤上逢之亦然，俱忌與太歲相加剋賊。

太歲地盤不動，看天盤所加。子加太歲，即為太歲遊子宮，如歲神旺相為喜，則以子之吉事言；休囚為怒，則以子之凶事言。倣此，然宜活看不可泥。

歲神所喜者生比，所怒者刑剋。

若歲神帶刑煞當以歲刑歲煞為主與死炁當正起午順十二為死炁，又日干剋者為死炁，又五行死處、敗處亦為死炁也，及吟神月將臨本宮、元神天官臨本宮加之，主有刑戮殺伐之驚。遊都挾火燭煞即死神加之，防不測之禍。如刑衝剋害傷太歲，則視日干。日干傷，更尋救神，無救則凶。五馬或天歲月干支德加之，主有經營四方之志。王者巡幸，還當視遊行太歲。魁罡加之，主事多反覆；月厭加之，所行有阻；蛇並天鬼、火光剋支，有火災；雀帶德神、解神、天解、天喜、皇恩、皇恩大赦、皇書、天書、天詔，有一加之，主恩赦；六合主宴樂，出內儲賞賜；龍主恩澤；空主決獄，亦主土功；常主禮樂、享食、衣帛等；元主權謀好殺，又為兵；虎亦主兵，乘喪吊主孝服，乘病符主病。

以歲陰（太歲之陰神也，譬如地盤子為太歲，子上之支為太歲陽神，此陽神又歸地盤，又看地盤上之支為太歲陰神，猶日辰之有陰課）為后宮，而俯仰視之，所謂后嬪係命于歲陰也。陰神與歲神宜生和德合，為得內助，受制則乾綱不振。又天后為后，月宿為后，神后為后，干陰為后（歲陰吉凶以干陰主之），亦以旺相德合為得內助，休囚則否。天后又主恩澤，太陰為妃嬪。

以月建為臣類，而俯仰視之，仍兼建陰看。如歲上剋月建及歲陰，或建上及建陰上剋歲，上下乖違。或月建與建陰相剋，做此。支神剋歲建，下以罪去；歲建剋支神，譴怒及下。干支相剋亦然。又十二宮無非月建，已過月建為舊臣，將來月建為新進，太歲左右為輔弼，龍為文臣，常為武職，雀為翰苑或文墨之士，勾為大將軍。旺相位高，休囚位卑。正為正官，偏為偏官。一切俱視陰陽神。

以日干為天位，而俯仰視之。太歲、太陽、貴人皆君象，而吉凶以日干主之。干為身也，遊行日干，應乎遊行太歲，歲與日不宜凶，宜吉。太陽、貴人或加歲宮、后宮，方以君象推。日陰為身之輔助，宜生旺等吉，不宜剋制等凶。

以日支為社稷、臣工、民庶，而俯仰視之。然支陽為皇居京室，以歲宅之吉凶應之。支陰為宗廟陵寢，以歲墓之吉凶應之。支之左右又為臣鄰（支神左右為近，支課左右為遠），其吉凶與歲之左右為應。

本命必察，王者以太歲為行年，故重太歲，而不必復看行年。其餘有關國計者，雖不入局，亦宜隨類推看。

歲猶建都，月猶建省，其分野十二，吉凶皆屬乎太歲與干支。歲為王宮，支為京畿，餘皆畿外。十二支各有分野，視分野何處得吉凶神生剋歲月時，而干支上亦見生剋為應。如神生剋歲與干，或支亦來生剋，災福應在上。神生剋月與干，而支神亦然，災福應在臣。神生剋時與支，而干神亦然，或歲月亦然，災福應在民。倣此推之。

干為外，干上生剋歲月時與干支者，吉凶應自畿外來。支為內，支上生剋歲月時與干支者，吉凶應自畿內起。發用，孟親近，季疏遠。三傳間隔，初近，中遠，末又遠。若論內外，初外末內。宜內制外，不宜外制內。

子午卯酉四正，寅申巳亥四維。上神將旺相相生無剋，四方安。不能如此，不欲其入課傳等處作鬼。作鬼有制無妨，無制凶，尤忌惡煞刑衝。如逢大煞金神，防有殺伐動其上。以分野尋之，以五行生剋推其事應。

看法

看太歲

歲為天，即為君，故占國最重太歲。

歲地盤不動，看天盤所加，為遊某宮。

太歲統治諸神，宜與生旺比合，忌與刑衝剋害。

王者以太歲為行年。

餘見總論。

看歲陰為后宮

陰與歲宜生和德合，不宜剋制。

餘見總論。

看月建上神

建乃代天當令者，必與歲比和，則吉凶應。

月建為臣類。

兼視陰神。

十二宮無非月建，已過月建為舊臣，將來月建為新進。

餘見總論。

看日干及干上神

乃承歲月之令者，順天昌，逆天亡。

日干為天位，當仰俯視之。太歲、貴人、太陽皆君象，而吉凶以日干主之，干為身也。

看干陰

乃身之輔助，宜生旺，不宜剋制。

看日支支上神

亦承歲月之令者，順天昌，逆天亡。

支神剋歲建，下以罪去；歲建剋支神，譴怒及下。

支又為社稷、臣工、民庶，見總論。

為京室。

看支陰

乃支之輔助。陽又為皇居京室，陰又為宗廟陵寢。歲宅應陽，歲墓應陰。

支之左右又為臣鄰，吉凶應歲之左右。支神左右近，支課左右遠。

餘見總論。

看占時

順而相生則民喜，逆而相剋則民憂，然仍當視干支決之。時與干俱傷，民受其災；時與支俱傷，物當其禍。

餘見總論。

時為民。

看貴人順逆分刑德喜怒

貴人又為君象，然須加歲宮方以君象推。

上論順逆見總論。

看太陽

即月將，乃君象也，見總論。

看分野

見總論。

類神

太歲：天　君　歲之左右為輔弼　王宮

月建：臣　近臣　公侯卿相

月將：遠臣　君象　臺省使臣

干：天位　君

干陰：后

支：社稷　民　臣　支陽為皇都　左右亦臣鄰

支陰：宗廟陵寢
占時：民
貴人：君象
歲陰：后宮
太陰：妃嬪
天后：后
神后：后
月宿：后
卯：東宮
龍：文臣
常：武職
雀：翰苑　文墨士

諸煞
歲宅：即小耗，歲之前五位

歲破：太歲對宮

歲墓：歲之前八位

病符：舊太歲

死神：正起巳順十二

死炁：有四，見總論

吟神：月將臨本宮

元神：天官臨本宮

歲刑

歲煞

干德：甲起寅申巳亥巳

支刑

遊都：甲起丑子寅巳申

火燭煞：即死神

五馬：馬乃三合頭衝是，年月日時同。天馬，正起午申戌子寅辰，周而復始。

支德：子起巳順十二

天德：正起未申亥戌亥寅丑寅巳辰巳申，即丁坤壬辛乾甲癸艮丙乙巽庚是也。

月德：正起三句丙甲壬庚

月猒：正起戌逆十二

天鬼：正起三句酉午卯子

火光：同月猒

解神：正起申申戌戌子子寅寅辰辰午午也

天解：正起申逆十二

地解：正起申申酉酉戌戌亥亥午午未未

天喜：春戌夏丑秋辰冬未

皇恩：正起未酉亥丑卯巳二句

皇恩大赦：正起戌丑辰未酉卯子午寅巳申亥也

皇書：春寅夏巳秋申冬亥

天書：正起戌順十二

天詔：正起順十二
大煞：正起午逆四仲
金神：孟酉、仲巳、季丑，即紅紗也。

歲時占

總論

為國占豐歉，則太歲為天；月建為臣，代行君令；時為民，惟干支則移步換影耳。占國以干為君，支為臣。占歲以干為農人，支為田地。其其吉凶神將，若入七處與歲月時干支相生剋，則以五行言其吉凶。吉則金主麥熟，木主果穀熟，水主稻粱熟，火主黍豆熟，土主萬物成熟；凶則金主兵喪蟲蝗，木主饑饉多風，水主澇溢盜賊，火主亢旱，土主瘟疫之類。依分野而推之。

又云：大要視太歲為主，當視課傳與太歲相生合者何神。木神，其年花果茂盛；火神，豆麥絲麻吉；土神，五穀熟；金神，米麥貴；水神，魚鮮賤。與太歲相剋害者何神。木神，其年多風；土神，多陰晦瘟疫；

金神，多盜賊刀兵；水神，水；火神，旱。

更詳其喜忌。所喜者，青龍乘功曹入傳，太常乘從魁入傳也。所忌者，太歲落空，及空亡加歲上，蛇虎乘神剋歲上之神，及罡乘凶神加歲月建也。

《般若》云：先視七處得其類為入局，或不入局，及失天時地利，但得月建生合輔扶，為引出物類，又當利矣。然物類在局中，而月建在局外，亦難為力，則看納音有救，而類神上下比和者，猶可，否則多凶少吉。陰神又須乘吉官、不戰、與日辰年命及類神生旺比合為吉，陽神亦須吉官、不戰，方為全美。欲知其物美惡，即從陽神四位，以生剋衰旺定之。農事及樹藝可倣此推。

又云：占歲，視歲神上生旺比合物類者為宜，更課傳與歲上無傷，主其年熟。如歲上木神，其年宜花果穀秫油豆；火神，宜黍豆油麻絲綿；土神，宜五穀麻麥豆；金神，宜薑麥蔥蒜，金銀銅鐵物賤而米貴；水神，宜稻粱瓜果豆菜魚鹽，及四足物賤之類。此則視歲上神生合物類而然，然須歲神不受上下剋害空刑方的。若受剋害空刑，及課傳與歲相傷，則變為旱澇、兵火、盜賊、蟲蝗、瘟疫、風霾等災矣。若就各家言，則各視年命上下，而生剋制化不同，豐歉因之而異，以年命為變體門也。

看法

看干為農人

忌凶神將入七處與干支相剋。

看支為田地

見上。

看太歲為主

視課傳與歲相生合剋害者何神，而分言之，說見總論。

看歲祿所臨定其何方最稔

如祿臨午，南方最熟是也。倣此。

總看日辰上下

要日辰上下旺相相生，辰生日或辰上生日上，收十分，反此五分。

看財神臨家長行年否

如日辰上下相生，財又臨行年，收十分。如課傳有財，行年不吉，收五分。

看課傳辰上察近遠高低田熟否

伏吟宜近田，返吟宜遠田。如辰上遇卯辰巳午未申，宜高田；遇酉戌亥子丑寅，宜低田。三傳財神旺相，高低皆宜。

看日辰之發用分早晚種

日上發用宜早種，日陰亦同。辰兩課發用宜晚種。

看辰巳未戌蟲神

三傳見上四辰，主蟲傷鼠耗。如家長行年上制之，無妨。

看歲上神生何類神

主所收十分。

看日剋支上及支剋日上

凡日剋支上，農事有荒。支剋干上，田禾有損。

看支上為種神分視歲君或歲上相生合

支上為禾種之神，歲君生合，大稔；歲上生合，有收；空亡無氣不利。

類神

申酉皆金類，申為大麥，酉為小麥，外如薑蒜蔥蓼，凡辛辣之類屬焉。亥子水類，主黑豆稻菜，凡鹹味屬焉。寅卯木類，主穀秫瓜果，凡酸物屬焉。巳午火類，主黍稷與紅豆，凡苦味屬焉。辰戌丑未土類，主大小麻黃豆，又戌為葫蘆，未為藥茶，凡甘香之物屬焉。又太常、小吉為棉花。然土生萬物，不可以類盡也。以三傳分別田之早中晚，依初中末衰旺生剋（衰旺看三傳其生剋刑害等，要與日辰年命類神看），以定其收成之豐歉。

干：農人
支：田地
金神：申大麥　酉小麥
木神：果　禾苗　寅早禾　卯晚禾
水神：亥主稻　子主豆

火神：黍　豆

土神：五穀　麻丑大麻，未小麻

辰巳未戌：為蟲神

諸煞

祿神

死炁

死神

金神：即破碎

壬竅卷之一終

壬竅卷之二

清無無野人小蘇郎逸　編纂
新疆伊犁劉　浩　校訂
東海寧波李鏘濤　參訂
東海台州楊　益　校閱

家宅占

總論

既占人宅，大要當先看生旺干支為主。若生旺別處，與人宅何益？干支吉神及助吉神者宜生旺，干支凶神及助凶神者宜休囚。

七處占以日干為主，四位占以用爻為主。故四位占，先看用爻，以為課主；次看旺爻，以為事應。用爻者，三陰一陽，以陽為用；三陽一陰，以陰為用；二陰二陽，以將為用；純陰返陽，以將為用；純陽返陰，以官為用。

大凡占宅，四位內看何神乘旺。火旺，宅必高，相生吉，相剋凶。以下五行皆然。火相剋，主家有分張事，家雖旺，人必凶惡，火多尤甚。

土旺，宅在高處，家有墳墓或近墓，二土比和，作事遲晚，三四土出醜惡婦。木旺，宅新蓋，林木茂，二三四木亦不利。金旺，宅有刑剋鬪訟，出軍人或武貴，人凶惡，二金尤不利。水旺，宅近河，出賊人、醜陋子孫，常被賊，二水吉，三四水不利，或被水災。

宅逢上剋下，宅必下；下剋上，宅必高。如四位占，則神剋將，後房高、中間低；官剋將，前房高、中低。以天干為天井過道之類，相生闊，相剋狹。

支加干為宅就人，必生旺比合者益人。若又與支上生合者，必增田宅財產，否則舍舊圖新吉。干加支為人戀宅，然刑衝剋害者損人。若又與干上刑剋者，必招爭鬪奔波，否則吉。

初傳居支前為引，末傳居支後為從，宜遷修家宅。更初末得貴神拱支，尤吉。

周徧循環，皆去而復來非一次，或遷不能離故鄉。

三傳脫支生干，主人多屋少，切勿遷居廣廈，反咎；傳脫干生支，主屋多人少，宜別遷。

三傳生支剋干，宜賣宅備災費。傳生干剋支，主居無正屋，或寄居，或棄家逃移之類。

兩鬼臨第三四課上，主病訟連綿。若逢歲破作鬼又剋支，尤主訟，傳財助鬼尤凶。

干支前一神為羅網，若是旺神，惟利靜守；非旺神，則身處荊棘，宅遭毀傷。有官人遇此丁艱，衝及空減凶。

三交九醜，主家長災。然九醜當日為長老，辰為少小，陽日害男，陰日害女．日辰皆在天乙前，為重陽傷父；皆在天乙後，為重陰傷母。旺相在三年，休囚在三月，以大吉所乘將言其吉凶。如大吉乘貴、勾、雀，主訟鬪口舌；乘武、陰、合，主盜奸淫邪；乘虎，主病喪之類。課傳內有大時正起三句卯子酉午、小時即月建，禍重且速，不出月。三交以神將旺者斷凶咎。

卯屬震，辰巳屬巽，皆為木，主棟宇。丑寅屬艮，未申屬坤，皆為土，主牆垣。大凡宅要堅牢，不可無土，亦不可無水，無水主出人重濁，故宜兼及四卦。

凡占新舊損益，尋天盤類神，以四位生剋衰旺定之。欲占吉凶于人宅，尋地盤類神上所得以定之。此地盤上者，即陰神是也。

戌加卯酉，卯酉為門，旺相為門有狗，休囚為門有石獅子。

三傳生日而天將剋日，三傳剋日而天將生日，主官印星顯。

若逢三合，則同居共住。發用空亡，則獨處無鄰。

凡干支遇刑衝皆不吉，刑干傷男，刑支傷女；衝干身動，衝支宅移。

發用入傳皆不吉。

宅見天空、空亡，宅必破漏。

月將加太乙巳、辰上為亭步煞，于其方取土泥灶，家宅吉昌。泥灶于月厭方上，主家無盜賊鼠耗。

卯酉日反吟，門戶不定，人居不安。

魁罡當卯酉，門戶應遷。

干加支相生，乘吉將，主進人口。或乙合龍、常乘天喜加支，斷同。

支加干相傷乘凶將，主退人口。凡此不以入傳不入傳論。

看法

互看干支兩課

先看生旺干支為主，說見總論。

日上為舊宅，辰上為新宅（此活看法，否則日課人，辰課宅）。

庚辰日，卯乘雀加支剋支發用，末傳又帶丁神剋干，必遭天災。其餘丁神火鬼乘蛇、雀剋日者，身防火厄。

歌曰：午剋干凶忌見蛇，丁傷支禍須防虎。謂金日干上午，身可畏；丁臨支傷支，宅有損屋病死等凶。

日上辰上乘丁馬，人宅不安。

日剋辰吉，宅剋人凶。日辰要生旺有氣，若有上神與將並剋日，則朱主官非口舌，虎主病喪，蛇主驚怪，勾主鬪訟，元主盜失，空主騙脫。若吉神則主吉事也。

凡干支上皆逢敗炁，占宅主屋舍崩頹，日漸衰敗。

破敗神臨宅格，乃干支上有敗炁，干支上又見支之破碎者，總名曰破敗神，主宅有破家者而家道衰。各以破敗神之六親推之，如破敗是干之子孫，則言子孫敗。亦可以破敗神推之，如是酉，可言妾婢敗，或言酒色敗。

凡干加支，求宅必得，以身已入宅也。或被支剋脫，目下強，後必無益。凡支加干，尤不費力，以宅來就人也。亦不宜受宅剋墓脫，如我有屋欲兌出，干加支，人尚戀宅；支加干，宅尚戀人，皆不能脫。

辰上剋日上，不利寄居。

餘見總論。

看干及干陽干陰

日干為人，是己身也，而亦為人丁，須俯仰視之。遇吉地、不戰、吉官，及貴德祿馬財印合等，是日將人助，夜將鬼佑，反此凶。日陰亦為人丁所屬，宜與日上交相生旺比合，則人丁安泰，反此凶。欲知己身吉凶，看日上所乘天官。欲知眷屬吉凶，看日陰上所乘天官。

看支及支陽支陰

以日支為宅，而俯仰視之，如日干例。吉凶在宅，宜察其屬何人事。欲知家宅吉凶，視宅上所乘天官。欲知根基吉凶，視支陰上所乘天官。

又辰生旺為宅，囚死為墓，要仔細分。
宅逢上剋下，宅必下；逢下剋上，宅必高。
支雖云宅，然亦宜詳與干是何類屬，或為田土、墳墓、財產、店業皆是，不可漫作宅斷。
支陽衝處是前對鄰，支陰衝處是後對鄰，支課左右為遠鄰，支神左右為近鄰（地盤左右各一位）。然與支同類者為家人，與支異類者為鄰人，俱以上神斷吉凶。
最忌支上與支同剋日。
卯前門，酉後門。卯外門，酉內門。支神值此，須防官鬼來侵，或帶凶神惡煞為初傳，動必有災。病訟盜賊之類，以天官詳之。
太歲臨宅上剋日，禍難當。
如太陽作貴人生宅，下必有寶藏。
看支上祿神墓神太陽白虎太常死炁血支血忌天后月厭病符喪吊等神
祿神臨支被墓被剋，必因起房失祿。或被脫，必因起房而以祿償債。
凡占不自作主，受屈於人。

支墓臨支，誠不快爽。若作月將，乃太陽射宅，高明爽塏，否則有上人光飾。宜詳月將是干何屬言之。

太陽生合支神，主有顯者來，作貴人尤吉。占宅，下必有寶藏。然必生合日干年命則吉。或又作太歲，其年必產貴子，及一切喜事可斷（欲知宅下，則看宅支加處求之。如乙日子貴人太陽加卯支，卯加午上，午加酉上，以酉為物，乃自子而卯而午而酉，用兩加下之地盤也。）。虎入宅刑剋衝害脫墓之類為凶，得蛇衝，凶自散。

支之前後，或第二第四課見龍虎，俱為龍虎拱支格，入課傳年命上皆是，占宅必居華屋。居初末亦為引從格。

宅上對衝處為對鄰，乘虎來衝，其處必有石岩、石坊、獸頭、鴟吻，或塔廟、橋亭、道路、碑柱、飛檐、散脊，宜詳虎乘所屬五行，言其家替之由。如對鄰空，無害。

虎臨寅在支上發用者，必有梁折之驚，合四位生剋斷之為的。其餘虎乘神剋支，亦主損塌。

太常作日鬼死炁，加支，內孝至，剋支尤凶；加干，外孝至，更支上得虎，兼有內服。常乘申作死炁（申即虎），亦如上例。乘破碎，與死炁同。

干支上乘喪吊更凶。年命上若見之，其年必有孝服。若帶生炁，尚有孝服未已。蛇虎魁罡加臨行年，主其人受殃。

血支、血忌月厭臨支剋支，或年命上見，必宅中有血病人嘔瀉，或膿血之類。天后乘此，必血崩墮胎。帶病符、白虎剋干，尤凶。

喪吊臨干支上，或年命上，其年必哭送姻親，身有孝服。

病符臨支剋支，全家病。作生炁亦病，作死氣必死。更乘天鬼，必是時疫。

蛇虎乘丁格，乃丁作白虎剋支，必主家宅有動，不然屋塌損人，或有病死者。丁作蛇為鬼，尤凶尤怪。

干墓臨支，支墓臨支，而又剋支，二者必有伏屍鬼為禍，或有形響。墓作月將，不在此限。

蛇墓剋支格，乃墓乘蛇加支剋支，必宅內怪異頻見。

天后乘血支忌作月厭，臨支剋支，凡買賣、店鋪，皆宜忌此。

總看四課

凡干支為上神制，或干支上為陰神制，皆為有傷。傷干則人丁不安，視行年上（凡家宅人行年皆是）見凶者為的；傷支則家宅不安，視宅音上見凶者為的。

看三傳

三傳助干人吉，助支宅吉。傷干人凶，傷支宅凶。凶欲有救，吉欲無傷。傷救者，德合鬼墓刑衝破害之類，皆能傷我，亦能救我。

三傳生支剋干，宜賣宅備災費。生干剋支，主無正屋寄居，或棄家逃移之類。

三傳生日、天將剋日云云，見總論。

三傳脫支生云云，亦見總論。

看宅音

或宅音現於七處，與支上作凶神，則言家宅災。

支乃宅神，吉凶以此占之。宅音為宅舍，形勢以此占之。然音即以宅支責出，先看宅上何神，次看宅加何處，俱用四位。

看監將

如甲子日占人占宅，占人則甲干遣青龍為監將（監外），以監察諸神順逆。

如遇虎則剋戰，虎卻乘壬申，龍卻乘庚午，乃虎被龍剋。但申坐生旺地，又逢同類多，反能制龍，而占人丁有災矣。占宅則子支遣神后為監將（監內），亦如上青龍看。

看井灶廁水道

未為井，巳為廚灶。不必定屬支神值此，凡七處地盤值此皆是。上得吉官，即為平安。

巳固為灶，亥則為廁，不可受剋見衝。亥又為水道，勾加之，主壅塞不通。

類神

論家屬

歌曰：

父母生氣與日本，父兼德神母天后。
妻責天后並財爻，神后之神亦為取。
兄弟姊妹責太陰，兼及兄弟之爻神。
子孫六合子孫爻，太衝登明亦可尋。

奴責河魁與天空，婢責從魁太陰中。

朋友單來責六合，以上人之類神從。

又細分之，則木日以壬為父，以癸為母，以甲為兄，以乙為妹，巳午為子孫，丁火為外孫。甲以己為妻，乙以戊為妻陽木剋陰土為妻，陰木剋陽土為妻。妻土生庚陰己生陽庚辛陽戊生陰辛為媒，媒所合處，則巳庚是申，巳申合卯辛是戌，卯戌合為親家，或偏財見庚辛媒，當是妾。餘日倣此。占吉凶事，未知六親，宜以用神別其類。

又說：生干者為父，生支者為母；同干者為兄弟，同支者為姊妹；干生者為子，支生者為女；旺相比合為妻，不比為妾；旺相德合為夫婿，不合為外人。

又地盤卯為翁姑位；寅為長子位，對衝申為長媳；丑為次子位，對衝未為次媳。

論宮室

子：房內房　徑　渠　路　低下田　內堂　水　溝　沼　江湖水

后宮

丑：墓　園　閣　牛欄　坡　衙署　神祠　廚　庫　田　花楹　宦第　橋

寅：橋　花樹　前過道　山　山林　酒家　菴　梁棟　衙　書院　客館　草舍

卯：牖　亭　橋　林木舟車地　雷神廟　門（前門　外門）　檻　軒　船轎行　車店　木廠

辰：廂　牆　寺　墓　澮　磚瓦鋪　高岡　廊　城　祠堂　牢　糞壤　龍廟星宮　麥地　田園

巳：店　院落　冶　交流水　交叉路　廚　澗　灶爐　窑　弓店

午：路　堂宇　廚　嶺　市道旌旗地　書齋　城門　宮室　命館　馬廄　鵲巢

未：牆　井　墳　茶坊酒肆　市廛　戲場　藥室　廚　柳桑園　田園　堰

申：後過道　城　碓房　道　邊街　大路口衝要地　河道　地　囤場　石徑　碾磨　驛館　廟宇

酉：戶（內門　後門）　塔　鐘鼓樓　妓館　婢室　小院　溝澗　雞欄　金銀等

店

酒房　城市　更樓　桑園麻田

戌：牆　寺觀　糞穢堆　岡嶺　僕室　墓　田隴塋邱地　浴室　佛

殿

軍寨　禪房　狗窠　獄　虛堂

亥：廁　園　豬槽　溪港　流水交叉地　寶殿　樓臺　院落　戲園

縣

訣曰：

子房水徑溝渠沼，江湖之水低田肖，內堂后宮蔬園道。

丑墓廚房庫閣田，衙署神祠宦第園。

花楹見，牛欄圈，板橋却與平坡現。

寅向山林酒店查，梁橋菴觀與官衙。

前過道，一樹花，草房客館，書院山家。

卯牖門亭橋檻軒，舟車林木邊。

船轎行，雷神殿，木廠車與店。

辰廂寺墓與城牆，麥地田園溝澮廊。

星宮龍廟糞祠堂，天牢瓦鋪及高岡。
巳店廚灶冶爐邊，窯堆弓店。
院落兼溪澗，交叉路轉，交流水旋。
午路城門宮室宇，馬廄鵲巢樓。
市道旌旗地，命館書齋，山嶺廚房遇。
未牆廚井柳桑園，茶酒戲場墳市田。
申後過道邊街去，碓磨囤場。
石徑郵亭遞，路途廟宇，衝要通衢地。
酉門雞柵金銀店，酒房婢室兼溝澗。
桑園妓館或麻田，城市更樓塔小院。
戌糞穢兮寺觀牆，墓田隴嶺獄禪房。
軍營僕室虛堂是，佛殿犬窠兼浴堂。
亥縣流水交叉處，寶殿樓臺是。
戲園院落，溪港園槽廁。
假如用四位占之，則子本為水，于甲子、甲午旬中無水，或逢土剋亦無水，但言為房而已。倣此。

又如午之遠近內外，以發用決之。遠而在外，則言路言城門；近而在內，則言堂宇而已。其前後以午加處決之。倣此。

以上凡類神，俱以旺相得地論，空亡不得地則不論也。以上皆從地盤論，上得旺相相生之神並吉將，則吉，如相剋並凶將，殘破不安。並以家長行年上神配之，喜相生，忌相剋。生命尤好，剋命尤甚。蓋十二宮無處不可作家宅占，視其上神生合衝剋，以知何處吉凶。欲知其新舊、損益、形勢，再視其陽神加臨何處，合四位生剋衰旺占之。

論家宅處所景物

歌十二首，如神后北方江湖地云云，諸書具備，茲不全錄。凡占其存住處，皆以此推，然不可泥煞。法以宅音之遁干為方向，於是左右前後可推。以坐落地盤為何處方所，于是而占其景物。如宅在神后，為北方，或水濱河泊之所，東有橋梁之類。倣此宅音加臨何處，即所在之方。

既知其存在處，則又當論其內外景物矣。

論內景物

法以宅音上將加占時，看十二方各得四位，以生剋旺相推之。宅音占宅舍之形勢，故用宅音上將。

子：炭黑色　墨　煤　水器(子水)　盞　瓶(宮寶瓶)　籠　匣　瓮　浴盆
祀神物(虛宿主祭祀)　音樂物　女首飾如脂粉簪環之類(宮有女宿)　閨藏物如針剪線之類
(亦取女宿)繩索　女製物如布帛之類　珠玉(或取子宮天錢星)　細碎物　柔軟物　梯　筐
(子宮有扶筐星)匙　圖書　水物　燕窩(危月燕)

丑：變化物　粧造物　包裹物　皺皺物　土堆物　珍寶(取貴人)　首飾
冠　帶　櫃　鞋　斗斛(俱取斗宿)　枯物　不完物　秤　珍重物及食

寅：叢雜物(木象)　柔長物(仝上)　斑點物(虎形)　稜角物　桌牀櫈椅等四足
木器　槃　祭器　屏　碟　碗　寶劍　機杼　棟柱　棺槨　火爐　木器
竹箱　文書

卯：口腹圓轉物　門戶中動用物　竹床　床　薦席　香　梳　枕
帳　船　車　轎　竹器　琴管簫笛鼓笙簧　草戶　絲綸　梯　椅　衣架
棺槨　旛竿　盒　刀俎　木器　蓋　牌坊　輪　箱　棒　竹籬　櫃
櫥

辰：水土造成物水墓之土　瓦磁物　皮角物　印綬　煙火物　勾連物勾陳　缸甕　羅網天羅　破衣　漆　甲冑　膠　硬石　杻械　魚食　戥天秤　秤　尺

巳：燒鑄陶冶物　管鑰　弓弩　輪　彎曲圓動物　杵臼　鍋　爐灶　磚瓦　金鐵珠玉　筐　盒　疋帛　樂器　扇　銚鐺　甑　匙

午：文書　畫　文采　絲繭　煙火物　火燭　旌旗　繡　衣服　衣　架　廚櫃　蒸籠　箱　燈　筆　燈籠　錦　火器

未：酒食　藥物　印綬　祀物　布帛　衣服冠裳　盤盞　酒器　浴　盆

申：絲綿絮帛　金銀銅鐵　磨　碓　刀兵　柩　刑具　歌舞戲具　簾　幡子　海鮮

酉：磁石物　鏡　鎖　金銀銅　珠玉　釵釧首飾　鉛鐵　紙　錢　刀劍等　錐　酒漿　皮革　碑碣　盤

戌：火土合成物　毛骨　葫蘆　鎖具　印綬　僧鞋　軍器　網羅　犁鋤鍬鋤　履　朝服　碓磨　瓦器　石　杻械　盔甲　臭惡物　虛　鐘　空物

亥：細碎物　柔長物　帶　棉　紙　繩索　藤篾　醬　醋　筆　墨
傘蓋　笠　圖書　幞頭　帳幔　管籥　環　葫蘆　燈臺　漿　櫓　符

圖　鹽　不正物　戲弄物

訣曰：

子炭墨煤凡黑色，盞瓶籠匣水器測。
祭器樂器女首飾，閨藏女製針翦帛。
珠玉圖書梯匙筐，繩索水物細軟物。
丑櫃冠帶首飾寶，皺皺包裹與粧造。
斗斛秤鞋土堆物，不完變化又枯稿。
寅為木器並四足，叢雜柔長斑稜角。
屏風碗碟祭器劍，杼柚楝爐文書槨。
卯口腹圓門戶用，一切竹木器中空。
衣架棺櫃旛竿梯，床席香梳枕帳棒。
船車轎鼓刀俎盒，牌坊琴管絲綸共。
辰為水土所造就，皮角瓦磁缸甲胄。

羅石杻械尺印綬，戥秤漆膠破衣湊。
巳輪燒曲樂器筐，杵臼磚瓦弓銚鐺。
爐鍋甑帛扇管鑰，金鐵珠玉匙盒良。
午凡文書火燭器，錦旗絲繡書畫藝。
衣服衣架煙火物，廚櫃蒸籠筆燈具。
未簾酒食藥布帛，衣冠印綬祭祀物。
浴盆盤盞酒器幡，歌舞樂器戲具入。
申樞磨碓絲綿類，五金刑具刀兵在。
酉錐磁石五金連，珠玉釵釧首飾錢。
紙鎖鏡盤刀劍等，皮革碑碣酒漿兼。
戌為火土合成物，葫蘆鎖具石毛骨。
印綬僧鞋軍器羅，朝服碓磨犁鋤雜。
瓦器杻械鞋履鐘，一切臭惡虛空入。
亥亦柔長兼細碎，藤筏繩索笠傘蓋。
符圖帳櫓幞頭環，醬醋漿鹽戲弄類。

葫蘆管籥帶燈臺，筆墨圖書綿紙配。

論外景物

法與上占內景之用宅音上將加占時同。

類如子為江湖、蔬園，丑為平坡、桑圃，巳為交流水、澗泉，午為窰灶，寅為花樹、山，卯為竹林、船、橋，戌為墓、聚骨、糞堆，未為井、市廛，申為路、河道，酉為溝澗、桑園，辰為岡、麥地，亥為流水交叉地之類。餘則散見前論宮室。

又訣云：

甲乙為林單見樹（如見陽金則剋枝，見陰金則剋皮），丙丁旺處高岡連。

戊己宅園墳向北，庚辛碓磨道斜穿。

壬癸澗溝河井畔，四孟相生草屋前。

解見墳墓占。

內外景占法既同，則一時並占奈何？如寅內為火爐，外為大樹，內外之應，不有必然者乎？非也，所必占者占之，非所占者不必占也，占亦不應。故曰：非占現類勿言之。

餘見逃亡占看法、占地理。

論八卦方向所屬

卯屬震，辰巳皆屬巽，以其皆為木，主棟宇。丑寅屬艮，未申屬坤，以其皆為土，主牆垣。離為火，為廳堂，亦為房。坎為水，為溝瀆，亦為房。子亥又當為黝堊。兌為澤，又當為油漆裝飾，亦為金，為釘鐵石及雕飾。乾為天，象覆，主漫板椽瓦辮圈之類，亦為金，則戌中當言釘鐵灰類。

諸煞

天月日支歲德

天驛馬

喜神

聖心：正起亥巳子午丑未寅申卯酉辰戌

生炁

三煞

破碎
死炁
死神
血忌：正起丑，單月順，雙月衝。
血支：正起丑順十二
火鬼：春午夏酉秋子冬卯
天鬼：正起三句酉午卯子
血光厭對：正辰逆十二
羊刃
月厭：正起戌逆十二
天目：春辰夏未秋戌冬丑
病符：舊太歲
喪門：歲前三位
吊客：歲前十一位

附占遷移

占遷移，宜視支神臨處吉凶以決之。遇周徧循環，復舊庶可，否則來去非一次，終不離祖業故鄉。干支發用內戰，災自內起；外戰，災自外來。連茹空，前後逢鬼脫，進退兩難。顧祖回還亦然，魁度天門亦不利。

三合初生末墓，吉，反此凶。生墓不必定是三合局有也。凡逢初末是干支之生墓，須分論人宅吉凶。生干而比合支，生支而比合干，方全吉。逢墓只要衝，墓臨身，所為昏晦。若本命作墓，名天網自裹，凡事自招禍，帶丁覆丁，尤凶。或辰之華蓋作日墓，為華蓋覆日，昏晦尤甚。墓作太陽，反凶為吉。

羊刃臨干為羅網，止宜守旺不動，動則刃傷身，得衝神破網制刃，庶可動。

旺祿臨身逢空，宜別謀基業。然要視三傳何如，不由勉強，初吉則改作得利，不利尋中，又不利尋末，又不利尋父母之鄉，並無此，終於危困而已。

返吟為無依無親，與昴星俱不利動。四仲日得昴星，尤忌，乃蛇虎當道之象。昴星傳見虎，又見寅申，為衆虎攻攢，驚危不小，守舊庶可。伏吟占宅不利，七處見丁馬魁罡，方宜遷居。七處或兩蛇夾墓，須得衝破，否則凶，不可動。

魁罡當卯酉，門戶應遷。

附占修造

凡欲修造，陽年以大吉加歲支，陰年以小吉加歲支，視天上甲庚下為天道，上吉；丙壬下為人道，次吉；乾巽下為鬼道，乙辛下為地道，坤艮下為死道，皆凶。

附占鬼祟

察鬼之有無，如日鬼、天鬼、天目加辰上，而傳用月厭、值符（即天空也），主宅有鬼。一云：天目臨宅，主地有伏屍，鬼見形影。而以天罡所臨定其方，如臨子為房之類。一云：甲在門，乙在戶，丙在堂，丁在灶，戊在庭，己在碓磑，庚在井，辛在僕舍，壬在豬圈，癸在廁。視辰上神，陽剋為神，陰剋為鬼。

又日辰年命上見魁罡、蛇虎勾、天目及四時衝破者，有鬼。視課傳中白虎，乘陽是男，乘陰是女。

一云：如官鬼、白虎、小吉、魁罡，主有五鬼在宅。見一神為一鬼，在陽神為男鬼，在陰神為女鬼。虎旺相為少鬼，休囚為老鬼。

墳墓占

總論

以三傳、日陰、辰陰並亡人年命為七處，要得貴德祿馬財印合，以輔助日陰則亡人吉，輔助辰陰則墳墓安，輔助日陽、辰陽則人宅皆利。若刑衝剋害破脫空，及衰病死墓絕，辰陰、日陰、辰陽、日陽逢之，當分斷亡人等不利。

夫論墓，支之陽課是墓，支之陰課是穴，則吉凶衰旺，宜視支之陽課所得矣。然與陽宅稍異，陽宅以支神為宅地，吉凶衰旺，重視支陽；

陰宅以陰課為墓地，吉凶衰旺，重視支陰。而支陰之地盤，即是支陽，支陽即為主山，陽陰亦未嘗不相通也。占景物者用此辰陰謂。

若欲知其方所、新舊、損益，仍視支上陽神可耳。墓音則仍以支神責出，支陰占吉凶，墓音占形勢，俱用四位占，再占內外景。

陰陽不備，地不正。空亡者，魂魄無依。

未葬以生人為主，已葬以亡人為主。

看法

看日干兩課兼及亡人年命以占生前歿後

以日陰為亡人，以日陽為亡人之在日，俱俯仰視之。欲知其生前，看日陽課；欲知其歿後，看日陰課。要天地盤各不內外戰，更得吉官吉地，則存歿俱安，更兼亡人年命看為的。

看支陽支陰分生墳死墳

生墳視支陰，死墳視支陽。生墳忌見死炁、死神、蛇虎、支破、加臨支陰，尤忌剋日及剋日上。死墳忌諸馬或丁神臨辰上，主遷移不定。

蛇雀、飛廉、破碎、空亡、天鬼、大煞、伏殃臨辰上，主怪異廢敗。凡已葬之地，欲安穩而不欲刑害；未葬之地，欲生旺而不欲破敗。葬後伏吟吉，返吟凶，得六神藏四煞沒為上吉。從革主遷，潤下不發（一說死墳看日鬼之墓，生墳看日墓。此說頗通，說見下文論青龍條。）。

看日辰兩課

大抵日為人（似可兼亡人之在日，與一家之人丁並論。自記），辰為墓，故辰上生日及生日上者，吉；日上剋辰上，亦吉；辰剋日及剋日上者，凶。

看干支課占風氣盤結否

干支上下空脫刑衝害為洩氣，惟上下皆合，乃為風氣盤結。推此，而凡交車三六合，皆為吉課。

看干支兩課分占沙水

干為沙，支為水，宜上下互旺俱旺、互生俱生，則沙水有情。受傷剋（坐剋互剋等），則沙水散漫矣。

看支陽為主山

支陽課為主山，即支陰之坐落處也，看得何地形。欲知其方所，再合看陽課四位（支即在其下）之生剋衰旺，而景物之新舊、損益可推。生旺則主山吉，衰剋則主山凶。又合看陰課四位（陽神即在其下），其上神生旺比合陽課，則陽地人宅吉；生旺比合陰課，則陰地人宅吉；刑衝剋害者凶。

看支陽對衝為案山

支陽之對衝為案，即朝對方向。然當以上神兼何方向定之，否則以墓音所臨處遁干定之（或用地盤之墓音上，法見後。自記）。衝位或入七處剋害刑衝陽課者，陽地人宅凶；傷及陰課者，陰地人宅凶；生旺德合則吉。而六親所當辨焉。倣此。

又看朱雀為案山

朱雀亦為案，生旺德合為山案朝迎，空陷刑剋則差。

看支陰以占墳墓

以支陰為墳墓，而俯仰視之。蓋墳之吉凶衰旺，係乎支陰，須得吉官、吉地、不戰則安，反此不利。

看支陰為穴

見後螣蛇為穴條。

看墓音

支陰占墓之吉凶，墓音占墓之形勢。支陰屬何音，即知墓於何處。若占父母墳，又當責父母之墓音。如木日以壬為父，癸為母，壬為子，屬宮，癸為亥，屬角。然陰當從陽，當用墓之宮音在辰者（用父墓之音）。占其吉凶形勢，倣此。

又有支之屬音為墓，蓋支陰以占吉凶，墓音以占形勢，用四位占之，再占內外景。如墓音在七處，則生剋亦係乎干支；不入七處，則生剋止就本位論。如得勾有氣加墓為安，死囚刑剋則鬪訟之擾。或上有水神與天空併，主水道塞門戶不通，牆垣遮蔽之類（此即四位占法）。見虎入卦傳，主此方有岩石、神廟指其墓所；見太陰入卦傳，此方有廟，或奇物指其墓所；此與宅音一同也。以天上之墓音坐落之地盤為何處方所，以地盤墓音上遁干為兼何方向，方向定，而前後左右之景物可推。

看內景二法（決所葬何人，決墓有何物。）

一看日陰上所乘之天官，以決亡人是何類。訣曰：

貴人豪富官員子，螣蛇鬼魅怪多般。

朱雀自縊並投井（何不曰火艷及血光），六合富貴四肢端（何不曰雷殛）。
勾陳獄訟兼暴卒（何不曰疾病勾纏而卒），青龍患目肝病纏（何不曰杖斃）。
天后產亡貧病苦，太陰暗昧犯私奸。
元武刀劍血光死（何不曰盜劫、水淹），太常食藥定非全（何不曰飲食致死，及服毒死。自記）。
白虎凶病癰疽患（何不曰刀兵死），天空病癩更瘋癲。
以上古法雖如此，然不可拘泥，當以受刑尅者為凶，受生合者為吉，兼四位生尅言之。

一看辰陰上所乘之天官，用四位決墳墓之內景。如天乙在火上（火生土），主有鼠穿穴。子為鼠類，四位內見之方言有。然從旺斷有，尅者仍無，倣此。龍合見水（水生木），主竹木根穿鑿而生。蛇雀見木（木生火），主多蛇蟲現伏，或透孔漏氣。勾陳見火（火生土），主土閉墓堂。太陰見土，而又受火尅，主土金色。太陰見水，天后見金，俱金水相生，皆主有水。玄武多蛇鼠，太常主根芽蟲蟻滿墓。白虎為屍，如在火上（火尅金），有翻棺倒槨之象。又曰之生印乘虎自坐墓，如水日申坐丑上乘虎，為白蟻食屍格，此生印坐墓，如父母在主病，見死炁神必死。餘可推。

看墓干占外景

看墓干以占陰宅外景。凡占陽宅外景，四位之干俱用五子元遁。若占墓外景，則視墓地（此墓或非墓音，乃長生十二位中之墓。自記）上得何干，而以從寅上起之五虎遁為墓干，是四位外又添一位，合而推其生剋，以斷外景。但占法先須論墓干為主，其法與占陽宅外景不同。

以十干臨處論，則甲乙臨處為林木，單見則有樹而已。丙丁臨處，旺而無剋，為高岡橫嶺。戊己臨處，凡占宅與墳（或宅或墳，亦當以旺相休囚死及生剋辨之），戊寄東南，當西北向；己寄西南，當東北向；還以四位定之。庚辛為碓磨，亦為道，臨四孟上，道必斜。壬癸臨處，衰為溝為井，旺為澗為河。凡遁干臨四孟上相生，必有草房。又云：如甲乙行到本位（謂行到寅卯辰之方），必為林木，四位內再見寅卯之類亦同，單見為樹；臨水，必有菜園，或一小樹近溪；臨土，必有枯枝；臨火，必有花樹；臨金，必有枯樹，不然見陽金剋而損枝，見陰金剋而損皮。凡生剋，皆不宜過多。丙丁臨處，為高岡橫嶺，臨子丑午未，為東西橫；臨寅卯辰巳，為自北而東而南；臨申酉戌亥，為自南而西而北。遇水衝為道，須得土制，亦或近澗，澗穿破；

臨木，必有山林。戊己臨處，必有山墓，臨木或墓穴坍損，見龍合，為有花樹子。若有辰戌土刑傷，亡人必是惡死。庚辛臨處，為道，東西南北，其斜正如上丙丁例推，庚大而辛小，干大而支小，陽大而陰小。遇火衝為岔道，或交路穿破；臨本方為大道。壬癸臨處，為河澗水清，納音有水旺相，水源必長。東西南北如上丙丁推，而水之曲折須看刑傷。如臨寅卯，其水自北而東而南矣，水向南流，為南見丙丁在前矣，卻見前辰暗剋，凡旺處刑衝即止，水復向北入乾，其水長。倣此。四位中遇土衝為道，或河與道交過。凡見大吉，主有土橋，遇金為石橋石路，遇木有林木，見太衝必有土橋船車。凡甲乙為林木，丙丁為岡巒，戊己為古塚，庚辛為道路，壬癸為河澗，俱分衰旺論之。遇有衝剋，則以損傷、缺陷、坍塌、歪斜、曲折斷(上五者分貼林木以下說。)

以所乘之天官論，則貴人為有神佛殿，遇木火有大樹、峰巒之茂美；蛇為岡嶺窰灶，遇木則言葛棘藤蔓；雀為鴉鵲巢，遇水木為有盆池、花果、欄干；合為門關旗竿類；勾為土臺、坑墓、水灘；龍得水，則怪樹參天；后為水泉，遇木則草樹妍鮮；陰為碓磨、碾子、碑碣、石柱類；

武為水泉自墳後出，河道縈盤；常為香臺、祭桌、蘸器、冥器，隨五行所屬推之；虎為墓道，亦為石坊、人馬獸物；天空為墳塚、土岸、沙灘、尖塔、枯樹，周圍有廟宇環繞。訣曰：

貴人神祇小廟子，遇火遇木戀樹蟠。
蛇為岡嶺灣高下，遇木藤條葛棘纏。
雀鳥巢如遇水木，盆池花果綴朱欄。
勾墓土臺坑水瀨，合為門戶及旛竿。
龍如遇水參天樹，后水木來草樹鮮。
陰碾碓碑兼石柱，武泉墳後自縈盤。
常香臺桌祭冥器，虎為墓道石坊欄。
天空枯樹墳灘塔，鄰近周圍廟宇環。

看課之五行偏勝以決地形並應兆

金勝，其地多高岡大原，道路下有骸骨、磚瓦、金石銀銅等，凶出兵，吉出將，三代富貴（金數四，言三代不解）後絕嗣。

木勝，其地多園林古木，下有棺槨穀麥之類，吉出文藝，凶出癡愚。

土勝，其地平坦，豐厚安穩，或有岡阜，吉豐足，凶出癡聾啞。

原本缺水火兩條。下兩條係自補，倣而斷之，未識當否，姑識此，以俟就正于高明。

水勝，其地有河池泉井溝澗之屬，或土氣卑濕，吉出智慧，凶出淫邪。

火勝，其地亦宜有岡嶺，或有燥土赤土，吉出文儒秀士，凶出性剛氣傲人，炎上之象，發必速，衰亦易。

看亡人男女

不知亡人之男女，占以天罡為要。罡臨子寅辰午申戌為陽，臨丑卯巳未酉亥為陰。

看墓在何處

不知墓在何處，訣云：

再論地形推月將，寅花巳澗卯橋船。

午嶺辰岡未堰子，申河古道酉麻田。

戌堆糞穢平疇地，亥水支流分陌阡。

子為地頭以仰瓦，丑作平坡坤下壥。

卻來四位藏形勢，取用之時著意看。

此即家宅占中所論處所景物及地理也，宅墓可通用。

看青龍龍神為來龍

龍神與天目同，主來龍。青龍亦主來龍。皆宜乘旺為真龍，乘生炁尤妙。

須龍與墓相生無刑剋，吉，反此凶。

看土宿占山勢聚散

貴勾常空皆土神，臨四季上，為重土之象，乃山勢緊抱。逢火則高聳，逢木則平塌。

看騰蛇為穴支陰為穴

支之陰神是穴，騰蛇主之。故曰穴之好歹，須看騰蛇落處，宜生旺則穴的，否則非正穴。

空亡墓絕，當是絕穴；旺相神吉，乃是真穴。

看元武為水法大局

元臨處即風水所在。臨壬癸亥子上，則水法縈回盤曲。主山固是風水落處，然宜合元武臨處，以占坐山風水吉凶方的。逢金則生旺，逢土則淤塞。

又看陰后為水口

喜其與墓穴緊關包固，如引從拱護之例。若遠而失之渙散，不佳。水乃財源之象，欲知根源遠近，但看天后衰旺。欲知其盤繞有情，須逢生合。后神相合，水聚天心；后空亡，過穴反跳；遇刑衝，必多瀉水；後衝支，則直射明堂；後遇衝，水多流動；後無制，為澄淵不動。

看貴人占水局順逆

貴左旋水局順，貴右旋水局逆。

看螣蛇作羅城

螣蛇為羅城，占如上陰后法，喜引從拱護。

看勾為明堂午為明堂

勾之陽神為外明堂，勾之陰神為內明堂。又午亦為明堂，得貴德祿馬財印合則吉，見刑衝破害死墓絕則凶。

論墓

干支乘墓虎臨支上，必有伏屍鬼為禍，或有形聲嚇人。又歲墓作干墓乘蛇虎臨卯酉，及卯酉日干墓乘蛇虎加支，俱名墓門開，主重喪。若干墓乘蛇加支剋支，必有怪異頻見。

一說：以青龍為來龍，以日鬼之墓為墓。須龍與墓相生，無刑剋吉，反此凶。

一說：死墳看鬼墓，生墳看日墓。此說頗近理

看何房吉凶

左青龍主長房，右白虎主季房。若得輔扶墓及穴，如引從拱護之例，則吉，否亦宜龍升虎降、龍藏虎伏猶吉，乃龍空陷、虎刑破，大凶。前朱雀主中房。

一云：，長房龍、二虎、三雀、四武、五勾，周而復始。

看蔭氣

天乙順傳，日辰上見四孟者，蔭長；天乙逆傳，日辰上見四仲者，蔭次；日辰上見四季者，蔭短。辰上見蛇雀、飛廉、破碎、空亡而無生炁，敗絕而無救神，即氣數欲絕。如三傳皆吉，再將末傳在式中細推，

數盡則休。凡遇敗絕，宜改葬旺處也。

看支陰所乘天官占土色及物

欲詳土色等，看支陰上得何天將決之。貴人，黃膩土；，雀，赤土；蛇，窰灶土；合，草根土；勾，黃土或蟲；龍，太極圖或錢或曲木；空，無物；虎，死砂土；常，金石土；武，濕土或水泉；陰，白土；后，蛇鼠穴。

看發用定葬後吉凶

用木，子孫寬仁，有文章。旺相相生，與龍、常等吉將並，出州縣官；與合、武、后，出淫奔之女。休囚凶將並，出木工及為棺槨之業。

用火，旺相與吉將並，出文人，多才學，有爵祿，或善畫，有禮貌。休囚與凶將並，子孫多言語諂佞，浮遊不定，或為火工鑄冶之業。

用土，旺相與吉將並，主富貴，有寶物，田宅豐厚，子孫德行忠良，或作鎮守土官。休囚與凶將並，子孫癡愚，或出土工守墳之業。

用金，旺相與吉將並，主富貴，出武將。休囚與凶將並，子孫鬥狠盜賊，或至凶死，或兵卒屠宰之流。

用水，旺相與吉將並，子孫多謀計，有思慮，好賓客交遊，多酒食。休囚與凶將並，婦人淫奔，出遠行人，或多水厄，或落空亡，出僧尼九流之人。

類神

日：為人丁，為沙。
日陽課：亦為亡人在日。
日陰：為亡人。
辰：為宅，為水。
辰陽：為墓，為生墳，為主山。
辰陰：亦為墓，為死墳，又為穴。
支陽對衝：為案山，朱雀亦為案山。
青龍：為來龍，龍神亦為來龍。
螣蛇：為羅城，又為穴。
白虎：為墓道，並為墓前石器。

元武：為水法。
太陰、天后：為水口。
勾陽：為內明堂，勾陰為外明堂，又午亦為明堂。
太常：為香臺、祭器、祭桌、冥器。
貴人：視水局順逆。
死墳以日鬼之墓為墓，生墳以日墓為墓。
寅為青龍左砂，申為白虎右砂，然則午為朱雀，亦可為案山在墓前；亥為元武，亦可為坐山在墳後；辰為勾陳，亦可為明堂在中。（以上三條自記）

諸煞

龍神：春辰夏未秋戌冬丑　　丁神
破碎　　飛廉
天鬼：正起酉午卯子　　大煞
五德　　五馬
喜神　　天喜

祿神　死神氣
生炁　劫煞
災煞　歲煞
喪門　吊客
厭對　大時

壬竅卷之二終

壬竅卷之三

清無無野人小蘇郎逸　編纂
新疆伊犁劉　浩　校訂
東海寧波李鏘濤　參訂
東海台州楊　益　校閱

出行占

總論

出行與行人原歸一致，但出行之占占其去，行人之占占其來，而類神、馬煞及干支三傳，可例視也。

進茹逢空，宜退而尋其傳後之吉神，在干支年命上者是。退茹逢空，宜進而尋其傳後之吉神，在干支年命上者是。若前進退後，皆不逢吉神，或前後更歷幾位，皆無吉神，惟以干前後之神之見于干上者，測其吉凶之因而言之，此為逼迫。又初為地盤剋，歸本宮，又為天盤剋，如夾剋等，皆為逼迫，主進退兩難。

庶人占得大吉之課，利出門營幹，在家反有公事災病之擾。

凡出行，以末傳為要，得失以是歸結，吉凶則支上應之。遊子課出行利，但三傳二陽包陰，為傳陰，三陰亦是，宜靜守；三傳二陰包陽，為傳陽，三陽亦是，宜動行。然不可太泥。

羅網及旺祿臨身，不利出行。

貴立天門、德入天門，出行吉，于功名尤利。

遊都臨日辰行年，出逢盜。劫煞亦防盜。

看法

看日干干上

干為己身，亦為本處，宜俯仰視之。上下逢刑衝剋害空墓絕則凶，逢生旺德合相則吉。蓋強弱衰旺係乎日干之上下陰陽，故宜俯仰視。

地盤干寄宮為靜，宜仰視陽神，以占身之靜處。天盤干遊行為動，宜俯察陰神，以占身之動處。

天上日干所臨處，乃吾身遊行蹤跡，尤當先看。逢地盤生、旺、德、合、相五成則吉，逢刑、衝、剋、害、墓、絕、空七戰則凶。

凡占出行，日干在東與南，如初傳（初傳為發軔之始，故出行宜視）歸干上者，當日動。日干在西與北，如初傳歸干上者，須三五日動。蓋以東南主晝，晝則即行；西北主暮，暮尚未行也。故日干在東南，西臨為暮；日干在西北，卯加為晝。如驛馬居酉為夜地，卯為天明，酉至卯尚隔七位，須待六七日動。倣此。

看干長生

干之長生，遇吉將繫之吉，遇斗罡壓之凶，主被人拘係，不得出頭，但可家居。天網四張亦然（時與用神同剋日也）。

看日支支上

日支為家宅，亦為去處，宜俯仰視之。上下逢刑衝剋害空墓絕則凶，逢生旺德合相則吉。蓋得失榮枯係乎日支之上下陰陽，故宜俯仰視。地盤支神為靜，宜仰視陽神，以占家宅。天盤支神為動，宜俯視陰神，以占去處。

看支長生

支長生，亦倣上干長生推。又時與用神同剋支，亦與剋干之天網四張相似，亦不利出行。

合看干支

日支之墓，卻作日干之財，主販商折本，在路阻隔。

干支逢墓空，昏迷無路，不利出行。

凡作干支及類神之刑衝剋墓絕害，皆不吉，而逢空尤甚。

干上凶，支上卻乘干之吉神，則宜往而受其益。若支上自作支之吉神，或自作支之凶神，要與干無損益，占家宅則吉凶應耳。支之惡煞與干有涉，則出行凶；與干無涉，無妨也。

看馬

馬為行程，必俯仰視之。蓋馬主行動，上下忌墓絕空亡，謂之縛足，馬尤忌落地空。馬逢長生謂之戀廄，皆難行動。馬有七，歲、月、日、時、命、天、行年也，而以天驛馬為主，或無天、歲、月、日、時馬，則尋年命馬可也。或多人占，亦各尋年命馬斷之。凡馬皆不宜值阻隔之煞。阻隔煞者，要在門戶道路上看。酉為戶，卯為門，太陰（即酉）、六合（即卯）亦為門戶神，又合（三合、六合）亦為門。午為道，子為路，白虎亦為道路神，衝亦為路，申（即虎）亦為路。門戶道路作發用、日辰、年命，而上見阻隔神，為杜塞無門。如罡加子卯為天關格，罡加午酉為地關格。又未立四季，酉立四仲，及卯酉相加，為隔角煞（此即反吟）。反伏吟四土相加，為擡土煞。二木（寅卯）臨酉，四土（辰戌丑未）臨卯，皆為隔神。然又當以神將吉凶及卦體論之。如年命日辰上見此神，又被刑衝剋害者，方是隔。將之吉凶，如虎空疾病隔，元蛇水火隔之類。卦體，如昴星之剛日者，道路關梁隔；柔日者，潛伏陰私隔之類。須見破隔之神為救庶可。

傳退逢馬，為回馬煞，不得行。

餘見總論。

合看魁罡丁馬動神

魁罡臨日辰年命，或二馬及丁臨日辰，或發用，或返吟見丁馬者，必行。

六丁天馬交加，必非小動。若本命加日支上生合，乃本命戀宅，亦無動意。

看三傳

以三傳為進退行止，而俯仰視之。蓋初為親近，末為疏遠，故出行占、占家人以傳進為去，占外人以傳退為去。更看其傳入何處，或傳入門、傳入路之類。又兼以貴人看，若貴順傳逆，貴逆傳順，為半行半止，途中躭閣，或行止未定，心動而身不動之類。又云：貴傳如互有順逆，宜從其旺者定之，或來而復去，或去而復來。

初為本處，中為半路，末為去處，故初不空而中末空，行人半路欲回蹤，初中空而末不空，在此艱難在彼豐。初中末似宜分家人、外人看。自記

看發用

發用為發軔之始，故宜看逼迫、夾剋見總論等，皆難動行。

發用天盤地結謂申加辰巳、申加戌亥，乃加天頭地足也，或武乘日鬼發用，俱防逢盜賊。

合看干支年命

年命加支為靜象，或又三六合，尤不能出。

干為身，與年命相表裏。干上見凶神傷干，或剋命，或剋年，以凶神上天官，詳其凶之事因。或自他處來剋日干年命者，亦詳其地而言之。

看隔神

見前馬煞下。

看白虎

虎為道路之神，臨地盤戌亥為天頭，臨天盤辰巳為地足，不論入傳不入傳，皆主行動。

看水陸舟車

干為陸路，支為水路。干上生旺，宜陸；支上生旺，宜水。但得生旺，忌發用剋制之，則反吉為凶。故曰發用干支要合和。皆無傷，水陸兩便；皆傷，不利出行。

又壬子癸我天三河，卯辰酉為地三井，河井相加，須防沉溺。

又干支上見卯辰覆立，必死於風濤。

又子宮有虛宿，太歲加子，為遭虛，宜避水路。

亥加四季上，可由水行。

傳見卯乘蛇虎，主舟車壞。

天車加日辰行年者，大凶，主車損馬死。

天坑，損舟。天地轉煞，往反必凶，君子赴朝不忌。

卯為舟車，旺相則完固，囚死則破損。卯加金有損，在初損頭，中損艙，末損尾。

蛇臨地盤亥卯，主覆舟。

看死絕

死絕神臨課傳，或道路神作死絕，主喪亡于道路。

看所往方宜忌

六辛下不可往（是五亡）。

朔忌南行，望忌東行，弦忌西行，晦忌北行。

往亡忌出行。

滅沒方不可往，謂當四季旺方，忌日干受剋也。

飛符方不可往。

日之長生德神方，最吉（看支為類者，責支之長生德神）。德有四，以日德為要（重支責支德）。凡吉凶神在其方天地盤，須是益我者吉，損我者凶。

方上神不宜剋年，年上神不宜剋方，犯之有阻隔。

附占投宿法

以日爲行客，辰爲旅邸。日辰上神彼此生和者，大吉，兼宜乘吉將，反此不吉。日上見凶神，客懷惡意；辰上見凶神，主有陰謀。

附占迷路法

月將加時，天罡加孟路在左，加仲在中，加季在右。如不明，但丑未下求之，巳亥下可宿也。

又云：丑下八十步得路。有水無津，子下度水大利，未下陸路利。

又天盤寅申下，亦可求路（寅爲奇門人門，申爲六壬人門，且又爲道路。自記）。

附求飲食占法

月將加時，向丑未下可得飲食。又云：求食向大吉下，求飲向小吉下。

又云：渴尋卯（地井）未（爲井）下，饑尋旬遁戊己（土爲稼穡）所臨辰下。

路人餉酒食，月將加時，視日辰見辰戌子卯巳者，不可食，餘無妨。

附渡江河忌日

丙子、癸未、癸丑三日爲觸水龍，不可渡。又太歲爲風波（月建見辛亦是），月建爲白浪，日建爲覆舟（月建衝亦是），歲後一辰爲河伯（月建見壬癸亦是），俱忌。

類神

凡類神，以入課傳者取用，如課傳不見，方尋他處。視類之上下陰陽神，以占其吉凶行止。

類宜觸類旁通，如走失責空亡神亦是，或何日時走失，即以其馬責之。

類如尊長上人視日干，卑幼下人視日支，夫壻朋友視青龍，子姪媒妁視六合，僮僕土力視天空，幼子視螣蛇，軍吏視勾陳，太常為父，天后為母之類。

又如占六親，視今日生干者為父，生支者為母，同干者為兄弟，同支者為姊妹，干生者子，支生者女，我剋為妻，旺相比合者妻，旺相不比者妾，又正為妻，偏為妾，剋我為官，旺相相生德合為夫壻，又正為官，偏為鬼。餘一切類，詳逃亡占。

干：為己身　為本處　為陸路
支：為家宅　為去處　為水路
三傳：初為本處　中為半路　末為去處

門戶神：見看法

道路神：仝上

馬：為行程見看法

卯：為舟車

午：為馬

太常：為衣服行李

諸煞

天車：春巳夏辰秋酉冬戌

天坑：正丑順十二，出行損輪蹄。

天地轉煞：係春卯夏午秋酉冬子，如旺連天干為天轉。春乙卯夏丙午秋辛酉冬壬子，如旺連納音為地轉。春辛卯松柏木夏戊午天上火秋癸酉劍鋒金冬丙子澗下水百事凶，出行大忌。

往亡：正寅五卯九天罡，隔二順行是往亡。

七馬：天、歲、月、日、時、年、命。

飛符：甲日起巳逆至丑，己日起午順至戌。

六辛：遁辛

德神

劫煞

遊都

歸忌：正起三句丑寅子

行人占

總論

出行與行人原歸一致，但出行之占占其去，行人之占占其來，而類神馬煞，可例視也。

占行人之法多門，總須以天驛馬及年命入課傳決歸期。此語最為切要，凡後法皆準乎此。

知其年命者責年命（類神亦不可廢），不知其年命者責其類為要。特是論吉凶，則重年命，不重類神。

所占必要入課傳，就課傳中天盤，逐一探其何類現出與否。如後之丁馬、年命、元武、白虎、正時、天乙、天罡、遊戲神，凡一切占法，須作類神方的。

循環周偏去而復來，要類神在課傳方的。

看法

看干支

歌曰：

干為行客支為宅，內外區分象明白。

彼此比和歸興濃，刑衝破害猶為客。

蓋比和或戀彼處，刑衝破害乃落魄江河，要見丁馬魁罡，皆可言歸。支之宅為故處，亦為彼處。細分之，當就占日支神別之。日支與干生德合比者為故處，其上神又生合德比者為思歸，刑衝剋害等不來。日支與干刑衝剋害絕等為彼處，其上神又刑衝剋絕等為思歸，生旺德合等不來。

干在東南為晝，酉臨為暮而思歸。干在西北為夜，卯加為曉而趨行。支神在處當倣此。

干為己身，支為彼處，故干剋支為欲還，若支剋干為羈留而不得歸。

干為陸，支為水。干支上見吉神將，則舟車安。若乘元武、劫煞，盜賊之驚。見地井卯辰酉天河壬子癸，風波之險。

看干

干加墓為來，加生旺不來，墓覆日亦來。

干為行客，為本處，上下逢刑衝剋害空墓絕則凶，逢生旺德合相則吉。蓋強弱衰旺係乎日干之上下陰陽，故宜俯仰視之。

看支

支為家宅，為去處。上下逢刑衝剋害空墓絕則凶，逢生旺德合相則吉。蓋失得榮枯係乎日支之上下陰陽，故宜俯仰視之。

支課為家宅、去處，辨見前看干支。

支辰亦為彼處，故不知行年，則看支上吉凶斷之，生旺其干為遊人吉，刑衝傷干為遊人凶。

看第四課斷應至不至之來期

如已約定日期，應至而卻不至，則看第四課上類神到否。到則準下為期，不到則看其神將，斷其因何阻隔。

看三傳

以三傳為進退行止，而俯仰視之。蓋初為親近，末為疎遠，故占行人，係家人則以傳退為來，係外人則以傳進為來。更看傳入何處言之，或傳入門、傳入路之類。又須兼看貴人，如傳逆貴順，傳順貴逆，則為半行半止，途中躭閣，或行止未定，心動而身不得動也。又貴傳互有順逆，宜從旺者定之，或來而復去，去而復來之象。

初為來處，中為半路，末為到處。故初空則來處有阻，中空半路有阻，末空則鄰近有阻，仍以天官月將詳其事因。上剋下，以上神言阻隔之因；下賊上，以下神言阻隔之因。如剋制日干，因己身阻；剋制日支，因旅次阻；剋制年命，亦因身心有阻。否則上下剋賊，為路途阻。倣此。

中傳遇魁罡、卯酉、關格等神，主中途阻。初末亦當倣此推。

初為來處，末為到處，故以初剋末為到，末剋初為未來。似宜分家人、外人。自記

看發用

類神發用，度限至，而更遊戲二馬到，而卻生日不剋日也。一說遊戲二馬生日之日到，如火生土，則土日到則歸，依上歲月日時等臨處斷歸期。如無此例，即看發用所臨地盤，亦照推，但要與地盤不相剋者應。凡以發用斷來期，準此。

看末傳為行人足

一法專視末傳為行人足，剋地盤為已動，下剋上將到，上下相生不動也。

看末傳與干支

末傳與干支作三合，早晚當歸。

凡日干在東與南，末傳歸日上者，當日動。日干在西與北，末傳歸日上者，三五日歸。蓋以東南主晝，西北主暮也。故日干在東南，西臨為夜；日干在西北，卯臨為晝。如驛馬居酉為夜，酉離卯七位，須俟六七日方動身。如責支為類，亦當倣此。

日干發用在貴前，得白虎為催程。或更末傳傳到干支，亦視干在

何處。干在東南，傳歸其上，如上文云云。又干在東南，酉臨之則歸；干在西北，卯臨之則歸。或干支相加亦至。責干為類者，宜干臨支；責支為類者，宜支臨干。

又責干為類者，宜傳到支；責支為類者，宜傳到干。反此則未必歸。然即傳到干支，而干不剋支，支反剋干，仍未歸。

合看日與行年

日年相表裏，互相生合吉，互相刑害凶。

如行人久出無音耗，課傳又不甚了了，則視行人之行年與今日之日干，要天盤日歸地盤日。其歸之順逆，准之貴人。若歸從門上過（卯酉為日月出入之門，或順或逆，必當過之），門上之神不剋日、不剋行年，及地盤日上之神（日之寄宮地盤上神）不剋日、不剋行年，則其人必歸。其歸期，依下文大將軍等法斷之。

合看課傳行年

遊人吉凶，須看課傳行年。課傳吉，行年亦吉，則吉的；課傳凶，行年凶，則凶的。

看年命

支辰為家宅，年命臨此必來。或臨支辰前後為近，若遠離其左右，難言至矣。是支之合地尚近，是支之生旺墓尤近。故訣云：遙遙年命離支辰，地角天涯幾度春。

又亥為天頭，巳為地足，且巳亥為絕陰絕陽之地，年命臨之，遠歸有日。若寅申為遷移神，年命臨之，恐轉往他方，歸期無定。故訣云：巳亥若臨歸日近，無期因是在寅申。

不知行人之程，合看年上命上。法用行人年上命上神，以甲己子午九之數合定其程數。意其近，則一進十，十進百；意其遠，則自一而進至于千。若年命上旺相，則又當倍而進，否則但有進無倍。

看行年

行年在支兩課，來速；在干兩課，來遲。

如不知行人之年，則看支上斷之，蓋支辰亦為彼處也。生旺其干為遊人吉，刑衝其干為遊人凶。

又看天上行年

不知蹤跡，看天上行年所加分野，謂十二地盤自子至亥之分野也。

其遠近，當更以課體及神將休囚論。又離支遠者遠，近者近。

看天上行年空，主旅次抱病。行年加孟，在他鄉吉，加仲災，加季凶。然不可泥。

如行人久出，不知其程，則視其行年下之神，而知其何處去（如加卯是東之類）；視行年上之神，而知其何處來。

行人天上行年所加地位，為現在之方。若行年旺相，與方神比和相生，帶吉神，平安。反此凶。

看飛伏

訣曰：

欲識行人來不來，但將飛（用神剋日）伏（日剋用神）二神猜。

第三四課（言第三四課發用）當時至，飛即臨門伏未回。

蓋初傳見鬼為飛，初傳見財為伏也。

看限至

類神須度限至，方有來期。臨卯酉（地盤卯酉）為限，臨子午（地盤子午）為至。凡東南（寅卯辰巳午未）類神（指行人之屬類），以酉為中途，子上神為至期；西北（申酉戌亥子丑）類神，以卯為中途，午上神為至期。蓋臨限至為在路，故以二至上筭歸期，若臨至即歸也。未度限，或初雖離動，遠而難望。凡皆以度限至為要，然類臨限至，不見遊戲二馬，尚未的；見則以生日之神（如火生土，土日到。存攷）決歸期。一云：以發用之歲月日時等臨處為期。

又後遊戲中一說。

看馬

以馬煞為行程，說見出行占。又凡神煞，以度限至為動。如甲子日占得伏吟，寅馬傳巳到申。又反吟寅馬居申亦是（此寅在東南，限當在酉，至當在子。自記）。若神煞仍不離干支前後，縱見動神，亦為初動，以未度限至，遠而難望。

二馬加季，奔走西東，交加亦然。蓋馬多則心多路多，或反走頭無路。

馬逢空亡墓神，中途轉去。天罡乘馬，即遠者亦至。並乘大煞，不論入傳不入傳，當日至。干支乘馬發用，為三合格，不拘遠近皆至。

一法專看時馬動，人來。（占暫出之人，宜用此，以時馬近也，遠則宜用別馬。自記存攷）

餘則散見前後各說中。

合看魁罡二馬

魁罡之上下乘二馬，但于年命、日辰、正時、三傳見之，即至。

合看遊子斬關丁馬遊煞諸動神

遊子斬關本主動，然順傳而丁馬動，或轉他方；逆傳而丁馬動，則還歸故土。順逆兼月將（未詳）貴人看。遊煞，正起卯順十二。丁馬主行動，不停留，故退傳即來，進傳即去。此以家人言，外人當反此。

看天罡加日辰

罡加干支前（如干支在子，罡在丑），人已動；罡加日辰後（如干支在子，罡在亥）人未動；正當干支之上，目今方動。責干以干別之，責支以支別之。

又天罡乘馬，即遠者亦至。並乘大煞，不論入傳不入傳，當日至。

又罡在課傳，加孟來遲，加仲中，加季速。孟仲季，即罡之三合是。

看貴人

見上論三傳。

看空

見上論三傳。

看墓絕

類神傳墓入墓，皆不亨快，惟占行人，乃思歸甚切，必已在途。絕神入用亦然。

如卦有來象，以用神之墓絕決歸期。或墓絕日來，或陽日墓所臨之下來，陰日絕所臨之下來。

墓覆干准歸，若干臨生旺不歸。墓覆支，或末傳是日之墓，或末傳是天驛二馬之墓，或三傳內遊神臨墓絕，或類神乘馬臨日辰之墓，或日之絕神發用，皆主歸。初傳為日墓，不歸，故自墓傳生，亦主不歸。本命值墓，乘凶將，馬臨空絕，或犯空亡，主死而不得歸也。

看類神

壬課所難定者，行人也，看類神為切近之理。干上逢劫殺墓神，本日至。逢二馬遊戲，許已登程。

為人稽留不得歸，則須視地盤類神上所乘神斷之。假令類是戌，戌上加貴人，是為貴人留。倣此。為樂地而不肯歸者，則類臨長生，或旺鄉，與驛馬臨長生也。

餘見總論。

斷歸期法

人在三千里外，看將軍煞，以其地盤神為期，下俱倣此（如亥子丑年在酉，酉下是子，斷其子年子月歸也）。千里須令看歲支下神，五百之遙尋月建下，百里看日干下神，五十看時下神，二三里視天罡下。然須類神同入傳課方的，否則空憑神煞不應。

或云：類神發用居支前，則看天盤日支下為期，居他處則否。

一法，以遊神下神決歸期。如遊神是子，子下是寅，或寅月寅日歸也。

一法，初傳為鬼，即飛神也，飛主行人至，以鬼之死墓絕日為至期。如壬日癸日，傳見土神為鬼，土死於卯，墓于辰，絕于巳，當于卯辰巳至。

一說，見前看限至。

一說，見前看發用。

一說，如卦有來象，以用神之墓絕日決歸期。或墓絕日來，或陽日墓所臨之下來，陰日絕所臨之下來。

占近出行人法：

近出回家亦有期，出時加到本辰推。

天罡臨處日時定，過去言日未過時。

謂罡加過去時上則言日，加未過時上則言時。出時，出門時也。若非本辰，日支也。或當日占，則以出門時，加現在之時，亦為本辰。若當日而隔日占，則以出門之日支，加現今日支，亦為本辰。

又後看元武臨四季有一說。

看伏吟

伏吟本主伏匿，故剛伏暫出即歸，柔伏行人難期，而丁馬或見于年命，亦主動（丁主變動，馬主遷動），不見丁馬，終是無望。一云：剛伏自干傳支，為傳內，主歸；柔伏自支傳干，為傳外，不來。又云：剛伏傳順者至，柔伏傳逆者至。說雖如此，然宜隨干支類神而變易言之，勿泥傳課內外順逆為死法也。

看反吟

反吟主來者思去，去者思來。若發用、日辰、年命在四絕上，縱逢空亡亦至。非四絕則忌空。

反吟有來絕、去絕之分。來絕主人來，去絕主人不來。如庚（長生在巳，絕在寅，）寅占，申加寅是日加絕位，為來絕。甲寅日，寅加申是辰加絕位，為去絕。（巳寄在申）

看元武臨四季

歌云：

四季玄臨法最奇，六三合用地盤宜。

元神乘季傳未入，更在支辰下位知。

謂玄武臨四季入傳，則以用神合處斷來期，近用六合下，遠用三合下。若玄武乘季而不入傳，則以日支下知來期。如武作類神，或作二馬，尤的也。

看天乙與正時

天乙為本家神，正時取其近，故入干支為得會。訣云：

正時天乙入支干，湖海行人會不難。

如正時天乙作類神，或作二馬，尤的。

看遊神戲神

一說見前臨限至。

行人不臨限至，則須遊神作類方來。不作類神，亦須類神同到。如遊類並見，則游加孟，言年月；加仲季，言日時。

遊戲臨日辰、臨卯酉，人至。

一說見斷歸期法。

看大煞

見馬。

看劫煞

見類神。

看阻隔

間傳主來去中有阻隔，家人以進間爲去阻，退間爲來阻。外人反此。

逢空阻，逢剋阻，說見上論三傳。

望行人，忌隔煞。隔煞者，卯酉是也。凡虎雀交車在卯酉上，主夜宿關外。又曰：若逢隔煞夜臨門。

魁加午酉為地隔，罡加子卯為天關。限至上臨此凶將，主中路行人或天時地理有阻。然凡言關隔者，當更以神將刑衝剋害方的，亦詳卦體而論，如涉害、昴星、三交、從革、反伏吟及三傳剋戰之類。其餘阻隔神，見出行占看馬下，俱要在發用日辰年命上看。

類神

干：為行客，為陸路。

支：為宅，為旅次，支上亦為彼處（細分見看法中看干支），為水路。

三傳：初為來處，中為半路，末為到處又為行人足。

白虎：為催程。

亥：為天頭。

巳：為地足。

寅申：為遷移神。

諸煞

元武　　　　　　丁神
白虎　　　　　　正時
天乙　　　　　　天罡
天馬　　　　　　驛馬
時馬　　　　　　墓神
絕神　　　　　　死神
遊神：春起丑子亥戌　　　　戲神：春巳子酉辰
遊煞：正起卯順
大將軍：亥子丑年酉，寅卯辰年子，巳午未年卯，申酉戌年午。
歲支　　　　　　月建
天雞：占信用，正起酉逆　　　　朱雀：占信用
信神：正起申戌寅丑亥辰巳未巳未申戌，占信用。
天目；占信用　　　　天耳：占信用
讒語：正起午順十二　　　　大煞

行人附信息

朱雀、天雞、信神三者為信息類神，若入課傳乘馬，則音信頻頻。無三神若空，必無信息。又用神剋日生合，書必來；日剋用神，無信。無馬而用神剋日生合，亦主信來，但來不速耳。或尚無便未寄，如日剋用神則不寄矣，縱上三神與馬同見，而不免阻滯。總之，問信先欲干不剋用神。欲信速來，必須見馬，而干又不剋用神。

天目、天耳、傳送、功曹、勝光、炎上等加臨，又得丁馬之類，而不見朱雀，或主口信。朱雀等空陷亦然。又可就天目以下等神，看神將是何類，而知其吉凶事因。

到信之期以發用推，照年（太歲）、月（月建）、節（節氣之首，是半月）、旬（旬首）、候（七十二候，五日一候）、日辰（當日干支）、正時定之。

雀主信息，以其陰神決之。

信神現而空，是寄信不到家也。

凡占信，以日為人，用神為行人。日與用相生比和者，用剋日者，朱雀及午臨日辰者，信神入傳或臨日辰者，皆有信。日剋用無信，用神及朱雀、信神值空、乘天空，信不至。如發用子孫，有喜信。用官鬼，有災信。

凡二馬、遊戲、信神見，主有信。馬帶虎與死炁、病符等，主有災信，或孝服信。馬見城、吏、雀，有朝廷公卿信。見天獄、勾雀，有官司連累信。見武空，主不實信。馬見龍合，財帛信。見陰后，婦人相係之信。

信于何日至，則視信神下。如是酉加丑，遠則丑月，近則丑日。信神落空，信不到家，或逢口信，視其不犯謾語煞為實。

逃亡占

總論

凡所逃亡，各有其類，以十二宮神將所屬為類，而俯仰視之。類現七處者易獲，不現七處者難尋。上下見德合生旺者，反難獲；見刑衝剋害者，反易尋。臨夜方難獲，臨晝方易尋。又生合日辰年命者易尋，剋制日辰年命者難尋。而其占法之大要有二：一看德刑剋賊，二看元武三傳。然其中亦有次第，須看類入傳，而歸決于德刑剋賊。其德刑相剋者，則得失大象已可知，仍兼看類臨處為落地方向（說見後看法中德刑剋賊），以德刑臨處為景物為數里（仝上），此不須更責元武也。惟不見德刑剋賊，則責元武三傳，亦兼視類臨處為方，以元武陽陰為景物里數（說俱見後看法中元武三傳）。如類與德刑俱不見，則逃亡已明明不可得，而徒責課傳外之元武，亦何益？

占逃亡與失脫有別。失脫者，不知其類，先于七處占其是賊與否，而後得其類。若逃亡，已知其類，類雖不現七處，亦須及之，經云所筮不入仍憑類是也。

捕捉視占人年命為主，逃亡視逃人年命可也。

若盜竊奸淫，不論六親異姓之類神，皆以鬼賊為類。亦先責德刑，而後責元武三傳。德刑有剋賊，不須更責元武。

大局類神、德刑、元武為逃人，日干年命為捕捉之人。逃人宜阻隔，忌破隔。捕捉人遇阻隔，反要破隔。類之上神，看逃人之生死存亡及人事情形。類之下神，看逃人所逃之東西南北方，並知其景物。德刑所臨，看逃人所住之處，可知其處所之東西南北景物（自記）。

凡類、德刑、元等在七處，仍以生剋衰旺為主而論之。細占則各有四位也。不在七處，以四位占之。

看法

先看德刑剋賊

先看德刑之剋賊，無剋賊，然後再看元武三傳，此占逃亡之大要也。

凡尋君子賢良，視日德臨處。尋小人卑賤，視辰刑臨處。德剋刑易獲，刑剋德難尋。然良賤親屬，知其類，仍要以類臨處為方（即下文來方去方是）。又類上陰神為其人事情形，類下陽神為其地圖景物。以德刑之陰陽上下為其處所景物，而以德刑為里數（即下文離德刑陰陽神云云是）。欲知其來方，須看地盤類神離德刑陽神幾位，為多少遠近。若去路，須看天盤類神離德刑陰神幾位，為多少遠近（大段以類神為逃人，以德刑為逃處。來則自隱而現，故由地盤之類神及德刑之陽神為近遠；去則自現而隱，故由天盤之類神及德刑之陰神為遠近。下論類神與元武倣此。自記）。

或有德刑同一位，良賤皆于彼隱身，此則良賤同占，不責類之遠近，而當視德刑離元武幾位也。然德刑無剋賊，閉口卦中尋，則又以武生剋為獲不獲之占矣。獲則以剋類日為追見期。或德刑及元武入課，亦取剋期。

如俱入課，從旺神為剋期。或類神當旺令，即為出見之期。

有剋賊，則視德為君子隱處，刑為小人藏處，而要于類神所臨方覔之方謂所逃之地，指東西南北大局也。自記。得其方，于是處所景物，則又有東西南北之辨謂其逃出所住居之處之景物。自記，乃即德刑之所臨方是。故逃人之死生存亡，則責類之上神，其下神即地理景物也。至於方向里數，則責德刑。

亡人以刑德為命，看天上刑德加臨天月德或支德、干德上，生旺比合者吉；加臨歲月日時刑神上，剋絕墓空者凶。

次看元武三傳

凡德刑無剋賊，閉口卦中尋，則舍德刑而責元武三傳，以元武居處陽神為初傳，陰神為中傳。武居陰宮，則元神本位上為陰神；武居陽宮，則逆度四位上為陰神，即盜神也。盜神之陰為末傳。三傳上下生和，並吉將不剋武者難尋；三傳上下剋賊，並凶將剋武者易獲。如不生和，或俱剋賊，則看貴順在元武陰，貴逆在元武陽。而擒逃責元武陽，捉盜責元武陰。尋女求陽元武，尋男求陰元武。然良賤親屬，仍各以其類臨處為方四方之大局。類上陰神為其人事情形，類下陽神為其地圖景物四方地圖大段之景物。以元神之陰陽上下為其處所景物，而里數亦即責此。欲知其來方，則以元武上下乘之。須看地盤類神離元武陽神幾位，為多少遠近。若去路則即其下神所加乘者是。須看天盤類神離玄武陰神幾位，為多少遠近。

如初傳神將上下相生，不內外戰，主賊安居無恐，不離本位，則于其處捕之。初受傷看中，中受傷看末，所謂初中有剋末神尋是也。三傳末剋初中此（指逆遞剋），是武與盜神皆有剋制，可捕。須以貴人順逆決之。貴順賊遊走，則尋其中傳捉之；貴逆則賊藏瞞，則尋其初傳捉之。

各就其傳看之，若比和則安處；若有剋賊，則內外戰為不和，可捕。然須尋末傳剋制武盜者捕之。若三傳比和則難捕，須看年上能剋制與否。

三傳皆賊居處，要之生和則留，剋賊則去。故初中有剋，向末傳尋之。易一處而景物一變，東西南北亦一變。然大勢以鬼所在為方。

假令初中傳相剋賊，不須更尋末傳為捕人。如年上神能剋制武盜，亦可捕。命遠年近，故以年上神剋制武盜，但當發使跟尋，使早擒獲，較勝于官剋武，反致公門遲滯。

元武三傳不離日辰上者，如生合日干，自歸舍；生合日支，問親鄰。

或上下剋制，亦不求自得。蓋日辰為賊之窩藏巢穴之所，非是自家人，亦是近處賊，可待還歸，而不須告陳。看日辰生剋玄武之陰陽神，以辨六親之類，貴順責元武陰，貴逆責元武陽是也。比者近，不比者遠。

蛇主驚惶疑懼，合主公門役吏，朱被吏追，虎遭殺傷，勾主爭擒。如盜神乘此五者遙剋武，或盜神受下賊及受初末剋，不死傷亦遭官吏纏繞。此為三傳剋賊，賊即被擒也。不剋賊尚未應，須得七處剋制之猶可。

以三傳責賊居處，然貴順則為賊遊走之處，詳其路途景物；貴逆則為賊藏瞞之處，詳其歇落景物。

內外戰者，各自剋賊也，其賊自不相和而已。上剋下賊，統三傳筭之如此者，傳不和也，方主敗獲。然必年命上神制之為的，不然亦主別處敗獲，卻自己追尋無益，或擇其行年值此者捕之。

看三奸下

亥子丑加仲上，對衝為三奸（詳失脫說占）。

看三傳墓

類神各有生旺墓，初墓末生易尋，初生末墓難尋。日墓猶可，夜墓轉甚，更看離日夜地論之。然生旺墓，更要以生合日辰年命上者易獲，剋制日辰年命上者難獲。

看元武初傳

凡占賊是何人，所謂發用為偷即賊身，元武所乘月將是也（即元武初傳）。占賊來何方，所謂元武來方看所竚，地神是也。

看元武陰神（即第二傳）

武陰得上下生和，為賊安身處。若逢太歲，則有公事之擾。勾主爭擒，朱被吏追，虎遭殺傷。上下剋制，皆應自首（以上俱指上下剋制）。又武陰逢青龍為飛騰萬里，六合為天門隱跡，太陰為坤戶藏形，六丁為玉女相扶，更天乙為神光引路，神后為華蓋掩形，得斬關尤妙，上下相生（以上俱指上下相生和）如有神助，不可追尋。合陰臨日辰，亦然。

蛇主驚惶疑懼，合主公門役吏，合前朱虎勾三者，如盜神乘此五者遙剋武，或盜神受下賊及受初末剋，不死傷亦遭官吏纏繞。此為三傳剋賊，賊即敗擒也。不剋賊尚未應，須得七處剋制之猶可。

看元武在晝夜方

元居夜方，主已遠去。元在晝方，可捕。晝夜當以日之出入時刻定之。

看武臨太陰太陽

太陽，月將也。武地盤是月將，所謂太陽照武宜擒盜也，易捕。或鬼賊本家及盜神上見太陽，否則得太陰照之猶可。

看武乘丁馬

丁馬主遠，交加尤遠，雖伏吟亦動速，里數當遠言之。

剋武有幾等

凡剋元武有幾等：勾乘神剋制之，或勾所立地制武所立地；若勾立賊方，則取天乙乘神剋制其賊方，否則年命上剋制武盜；又無此，則取官鬼剋武，乃事必入公而後能勝盜也。

且鬼若不剋武，亦即為賊，遇有刑衝，主自敗擒；乘生炁，賊來不已。逢循環周徧格，亦然。

又云：俱要在年命或日辰上剋制之，方有力。

看日干為追捉人

日為外，故為追捉人，宜俯仰視之。干之上下要逢類神、德神、元武、生合，或干上下剋制刑神、元武者，則逃亡易獲，反此難尋。年命亦然。

看日支為逃失處

支為內，故為逃失處，宜俯仰視之。支上下要逢類神、德神、元武生合，或支上下剋制刑神、元武者，逃亡易獲，反此難獲。年命亦然。

看干支水陸路

見後論阻隔。

看子孫為剋制神

凡逃亡走失，不拘何類，皆以子孫為剋制之神。須得生旺有氣，見于七處方有力。若休囚無氣，鬼反黨多親盛，則子孫孖寡，轉受其制，而不可追尋矣。

看逃亡遠近

伏吟主近，貴順在支前一位，貴逆在支後一位。返吟主遠，在德刑衝位。蓋干前後衝位上，察其處所景物，而仍照類神所臨為東西南北方，而遠近覔之。

大抵不入課傳者為遠，不入七處者又遠。

餘見看德刑看元武。

看德刑占去路里數

德刑地神加乘處，為去路里數。然以天上類神離德刑陰神幾位，以測其遠近而言之。如人多，則各以類神測里數。

以本日三合之墓加時看魁罡臨處尋之一法

訣曰：

又觀今日三合墓，以墓加時法更奇。

魁罡臨處藏其下，便往擒之更莫疑。

如寅午戌日，以墓戌加正時，如君子上人，罡下求之；奴婢小人，魁下求之。

看閉口課

有三法：凡占閉密，即在人耳目，不肯明言。如作貴，告貴弗允；作雀亦然，或無人報信；作勾，捕人容隱，陰神作閉口皆是；若乘元，主盜賊抵賴。

看發用日辰年命上阻隔

此數處，諸事不宜阻隔，于逃亡占為尤要。

酉為戶，卯為門，合亦為門，及太陰、六合為門戶之神；午為道，子為路，衝亦為路，申亦為路，及白虎為道路之神，皆不宜值阻隔之煞。天罡乃關隔煞也，臨子卯為天關隔，臨午酉為地關隔。及未立四季，酉立四仲，及卯酉相加，為隔角煞。返伏吟四土相加，為擡土煞。二木臨酉，四土臨卯，皆為隔，遇之為杜塞無門。當更以神將吉凶及卦體論之。神之吉凶，如日辰年命上遇此神，又被刑衝剋害者，則捕捉無門。若類神及德刑元武遇此神，又被刑衝剋害者，則逃遁無門也。將之吉凶，如虎空疾病隔，武蛇水火隔之類。卦體吉凶，如三傳日辰內外戰，主內外不相見而隔；中傳剋初末傳，主首尾不相見而隔；剛日昴星，道路關梁隔；柔日昴星，潛伏陰私隔；返吟，人心不相照隔；伏吟，人跡不相見隔；及涉害、三交、斬關、從革、羅網、間傳諸卦，皆為隔神，上剋以剋神主事，下賊以賊神主事。然有破隔之神，主先阻後通。須是神在日辰年命上隔，得衝剋者方為救助，而逃亡終得。若神在類神德刑元武上隔，而逢破隔神，則逃亡反幸。故門戶道路等位上，亦當有宜隔不宜隔、宜破不宜破之辨。卦體阻隔者，亦倣此推。

諸事宜俯察焉。

地盤三六合及刑衝破害處，皆為路。各神有之，不但日辰干支也，

占捕捉者，以干支之路為要，干為陸路，支為水路之類。路要通，不要阻，更要與類相通，尤妙。

類神各有其路，以生合處為來路、去路。刑衝破害處，其畏地也，尤忌剋地為阻隔神。上下一同看。

地盤子午申及衝神，乃通言路也。若作日辰年命，而上見阻隔凶惡之神，卻與所占之路無涉者，則路自無妨。但凶在日辰年命者，或主他事言之，或主他路應之。

天空在亥，或天魁在亥，為度天門，主隔。捕者至此莫捕，而逃者至此亦莫逃。

看能獲否

見總論，及看元武三傳，及論阻隔。

凡類神臨干者，外人獲來；臨支者，自來。發用作日德，或與日辰三合六合者，亦自來。三傳內日傳歸辰、辰傳歸日者，亦自來。類神在課傳不空亡者，可得。三傳不離四課，見類神者，可得。類神見而空亡者，不可得，見亦不來。課傳俱不見類神者，不可得，得亦費力。類神上遁丁，或乘二馬，或乘龍合陰二貴，而非本類神者，皆不可得。類神作死炁墓神，又將惡者（白虎之類），其人縱欲來，或病或不測，而不可得。斬關遊子，不可得（此出《尋源》）。

看獲期

以歲月日時之剋武者為獲期，然須看剋神臨歲月日時前後遠近為應，得捕是勾陳，尤妙。以地盤（或指勾之離地盤）離歲月日時幾位為期。若剋神不逢歲月日時，則以入傳之初中末為遲速。傳歸日辰亦速，更要剋神旺相方應。如剋神不入傳，則專責發用之臨歲月日時分之。

又云：無剋武者，或以子孫剋鬼為期。

又云：以剋類神為獲期。或德刑元武入課傳，亦取剋德刑元武為獲期。如俱入課傳，則從旺神剋之。旺神無剋（謂有旺神而無所剋之類），則另尋旺神有剋者，五行干支剋地之期即是。或類神當旺令，即為出見之期。

看貴人順逆

論見看元武三傳。

占地理法

凡占地理道路，兼看天干。干是甲乙為林木橋梁，丙丁為鬧市臺塔，戊己為墳冢坡岡，庚辛為道路岩石，壬癸為河埠溝澗。上剋下則低小，下賊上則高大。

神后北方江湖地一歌，不過言其大畧，太嫌冗長，茲不備錄。大局已具家宅占類神中論宮室一歌（此歌自作）。上神后歌，係論家宅處所景物，凡占捕逃尋人覓物，皆以此推。如類臨其處，即以干官將神成四位，而占地理景物。此乃天上神之陰神是，其天上神為陽，但可參看其加處方向景物耳。以上從旺斷有，剋者為無。倣此。

如類臨地盤，子為江湖，即以地盤子成四位，就此子上所見者占之，此乃子之陰神是也。其天盤上子為陽神，亦可參看，故天上子加何處，即為方向，卻亦成四位，以生剋衰旺推之。分衰旺者，如巳為窰竈，亦為澗泉，當分火旺為窰竈，見水為澗泉。又如午火旺言山嶺，剋金言爐冶；卯木旺為林木，見水為橋船；申金見土為道，見水為河道；酉金見水言溝澗，見木言桑麻。餘可類推。

甲乙臨處為林木，單見則有樹而已。丙丁臨處，旺而無剋，為高岡橫嶺。戊己臨處，其宅墳園必向北，蓋戊寄在巳，當坐東南向西北；己寄在未，當坐西南向東北也。餘干倣此。庚辛為碓磨，亦為道，臨四孟上必斜穿。壬癸臨處，旺為河澗，衰為井溝。凡遁干臨四孟上相生，必有草房茅舍。

甲乙行到本位，必為林（不必拘定行到本位，如甲乙木見納音木，亦是），四位內重見寅卯亦是，單見為樹而已；臨水必有菜園，或有小樹一顆近溪；臨土必有枯枝；臨火必有花樹，子亦焦乾；臨金亦有樹，必虛空如槐樹之類，不然見陽金為剋枝、陰金為剋皮，金多則木傷也。

丙丁臨旺處，為有高嶺橫岡。臨子丑午未，為東西橫；臨寅卯辰巳，為自北而東而南；臨申酉戌亥，為自南而西而北。遇水衝為道，須得土制，或近澗穿破。臨木必有山林。

戊己臨旺處，必有山墓；臨木見龍合，或有花樹。若非山墓，亦有土坡。

庚辛道，東西南北，其斜正，如上丙丁例推。庚大辛小，又干大支小，陽大陰小。遇火衝為岔道，必分頭而去。更遇水，為交叉穿過。臨本方為大道。

壬癸臨旺處，水清，納音水旺相，則源遠流長。東西南北之橫斜，亦如丙丁例推。然而灣環曲折，認其刑傷。如臨寅卯，其水為自北而東而南矣。水向南流，為南見丙丁在前也，卻前見辰暗剋，凡旺處刑剋即止，水復向北入乾。餘倣此。遇土衝為道，或河道交過。見大吉有土橋，見太衝有木橋。

凡五行納音，皆宜審用而言其名義。如丙午、丁未上見壬癸，為天河水，水必自高而下；若見丙子、丁丑，為澗下水矣。如壬午、癸未上見甲乙，為楊柳木；庚申、辛酉上見甲乙，為石榴木。如戊子、己丑上見丙丁，為霹靂火，火不甚高；甲戌、乙亥上見丙丁，為山頭火矣。如丙戌、丁亥上見戊己，為屋上土，土必高。如甲子、乙丑上見庚辛，為海中金，金必衰而路小。餘倣此。

又歌云：

貴神神祇小廟子，大樹峰巒如蓋懸。
螣蛇葛棘連藤蔓，聳嶺橫岡高下灣。
朱雀鵲巢鴉窠子，盆池花果綴朱欄。
六合旛竿門戶立，勾陳坑墓土堆灘。
青龍怪樹參天勢，天后池塘梅柳鮮。
太陰碑柱並磨碓，元武河營轉且盤。
太常土塚田園地，白虎石坊道路穿。
天空枯樹墳灘塔，隣近周圍廟宇環。
此占墓外景用之，而觸類旁通，不妨錄此以備用。

占人狀貌法

歌曰：

亥矮背高頸項大，子形矮小黑瘢神。

丑身眼大多斑點，寅齾拳毛破相人。
卯頦短塌面青大，辰頦額聳眼光明。
巳長蛇眼人毒狠，午面馬形多語真。
未多白眼頭尖髯，申是猴形有義心。
酉主性剛形體瘦，天魁元武必鬍人。

亥，頭小色黑，額大觜高。子，身短黑。丑，面方有點，見水主頭圓，見木主頭高，見火主眼大，又為腹。寅，面青頭長，破相。卯，面大而青。辰，身瘦額尖。巳，面紅黃，肥大有力。午，面紅身細。然巳午身長骨大有威力而多言，旺則慈善，衰則狡猾。未，見空主頭白，旺而無剋主頭黃，須看生剋衰旺遁干言之。見二丁二乙在長生，主頭小有瘡。申，面白仗義。酉，性剛好事。戌，身大鬍鬚，所謂戌形腿足身胡大，若天魁為元武必主如此，若女人主毛髮重。

若求其細，則子為耳，丑為腹，寅為髮口眼背，卯為手目，辰為胸肩項，巳為頭面齒，午為眼，未為白頭脊，申為聲音，酉為口唇皮爪鼻，戌為腿足鬚，亥為髮頭足。

以上皆以干官將神四位推之，陽為男，陰為女（男女以四位用神占之），旺為壯，衰為老。

干為頭面，為巾帽；官為上體，為衣衫；將為下體，為裳褲；神為腿足，為鞋韈。而各有陰神，看地盤上所得月將是。干則甲同寅，乙同卯，丙同午，丁同巳，戊同辰戌，己同丑未，庚同申，辛同酉，壬同子，癸同亥。

《般若經》又云：性情形體多出陰神，恐未必然。或陰神四位內，其官將為性情，其官將之建干為形體，以分占之。或以陰神為形體，而以陽神下之地神為性情，兼看其天上陽神加處。或以陰神為形體，而又責其陰神為性情。如日辰各立兩課之例，以分內外五行生剋而占之。雖未有此例，姑存一說。

占人行止法

凡占行止，一上剋下主坐，二上剋下主臥，一下剋上主立，二下剋上主走。又當視孟仲季而推。孟仲季者，生旺墓也。

類神

類現易尋，類藏難獲。現于初為近，中遠，末又遠。若傳歸日辰，反以近斷。類神各有生旺墓，初墓末生易尋，初生末墓難尋。日墓猶可，夜墓轉甚，更看離日夜地論之。然生旺墓，要皆以生合日辰年命上者易獲，剋制日辰年命上者難獲。

地理類神

餘見總論，及看法中論德刑剋賊、元武三傳、占能獲否。

見家宅占類神中歌訣。

又見前看法中占地理法。

人類神歌

子是王侯(王侯公卿之類)媒乳母，幼子媳女船(船戶)佃戶。

三姑六婆凡女人，樂工染匠賊屠(屠戶)伍。

丑君賢士矮(矮子)將軍，長者僧尼痂(痂子)貴人。

管庫(理家財者亦同)耕夫商(商人)父母，送喪牧養旅(旅人)墳丁。

寅醫丞相部曹班，高士師儒道(道士)丹(煉丹人)。

寅壻(賓客)掌書(書吏等)竹(竹匠)木匠，祝巫樵吏(天吏)秀(秀才)文官。
卯朋(朋友)太子大夫昆(兄弟)，驢轎舟車管業闓(闓人)。
男女母姑童(童稚)長子，九流牙(牙行)保(保人中人及地保等)賊傭(傭工)僧。
辰獄(獄吏)御史將軍職，太守凶徒漁獵業。
嘍囉牙保魄婦僧，屍眾捕(捕人)鹽(鹽人)孕(孕婦)軍卒。
巳畫(畫師)大夫車騎將，店(店業)廚(廚子)窰治弓甲匠。
手藝小人(怪異小人)賓孕朋，文學(文學士)賊吊(吊客)女(雙女)乞(乞丐)象。
午為蠶婦與宮娥，驛卒馬醫兼馬夫。
亭長羽林軍騎者(騎馬人)，善人妓女及僧巫。
未醫武職太常(太常寺)伶(伶人)，歌舞役胥(吏役人等)百戲呈。
父母老親凡女眷，道(道士)巫服食業(茶酒衣帽一切服食業)籠鷹。
申麵(買麵)廷尉五金匠，商(商人)獵(獵人)孝(孝子)巫鋪兵恙(病人)。
軍人行人差(公差)捕(捕快)屠，過繼移名(過房、離祖、移名、改姓、養子、義女等)面生(面生可疑之人)相。
酉是邊兵酒食店(又為酒人)，御史中丞寡(寡婦)徒遣(配徒)。
婢妾娼尼造五金，陰貴賭錢酒色戀。

戌獵都尉舅司直（言官），僧道孤寒僕遊說。
獄（獄吏）哄（哄論）言官屠惡（惡人）貧（貧人），卑賤小童嬖（嬖人）軍卒。
亥賊府丞泥木司，閽寺遊民（遊手好閒人）逃（逃人）趕豬。
上客江湖（走江湖）貪酒色，近君（近侍）淫婦乞（乞丐）孩兒。

日德：君子等責之。
支刑：小人等責之。
元武：德刑不剋，責元武為類。
鬼賊：盜竊奸淫，皆以鬼賊為類，亦先責德刑而後責元武三傳，德刑有剋賊，不須更責元武三傳矣。
天目亡神：占賊視鬼賊為類，占大賊視天目亡神為類，仍責元武三傳如看法例。
勾陳為捕捉人：例雖如此，而仍宜各視捕者之年命。
又以子孫為剋制之神：見看法。
門戶道路神：見看法中看阻隔

諸煞　二馬
死炁　德神：干德
丁神　天目：季之季
刑神：支刑
亡神

逃亡附隱遁

隱遁與逃亡相類，但逃亡則責其類而求之，隱遁則擇其方而去之。

又與出行相類，而占例不妨彼此會通耳。

須玩干支上下，看何吉何凶，何去何從，以定趨避。

又訣云：

假令甲夜未為貴，龍廟于寅臨酉地。
先伏四隅過酉時，便向寅方尋所止。
纔過寅時再宜卜，遵此施行常獲福。
廟神鬼賊若同居，切莫前趨當退伏。

有如甲乙見申酉，陰廟之中休奔走。
其間雖不見仇害，也有胥徒來把守。

喜一視天罡下，二視遊神下，三視生炁方，四審戊己方，五走生旺地及驛馬天馬生旺之方。須與日辰相生合，可隱遁。不宜值空亡刑害。

又天盤寅下為仙人道，申下為玉女道，可避。

又如甲乙日，避壬癸亥子（水生木），父母方，及丙丁巳午方（木生火），子孫剋鬼，吉。倣此。

喜年命上見丁馬，利行動。

喜避長生、月德方，不拘天地盤，只要不內外戰，比和日年則吉。

喜斬關課，向神后下去大利，次之魁罡下，又次之功曹下。

忌逢官鬼墓神煞害。

喜遊子課，亦忌逢官鬼墓神煞害。

忌傳將墓與空。

如甲乙日避，忌庚辛申酉方（金剋木為干鬼），犯之凶。倣此。

最忌天地盤空方。

最忌旬中六辛方。

最忌月厭方。

最忌游都方。

忌日辰逢刑剋。

忌三傳見鬼。

忌生炁剋天目。

忌白虎帶煞（以上八者，犯之不能逃避）。

忌羅網課，若罡塞鬼戶、貴登天門為可。或傳將凶而干上吉，為身強無傷，不須疑懼。

忌傳見鬼賊，若干上有子孫，為患門有救，便無傷。

忌虎鬼臨干，凶速。

忌兩蛇夾墓（夾干之墓）。

忌昴星見蛇虎，剛日主關梁隔，柔日主陰私隔。

忌天目（季之季）直符即飛符（甲起巳逆至丑，又從午順至戌），剋制日年則凶，所謂方神最忌年相剋也。

忌遁干為暗鬼剋日。

忌戌加亥，或天空乘亥，為魁度天門，諸多阻隔。

忌用神、傳中及日辰內戰。

忌天心課，以陽明不利隱遁也。

壬竅卷之三終

壬竅卷之四

清無無野人小蘇郎逸　編纂
新疆伊犁劉　浩　校訂
東海寧波李鏘濤　參訂
東海台州楊　益　校閱

考試占

總論

占考試，必察朱雀、官鬼爻、晝幕貴、主試類神、魁罡、德神、二馬、青龍、印綬、長生等神煞，及歲月建將，大抵皆在七處觀之（自記）。

士人進取，以文書為先。若雀為文書，長生為學堂，為印綬，印綬即為文書，以及龍、常、官、貴、祿、馬、德合等吉神，在課傳為吉。

逢六陽，更主顯達，逢太陽月將亦然，臨日辰年命發用，尤吉。

干支上或初末傳得晝夜貴，或夾拱貴祿年命之類，及初末引從干支，皆主遂意。

天心格，功名必聯捷直達，非常之貴也。一旬周徧格，占事不脫，試宜代工。又有三傳在四課中，內多干支自作三合者，名回還格，占事不脫，吉凶照舊。若非三合干支，為不備，凡事不全。大抵周徧宜日辰年命俱在旬中，而不乘空落空，方吉。回還宜年命入傳，全吉。又源消根斷格，課傳俱下生上，縱成名而終成𤸷瘵。

《尋源》云：乙龍合蛇（看法中以龍化蛇為化卑賤，則蛇不為吉神矣，存疑。自記）雀常，所喜神也。勾武虎空陰后，所忌神也。天喜、皇恩、五馬、印綬、奇儀、龍德、富貴，所喜也。死炁、病符、月厭、墓空、休囚、刑害，所忌也。

又云：雀落空亡，龍歸墓地（龍乘未也），天空發用，武乘神剋日，虎乘神傷日，皆不吉。

看法

先看朱雀為文書

以朱雀為文字類神，而俯仰視之。蓋文字乃功名符券，縱不入傳，亦須尋究。宜乘神旺相，得四吉地，及官德祿馬財印合，或作歲月建將，而不內外戰，則神將和為得氣，而文字利。若乘神休囚，或八凶地，或刑衝破害，內外戰，則文字不利。外戰稍輕，內戰憂重。

凡文書責雀，如雀受乘神剋，取納音為救。宜合四位占，與陰神參看。

乘神之氣，又在乎地。地臨四吉地，及貴德祿馬財印合，或歲月建將生比，則文字有喜。反此不利。凡乘神內戰其天將者，即臨吉地，無益于將也。惟乘神生其天將，而乘神自空者，尚有出旬之可望，最忌落空。此則俯視地利也。

乘神之氣，又在乎天，即陰神是。陰神生扶陽神，及生合日年歲月建將官貴等神者利，刑剋者不利。或日年歲月建將官貴上神生比雀神者利，刑剋者不利。其利不利之事因，即視陰神上所乘之天官。此則仰視天運也。

雀類陰陽既有其徵，而印綬（即文書文爻）與雀神，又須較論。印綬旺相，臨吉地，陰神相生無剋，又與雀生旺比合者，佳。若休囚，凶地，陰神剋制，又與雀刑衝剋墓者，文思不利。

朱雀與印爻剋太歲，必因文字犯規遭責。蓋太歲乃人君，不可犯也。

午亦文書，故雀乘午為真朱雀，主文名超眾。然剋太歲則犯時責，剋簾幕，主試不喜。榜將出，雀乘丁馬，防改移。以上三凶，不必專屬真朱雀言，凡朱雀皆如是。

占文書，除朱雀外，尚有午火，及印綬，及青龍亦是。

參看青龍午火印綬為文字

見上看朱雀為文字條。

占各人文字看年命之印爻

如占各人文字，則以各人年命之印爻為文卷。

看主試類

文字究無憑，全憑主試。主試類神(見下)與雀神陰陽互相生旺德合者，雖不利，利也；互相刑衝剋害者，雖利，不利也。

大要以官爻為主，細分而參觀之。則縣試視父母爻(父母係本地官，當以支之官看，而兼看父母耳)為主試，府試視月建為主試，院試視月將為主試。如應歲試，兼太歲看；如應科第，兼辰戌丑未看。鄉會以幕貴為主試，幕貴喜生旺，惡墓空。更各按科分而視太歲，但會試為甲榜，尤重六甲；廷試以太歲為主試。

凡試官空亡，置卷不視。以上俱俯仰陰神陽神論，如前例。

看日干年命之官鬼為功名類神

然而主試究何憑？全憑日干年命（最要勿泥日干看）。日干年命上見官星旺相，其陰神作日之貴德祿馬財印合，或生合年命，年為近，命為遠，或官星剋日干而生合年命，否則剋年命而生日干，俱為身強，皆好。如年命日干俱為官鬼傷，則身弱不利。凡龍常、官貴、德祿、丁馬、印綬、奇儀等吉神，加臨七處，縱文不合主試，必得明暗相助成名。若官星不見于日干年命上下，或無氣而剋年命，不生日干，其陰又作日之刑衝破害脫墓絕等凶神，即文合主試，必明暗相攻失望。

看幕貴

晝得暮貴，暮得晝貴，為簾幙貴人。日干年命上逢之，大利（日辰上逢之亦是。蓋隨所占之類神而變也。凡皆倣此），更遇旬首六儀作簾幕，尤的，主甲第必高。要之，此貴以生旺為喜，墓空為怒。雀乘神與幕貴乘神陰陽互相生合有氣，必中式；互相剋制無氣，必不合試官。試官空亡，置卷不視。

干支上得晝暮貴拱年命，或初末傳得晝暮貴拱年命，或干支拱幕貴，初末拱幕貴，年命拱幕貴，否則拱晝暮貴皆可，又或初末兩貴引從干支，俱主得貴人力而就功名。

幕貴大段忌空、忌墓、忌剋日、忌受剋。

凡七處見兩貴，周全須逢兩貴。但占功名，以幕貴勿受剋害方好。夜貴加日貴，只宜暗求關節，以官見官。日用夜貴為拙目煞，主貴人拙目專視，如與雀神相傷，防揩摩或犯磨勘。課傳俱貴，反無依靠，托事無功。晝夜貴空，喜信必虛。日貴在夜，開眼作暗。夜貴在日，自暗而明。此指幕貴之簾幕官也。若日貴臨夜地，夜貴臨日地，主作事蹉跎，錯失機會。貴在干前，事不宜急；貴在干後，事不宜緩（如甲干在寅，則卯上為前，丑上為後）。臨辰戌為入獄，名貴，人受賄，宜陰托之。乘亥為登天門。臨巳亥多反覆，臨子午為關格，臨丑為歸家，臨寅為塞鬼戶，臨卯酉為勵德。餘則自有干謁占例在。

總看干支吉格

干支拱祿、拱貴、拱年命，皆吉。

看干為文字支為題目

大抵干為文字（又當分陽為文，陰為字），支為題目。兩相生旺比合，則得心應手。若雀神與主試相傷，而又與干上相傷者，文字失意；與支上相傷者，題目失旨。

羅網在干，己身不快；在支，場屋不佳，文題昏晦，惟其非旺神也。若俱旺則文思得意，互旺或彼此互換，明有神助，暗有鬼扶。外有俱生互生格，及交車合格，倣此論。

看日干為己身

以干為己身，而俯仰視之（若尊長為卑幼占，則以日支為己身。己身者，卑幼之身也。若尊長為卑幼占，仍于年命上應之之吉凶，仍于年命上應之。然惟尊卑並占如此，若代占仍以日干為卑幼之身也）。夫仰乘吉將，雖不忌官鬼，亦須生合年命，或剋年命而生日干，皆為身強。日干年命俱傷，則弱。視日上天官為強弱之因。更值卦體凶，防有阻隔不利，以隔神上天官推其事因。又須俯視遊干，臨吉地，或作日上神官印，而生合日干，亦為身強，反此不利。日陰乃身之懷思心腹，最忌空。與日干交相生旺比合者，文情通暢；刑衝墓剋，反此。以日陰上天官為通塞之因。若干為上神所制，上為陰神所制，是身心自相齟齬，不利。

干忌坐墓，尤忌覆墓，主文思窒塞。得衝無妨，作太陽尤妙。

看遊干

占人在場屋內看此。

又一說見看日干為己身條。

看干陰

見上看日干為己身條。

看日支為文場

以日支為文場，而俯仰視之。干支宜互相生旺比合則吉，若刑衝剋害墓絕之類，不利場屋。俯仰如占宅例推。

支課左右為鄰號。

地盤支之左右為前後。

又支上對衝處為前。

支神加處為所在之東西。

支忌坐墓，尤忌覆墓，得衝無妨，作太陽尤妙。

看支課左右

為鄰號。

看地盤支之左右

為前後（當指號之前後）。

看支上之對衝

亦為前（當指為號之前）。

看支神加處

為所在東西（當指文場之東西）。

看三傳為功名遲早高低及三試三場三文次第

遲速得失，決於八占。占不逢時，惟用是責。而要皆決之于官，或決之于官之生旺墓。凡官星得氣無傷為吉，若見于初，功名早而名次必高；見于中，功名遲而名次適中；見于末，功名晚而名次在後。如傳歸日上，象為爭先；傳入宅臨門，反以速斷。或官不入傳而見他處，則仍合官之陰神，與三傳次第參斷，而取發用為期，俯仰占如官祿例。

初末引從干支，及拱貴拱年命，皆吉。初生末墓，有始無終。初墓末生，先憂後喜。

小試以三傳為縣試、府試、院試，以決始終。

大考以三傳為頭、二、三場，以決始終。看何傳關吉凶于己身及文書，以知何場之利不利。如止就頭場三篇論，亦以三傳次第推之。

看名次甲乙

占功名，固看官鬼，而名次當看十干，須以旺神定之。甲最高，甲為旬首六儀神，故最好。以及寅中有甲，功曹、青龍、遁甲皆是。乙亦佳，辰中有乙，為天罡領袖之神。以及太衝、六合（乙屬卯）與天乙（貴人）皆是（遁乙似亦宜看。自記）。餘則甲乙丙丁戊五干，丑寅卯辰巳午六支，皆在天乙前；己庚辛壬癸五干，未申酉戌亥子六支，皆在天乙後。戊為勾空，己為貴常，寄中央，又在前後間。凡所得之干支，忌空亡、晦日，逢月朔為上，進氣尤好。中旬次之，下旬退氣又次之。其間節氣進中退，退中進，須辨之。

餘見前看三傳條。

看魁罡

魁罡，辰戌也，皆奎星之義。日干年命上遇之，亦吉。更作旬首儀神，必得魁元。惟魁度天門，為小人當權，非士人進身之階，不吉。

看從魁酉

酉，從魁酉也，號亞魁星，臨日辰年命而生合扶助，必高中，更得貴人尤妙。

看丑未相加

返吟卦中丑未相加，斗鬼合為魁字，臨日辰年命，必作魁。或非反吟，而斗（丑）鬼（未）臨日辰年命上，亦是。更逢甲戊庚日晝暮貴（丑未是也），必得兩貴推薦而中。

看辰未相加

辰中角、未中鬼合為解字，臨干支年命，主得解。辰作旬首、未作貴人相加發用尤的，會試亦中甲第（未中鬼，鬼金羊也）。

看龍蛇

龍主喜慶，宜旺相有氣，生合日干年命。蛇主卑賤，如蛇化龍兮利占試，龍化蛇兮第不高也。

看墓

見前看日干與看日支。

看德入天門

德入亥也，主高中。

看丁馬

榜將出而雀乘丁馬，改移須防。

類神

朱雀：為文書，七處無論入不入皆須責及。又為榜案。

青龍：亦為文書，可與朱雀參看。

午：仝上，亦為文書。

印綬：仝上，亦為文書

太歲：廷試主試

幕貴與六甲：幕貴為會試主試《尋源》云：會試主文，月將是，會試甲榜，尤重六甲說見看法。

幕貴：為鄉會主試《尋源》云：鄉試主文，歲破是，遙會試主文，月將是。與此《般若經》所云不同對天子之象。

月將：院試主試，如歲試兼太歲看，如科第兼辰戌丑未看。

月建：府試主試

父母爻：即前印綬縣試主試

官鬼爻：大局看官鬼爻為主，故以官鬼為功名類神。

長生：為學堂，忌空，空則終身一士人而已。又曰：有氣雖空終顯。

長生為學堂為印綬，印綬亦為文書

日干：為己身，為文字，又陽為文陰為字。

遊干：亦為己身，人在場屋內當看此。

日支：為文場，為題目。

支課左右：為鄰號

地盤支左右：為前後當指為號之前後。存疑

支上對衝處：為前

支神加處：為所在東西當指文場之東西。存疑

三傳：小試以初中末為縣府院試，大考以初中末為頭二三場，如祇

就一場論，則初中末為文之篇數次第。

十干：為名次次第

魁罡：辰戌為魁星

從魁：為亞魁星
丑未：二宮鬼斗宿合為魁字
辰未：二宮角羊宿合為鮮字，蓋未中有鬼金羊也。

諸煞

皇恩
三奇
死炁
月厭
祿神
天喜：春戌夏丑秋辰冬未
災煞
歲煞
厭對

五馬：年月日時天
六儀
病符：舊太歲
五德
成神：正起三句巳申亥寅
劫煞
月煞
死神：正巳順十二

考試附武試

巳爲弓弩，申爲箭矢，午爲紅心。申加午，矢中紅心；加仲，中垛；加孟，爲四脚花；加季墓，脫垛。最忌空。

以第幾課發用，言其箭中之多少。第一課發用，中一矢；二課發用，中二矢，照推。

午又爲馬，又天馬、驛馬皆馬也。酉爲刀石。

以上欲知其勇怯巧拙，俱俯仰視陰陽神而占。

以發用決中矢之數，固然已，但又須察旺相休囚加減之。

《尋源》云：日上發用，與年命上遇大煞、月煞、乘天空、白虎、太歲、入傳者利。

餘則大畧如文試推。

官祿占

總論

凡占官爵，未有官者要見官星，已得官者不必定要見官星。

逢生旺日辰年命者，為前程遠大；若逢墓絕日辰年命者，不利。又凡龍常、官貴、祿馬、印綬等吉神在六處（三傳、日、辰、年、命），是生旺神，官爵崢嶸；是墓絕神，官爵虧損。地盤上逢之亦然。

初末引從干支，及拱貴、拱年命，與干支拱祿、拱貴、拱年命，皆吉。

墓覆日作生炁，如占作庫務差遣必得，勿作墓看。

看法

合看干支及干支上

歌曰：

欲問前程有與無，日辰虛實定榮枯。

臨官帝旺干支遇，爵祿崢嶸任帝都。

蓋日為身，辰為任，上下神須有實地，方有著落，最忌空。然乘空落空，還須空神有氣，無妨。遇臨帝象主乘權，否則遇長生為學堂。俱忌逢刑衝破害。

遇貴臨干支拱年命，宜告貴；拱祿，宜占祿；伏吟干支拱貴，宜告貴。

初末引從干者，宜遷改官職；引從支者，宜遷改任所。欲知何人助，即以初末詳之。

干上馬，支上祿，名真富貴格，主加官進祿。

帝旺象帝都乘旺，臨官象官位臨身，故日辰上遇之，最利。更得寅為天吏，申為天城，及龍常在七處逢之，則任途暢達。

干支上俱乘上前一位，內多互旺俱旺格，止利守己而靜聽遷轉。或已失而欲復舊，極妙。或互相投奔，而各有興旺。倘若意外之求，遠謀動用，則變為羅網纏繞，非官不安，即任不安，否亦主丁憂，縱乘旺主無心中得人照扶，而興復卻反遭遲滯者。以凶喪之應，大約是不旺者主之，得年命上衝破無咎。

看干為己身及看日陰

以干為己身，俯仰要四吉地、不戰、吉官及貴德祿馬財印合等，尤妙是臨官、帝旺，最忌是空亡。能如上所云，為身強無傷，求官利。然求官不忌鬼賊，要在日干神將吉旺而已。蓋靜則看寄干上神，動則看遊干下神，上下以官印並見為美，斯動靜皆宜。若俱逢刑衝破害、八凶地，則日干無氣而身弱，求官有阻。以隔神所乘天官，詳其事因。又日陰所主，乃己之懷思心腹，與日上交相生比，則心廣敢為，否則日上傷而身畏，日陰傷而心怯。欲知強弱于吾身為何事，則視日上神所乘之天官。欲知憂樂于吾身為何事，則視日陰上所乘之天官。凡干支為上神所制，或干支上神為其陰神所制，皆為有傷。干傷則我有所畏而不敢取，支傷則人有所畏而不敢與，取與之機，皆決于此。

干為官云云，見看日支。

又見看官星條中。

看支為任所及看辰陰

以支為任所，蓋在家則為宅，在官則為任。故支之地盤為家宅，以支上占吉凶（當以支之地盤不動者所居處為家宅，而合支上占吉凶。自註）。支臨處為任所，合天官而占吉凶（當以支之天盤遊行者所臨處為任所，而合天官占吉凶。自記），俯仰視如上看日干例。而尤妙是臨官帝旺，最忌是空亡。干為官，支為位，干支逢空落空，乃官位無著實處，或有官無位、有位無官，皆主虛名虛利而已。故必俯仰有吉地、不戰，如上等吉，方主榮任遷官。反此而上下刑衝破害、八凶地等，為無氣阻隔，非留任即不滿任，非調任即不到任等弊，以隔神所乘天官推其事因。然已任則靜而視支上神（地盤支靜），改任則動而視支下神（遊行支動）。以支前為前任，支後為後任（即支神左右），以傷官為替任，以支課左右為佐貳屬員，為同僚。還當以五鄉推之。以尅支者為任所官員，或上司亦是。又支陰所主則隨類而變，如以地言，則處所景物，與占宅同例（支上神即陽課四位，為現任處所地理，支下神去處，當亦以四位占，為改任處所地理也。此與上論已任則靜而視支上二句同法）；以任言，則支陰即其所干辦者；以人言，則陰即彼之懷思心腹也。要皆與支上生旺比合為美，相傷不利。欲知事因，各視支上與支陰所乘之天官。

《雜摘》云：行年臨處，地盤為住任所。與此日支為任所不同，姑備一說附此。

看三傳

遲速之應，決於八占。八占者，時有八門也（發端、移易、歸計、內事、外事、值事、先鋒、變體是也）。或作官作印作財而臨八門上為應吉，作比肩作傷官而臨八門上為應凶。不在七處，為占不逢時，惟用（發用）是責。然而官見則易，官藏則難。官星得而俯仰視之，以得氣無傷為吉。且現于三傳中者，以傳之次第求應。初傳官現必速，旺氣更速，相氣少緩，休囚必遲。仍視中傳（即初之陰神），或作財印准應，作比傷及作日之刑衝破害墓，有阻隔不利，則再視末傳（即陰神之陰也）。或制其中傳之惡煞，則仍轉凶為吉，而應遲矣。或制其中傳吉神，而反作初傳惡煞，是官被末制，則轉吉為凶，而結局不佳也。又或初見官而中賊之，得末制賊為救，更生合初官，乃始終皆吉。

中傳官現而旺亦緩，俯仰占倣上例。初生助官，及帶劫煞丁馬，卻主速。末傳亦然，但不如初之為速，初末作比傷則不利。

末傳官現而旺亦遲，俯仰占倣上例。或末臨身入宅臨門，反以速斷。且自他處傳歸日辰者，主終于內任；日辰上傳出他處者，主終于外任。

龍常入傳一條，見看龍常。

初墓末生，先難後易；初生末墓，有始無終。然亦只要衝，逢空亦好。占官則視官之生旺墓，占祿則視祿之生旺墓。

見合看干支初末引從一條。

三傳順逆遞剋，剋日剋辰或剋年命，防交車彈劾、被眾欺，所謂三傳遞剋衆人欺也。三傳順逆遞生，生日生辰或生年命，必得人薦舉，所謂三傳遞生人薦舉也。

遇間傳，主阻隔艱難。退間尤甚，欲進難而欲退亦難。順間，則至吉地吉，至凶地凶，而欲退亦難。

又三傳皆下賊一條，見看發用。

三傳化蛇化龍，見看魁度天門。

傳財化鬼格，乃三傳皆財，生干上鬼而傷干者，宜以財告貴求關節。若財生支上，而支上作干鬼，亦此格，宜以納粟得官，或以財告貴，買恩求職，妙。

看發用

見看三傳。

發用將逢內戰，本主所謀皆危，惟占官則吉。有干支三傳皆下賊上者，宜從微而緩遷，大有興盛。

總看八門

見看三傳。

總看太歲貴人與日辰年命

以太歲為朝廷，而俯仰視之若占朝廷，以日為帝座，辰為殿廷，占陛見亦如之。蓋太歲乃天子之象，統治諸方神煞即十二宮歲煞。神煞，猶朝官也，占官祿宜會通之。如歲之左右為輔弼臣，歲之對處為宰臣。若貴人為貴位，日得日貴、夜得夜貴為現任，反此為幕貴，非考試官即離任閒官也。貴臨丑為歸家，為林下官。貴多轉無依，在任多差委，托事無功；臨卯酉為勵德，臨子午為關格，或主遷移；值空亡，皆不成事。凡貴順為喜，喜則施德，休囚則否；貴逆為怒，怒則用刑，旺相則否。凡歲為貴人，能致福救災，不入傳亦吉。或太歲月將併而發用，主風雲際會。或貴人帶月建，主升遷。上二者皆為龍德課《大全》以歲將乘貴發用為龍德，此添入月建，稍異。或太歲發用，傳復有月建乘龍，或歲合建為用，皆為將泰卦即時泰，即《大全》歲建入傳見龍合而為財德者是也。歲月日時同入課傳，若初歲、中末建、日辰為移遠就近，以緩為速，皆視日辰在貴人前為動，日辰在貴人後為靜貴人的以順逆分前後，當以天上貴人前五位為動，日辰得此者，即日辰在貴前也。貴人後六位為靜，日辰得此者，即日辰在貴後也。蓋前後不以日辰之地盤分也。貴乘亥臨亥，為登天門。又臨亥子丑為向午，乃當陽出治，朝覲奏對時也。臨日亦然。乘寅為塞鬼戶，小人退而君子用事。蓋責貴人者，可統君臣而言之。若占君，則專俯仰視太歲可。要四吉地、及貴德祿馬財印合，更陰神無制，上得吉官而又不戰，則歲君喜而加恩。如日干年命與歲加臨（此當指日干年命加太歲上）為陛見，歲與日辰年命併為遇主，歲臨日辰年命及門戶為徵召。或貴龍常在歲左右，而歲在日上傳中、生合干，主作親近侍臣，帶馬則內臣有事趨朝，外臣有事差遣。歲在干後利內任，歲居干前利外任。歲在干前遷必速，歲在干後遷必遲（如甲干在寅，則丑上為前，卯上為後，倣此）。上皆以歲日生比言也。如歲得八凶地，及刑衝剋害破脫空，則歲君怒而事多更變，作鬼賊剋日辰年命及傷官破印尤凶，見丁則內臣遷謫，外臣改革。如歲臨日辰年命剋干，內任防遭刑責，外任庶得便安。日年剋歲，內則犯天庭，外則觸臺憲。歲居干前（如歲在子，干在丑。自記），當前不宜急進；歲居干後，日後還恐遭傷。大約年上剋歲，主下不順上，且干剋歲休官，支剋歲改任；歲上剋年，主上不合下，且剋干罪身，剋支罷職。上俱以歲日刑剋言也。若歲年相剋而歲日相生者，先怒後喜；歲年相生而歲日相剋者，始合終離。當以意類推之。又上剋下，利上、利先、利外任；下賊上，利下、利後、利內任。

又歲附龍常，見看龍常。

看龍常

龍乃文臣，常乃武職，為文武類神。龍附太歲，主遷改職官；附太常，主遷改武官。要龍常乘神不戰內重外輕得氣則利，否則不利。又要俯視地利，逢四吉地及貴德祿馬財印合，尤妙。

凡神將和而下臨吉地，為有氣，則吉；不和，雖下臨吉地，神吉而將無與也；和而臨凶地，神凶而將亦失勢，然其地或于將為吉，猶可望。忌落空，惟神生其將而神自空者，尚有出旬之可望。又要仰視陰神，陰神生旺比合類神及日辰年命上者吉，刑衝剋害類神及日辰年命上者凶。然入七處剋者為官星，剋日生年、剋年生日皆吉。日年受生真吉，俱受剋不吉。吉凶事因，以陰神上天官詳之。官主其事而神司吉凶，其氣則遲速攸關，以旺相休囚死空詳之。

龍常作官星固妙，或作官之生旺墓亦得，否則作生印，又否則作財神，皆可。若作比肩傷官，縱入傳亦不利。或官不入傳，而責龍常於間處，則當專視發用。蓋官星或在日辰年命上，仍視其陰神與三傳次第參斷，而陰神遲速之應，則取發用為期。官弱者待官強，身弱者待身強，皆取生旺之歲月日時氣旬候為應。

又龍常離地盤日干（寄宮看）幾位為年數，離地盤日支幾位為月數。龍常乘神之長生為日限，龍常乘神為時限。

文視龍，武視常，以此為類，最忌逢空。

龍常剋下，必人情不足而受嫌憎，須詳下神是何類而兼仰而占之。夫龍為相，常為卿，如所臨位為卿相班聯，或因觸怒班聯而謫成降罰；如剋下或是歲月建將之類，則為得罪朝廷。

下賊龍常，必因班聯排抑，或動多掣肘，迫于不得已而退。或受下賊者即是歲月建將之類，則君相嗔怒而不安。

龍常生日、比日、剋日，除在內；日生龍常、剋龍常，除在外。

又見附占到任條中一節。

合看龍常祿馬印綬等

以上數者，在日後遇之，為前程遠大；在日前遇之，則杳渺難望（如甲寅日丑為前，卯為後）。

看官星

凡入七處而剋者為官星。剋日而生年，剋年而生日，皆吉。蓋不作日之官印（即生我之父母爻），亦須作年命官印，故日年互相表裏，日為體而年為用。日年俱受生真吉，日年俱受剋不吉。吉凶事因，以陰神上天官詳之。官主其事而神司吉凶，其氣則遲速攸關。旺氣即應，相為將來，休為已過，囚死必遲，空亡小應。

官與我身，又須強弱平等。身弱官強，多不稱職，否則須得生旺吾身之時（官印全而身強）方可。官弱身強，多不稱意，否則須待生旺官星之時（財官全而官旺）方可。且官星若剋年命隨鬼入墓，或干見官星而年見剋神，皆反為凶。須知見鬼不鬼，鬼旺相有制，或鬼之陰神制鬼，或太歲年、命制鬼，皆是。然制之太過，占身雖無傷，而占官則不利矣。故占官宜視官之陽神陰神，以得氣無傷為吉。夫類見于陽，而情歸于陰。陰神或生官、合官，或生比日辰，足以制傷官而為恩主。凡生剋制化之權，一切惟陰神操之。俯視重而仰視尤要，以在七處為入局。

又見看建將為臺省條中。

又見看日支為任所條中。

又見看三傳條中。

又論龍常作官星，見看龍常條。

龍雀官星旺相，文科第；虎常官星旺相，武科第。

《雜摘》云：財生官星，臨學堂長生、學館日祿，不旺相，捐例。

看月建月將為臺省與日辰年命相較兼及陰神

建將皆臺省，而月建為近臣，凡屬內任者，宜視此為上司。月將為使臣，凡屬外任者，宜視此為上司。俯仰視其陰陽神，以得生旺比合為美，為上司喜，反是則怒。陰神宜生合日辰年命則吉，若刑衝剋害破脫空墓等不吉，則視日辰年命各陰神，或生扶陽神，或剋制建將陰神為救。轉凶為吉，轉吉為凶，全在乎此。故曰：吉凶之事在陰神。且如歲、月、建將三者剋干，雖為得官之象，而畢竟驚疑不安，須看其陰神生日合日，則權印相得，義合情投；或生合行年指歲月建將陰神生合行年猶可，否則得官亦不安穩。建將在干前，當前須防刑責；建將在干後，日後恐防磨勘。又大局總要生日，剋日縱行年生建將，而上下不合意；生日縱行年剋建將，而上卻投機。建將剋年又剋日，主官不寧；建將剋年又剋辰，主任不安。日年俱剋建將，則置散投閒；日年俱生建將，則財耗力竭。餘凡生剋我者，皆倣此推。

看祿馬德神

祿神是受官神，有氣妙，無氣雖得官不妙。有官無祿，畢竟虛名；有祿無官，畢竟虛利。守土官，視日祿所臨地為食祿方；欽差官，以日馬所到處為出使方。方吉則吉，方凶則凶，仍須視其陰陽神而合參之。祿（守土官視祿）馬（欽差官視馬）臨方為分野，再看分野所加為東西南北之處，以占其地。如祿馬臨寅為燕京，又看寅加午為燕之南也，地近山東青界。倣此。

日祿外又有命祿，日馬外又有歲月時天年命馬。

如太歲生合比日干，帶馬，則內臣有事趨朝，外臣有事差遣。

又見看三傳條中。

占官則視官之生旺墓，占祿則視祿之生旺墓。

德祿臨亥上，為入天門，主功名顯。然陽日伏吟，乃德喪祿絕；陰日反吟，乃德絕。子加巳局，乃祿絕，不可槩論吉。

日祿臨支，主上人差委，權攝不正而得祿，非自己功名得祿也，皆主替任差委之類（欲知替任差委事因，當即以支詳之）。而或被支剋墓脫，必因任而失祿，不虧空，亦無所盈餘。遇巳亥主兼攝（巳亥有雙義）。

干上驛馬、支上日祿，名真富貴格，主加官進祿，見丁尤速。

《雜摘》云：本命祿神所臨之方為食祿方，再視二十八宿中之生我本命者細分之。假如壬寅生人，壬祿在亥，亥加辰，當以辰宮之分野為食祿方。辰宮有角、亢、氐三宿，則取亢金龍為用，蓋金能生壬水也。則亢星分野之方，即為食祿之方也。

《畢法》云：權攝不正祿臨支。謂日祿加支上，凡占不自尊大，受屈于人。如占差遣，主權攝不正，或遙授職祿，或將本身之職祿蔭于兒孫，斯占尤的。此例每日一課，可逐類言之。

看丁神

見總看太歲、貴人等條中。

又見看三傳條。

祿加支，馬（支馬）加干，為真富貴卦，主加官進祿，見丁尤速。

金日占，于日辰、年命、三傳見旬丁，常人占禍動，有官人占則赴任極速，惟忌占人行年上剋去六丁所乘之神。

人宅罹禍格，乃日上剋日，辰上乘丁又剋日，常人占則凶，官人占赴任極速。

看催官

日鬼乘虎，臨日干年命為催官使者，又河魁乘虎亦是。縱是遠缺，必催赴任。值空亡，或聞虛信，或被差遣。又三傳上神生其官星，臨日辰年命，名催官符，亦同。以上二例，若帶四時返本煞（春金局　夏水局　秋火局　冬土局），則赴任反極遲矣。得反吟，必不滿任。

看河魁太常印綬

河魁為印，太常為綬。印綬臨門及日辰者，有印綬文書之喜。所乘神不戰、比和、得氣為吉。

看朱雀

雀主文書、印信、口舌，在朝廷為詔旨，在仕宦為奏章。如作鬼加干，防因上項事被黜。臨年命，或剋年命，亦然。剋太歲建將之類，尤凶。

看貴人

見總看太歲貴人等條中。

天乙所臨，吉凶之論亦多。

臨亥為登天門，吉。

臨寅為塞鬼戶，吉。

臨子午為關格，主不通。

臨辰戌為入獄，則貴怒，此名貴人受賄，但宜陰囑託之。如臨辰戌是干支臨辰戌年命上當亦同。自記，為臨身入宅，不以入獄論。

臨卯酉為勵德，主杌隉不安，或遷移不甯，宜杜門思過，故曰勵德。

臨丑為歸家，貴人不視事，又為林下官之象。

陽課干陽支陽為尊，宜在貴前蛇朱六勾青為貴前；陰課干陰支陰為卑，宜在貴後空白常元陰后為貴後；則順而吉，反此則陰陽錯位，尊者必遷而卑者必黜。又四課當分內外任言之，干兩課為外任之尊卑，支兩課為內任之尊卑。如其陰陽四課俱在貴人後，名微服，尊者必進。然有追從之象，當從貴人私謀則吉，而應主遲。陰陽四課俱在貴前，名蹉跎，卑者則喜而尊者宜避，事須速，而求望小就而已。尊卑以占人之爵位應之。又有日貴臨夜地，夜貴臨日地，亦名蹉跎，主事有參差，彼此不協，而多錯失機會也。

又凡貴在日辰前為動，在日辰後為靜（前後以貴人順逆分，不以退為日辰前，進為日辰後）。

看幕貴

有官人占得幙貴，臨日干、年命，為休官之象。

看劫煞

見看三傳條。

看帝旺臨官

見看干支及干支上條。

看天城天吏

申為天城，寅為天吏。見看干支及干支上條。

看子孫爻

占官忌見子孫爻，以剋我之官鬼也。

看魁度天門

魁度亥，天空乘亥，為度天門，諸多阻隔，求官與三傳龍化蛇者，均不能成大業。蓋天門有阻，此身復何望？宜觀戌上天將，言其阻隔事因。

看龍化蛇蛇化龍

三傳龍化蛇，不能成其大業；蛇化龍，大有進望。

看天羅地網

干上乘支之網、支上乘干之羅者，凡事我欲羅網他，他欲羅網我。如有官人值干之天羅地網，主丁父服；值支之天羅地網，主丁母服。

類神

貴人所屬，看法已詳，無容贅矣。餘則蛇為大夫、車騎，雀為翰苑、羽林，合為大夫，勾為大將軍，龍為文臣、丞相，空為奏對言官，虎為廷尉及權臣，常為武臣、卿職，元為後將軍，陰為御史、中丞，后為皇后妃嬪（以上十二貴人所屬）。寅卯為吏部、禮部，巳午為兵部、禮部，申酉為兵部、刑部，亥子為工部，辰戌丑未為戶部。又子為王侯，丑將軍，寅丞相從事吏員使者掌書，卯大夫、閽人，辰御史、二千石，巳車騎大夫，午嬪妃、羽林、文書，未太常、吏曹，申大理寺、三法司行人使者兵科，酉御史、中丞，戌御史、都尉、校尉、侍衛，亥府尹、少尹、府佐、守丞。以上更當兼神煞而推。旺相位高，休囚位卑。正為正官，偏為偏官。生印亦然。一切俯仰視陰陽神占之。

《經緯》云：以冠帶為冠帶，青龍為選喜，寅為吏部，太歲為陛見，朱雀為文憑，馬煞為前程，以戌為印，以臨官為俸祿（即祿地），武官以申為兵部。

太歲：為天子，為朝廷，歲左右為輔弼臣，歲對處為宰臣。

月建：總看為臺省，分看為近臣。凡屬內任者視此為上司

月將：總看為臺省，分看為遠臣。凡屬外任者視此為上司

貴人：日得日、夜得夜為現任，日得夜、夜得日為幕貴。非考試官，即離任閒官。臨丑為歸家，為林下官。

龍：為文臣

常：為武臣，又為綬。

雀：為詔旨，為奏章，為文書。

河魁：為印
寅：天吏
申：天城
干：為己身，為官。
支：為任所，為位。已任則靜視支上神，改任則動視支下神。支前為前任，支後為後任。支課左右為佐貳屬員，為同僚。
祿：為受祿神，又命祿亦可參看。
馬：見前，又見看法。
丁：見看法
傷官：即子孫爻，為替任人。

諸煞

天城：申也　　天吏：寅也
天德　　月德
二馬　　皇恩：正起未順行隔一位，兩句未

酉亥丑卯巳　　皇書：季之孟

天詔：正亥順十二　　天印：正起未順十二

喜神：歌曰：甲己日東北位，乙庚向乾方，丙辛西南上，丁壬在正南，戊癸在東南。蓋甲己日在寅，乙庚日在戌，丙辛日在申，丁壬日在午，戊癸日在辰

成神：正起三句巳申亥寅

聖心：正亥巳子午丑未寅申卯酉辰戌

死神　　三煞

大時：正起卯逆十二　　往亡：正寅五卯九天罡隔二順行是

歸忌：正起四句丑寅子　　病符

喪門　　吊客

官祿附到任

占拜除視政吉凶法。入官欲視事，慎勿令人年上神剋賊初拜除之日。其所出之門，又不可剋人年上神。假如人年立丑，以甲乙日除官視政，

占得酉或申加丑上，此謂年上神剋拜除之日也（此係金剋木）。又如南方午地視事，午上得寅，人年是亥，亥上乘未，此謂所出門上神剋年上神也，身必死于此官。又如年上神傷門上神，搖惑不安。

在任吉凶，文視龍，武視常，二神上下相生，又與行年不剋者，大吉。如龍常加日辰，上神剋下憂罪責，下神賊上憂疾病。假如文官二十七歲，戊寅日申將巳時，龍加申臨巳，下剋上為用，龍又刑剋日支，主病，應在一月內。餘倣此。如不剋行年上神，只剋支者，雖病不死。又如三月壬辰日酉將戌時，初傳戌龍，上剋下，用戌土剋壬干，主失官，應十日之內。何也？蓋大凡剋干者，事發十日之內；剋支者，事發一月之內；如剋太歲及行年月建者，應一年之內。武員責太常之剋，倣此。

又見官祿占看法中看丁神（有二條）及看催官（有一條）。

武備占

總論

散見看法。

看法

看勾陳元武為類將

勾乃大將軍，掌兵權，故戰鬬以之為主。其乘神即類神，作日之生旺德合財祿，及下臨四吉地，並貴德祿財印合，不戰而有氣，並地神生比占日者，吉。若類神作日之刑衝剋害破，下臨八凶地，內外戰而無氣，並地神刑衝剋害占日，凶。此由勾陳類神之吉凶，而俯察其地利也。又須視陰神，凡陽神吉，而陰神助之益吉，制之則其吉不終；陽神凶，而陰神助之愈凶，制之則其凶自散。然要在陰神吉凶于干支者何如，如陰神刑衝剋害干支及干支上，更附蛇雀虎，又帶煞，則凶尤甚；陰神生旺德合干支及干支上，更帶貴龍常合，吉不可言。經云：戰不戰，視勾陳。必視勾之陰而占法始全。欲知事因，視陰神上所乘之天官。

夫勾陳為主將，而元武為客將，俯仰視如勾之陰陽例。勾剋武主勝，武剋勾客勝。凡剋其乘神及臨方者勝，或年命制之亦勝。若方上勾武立之當指勾下或武立，武下或勾立也。自記，須天乙制勾武乘神及臨方，亦勝。訣云：

本將行年宜制虎，不然須見剋勾陳。

無此即須勾剋武，勾陳利剋賊方神。賊方之上勾陳立，天乙遙能制下神。

看干支及干支上並陰神

干為客，支為主。夫干尊支卑，此定理而不論主客者也。若占敵，則先動為客，後應為主。干傷不利客，支傷不利主。欲知尊卑客主，則視發用決之。如干上發用，得上剋下利尊利客，得下賊上不利；支上發用，得下賊上利卑利主，得上剋下不利。又上剋利先起，然卑下者得之未必利；下賊利後動，然尊上者得之未必利。

凡干支上下，要得四吉地、德合、子孫為吉。若見刦則傷財，見財則助鬼，見鬼則傷身，更加八凶地及刑衝破害為凶。此則干支兩處，各視其上下者也。若干支並較，則干損支，利客不利主；支損干，利主不利客。或交相生合者，和；生合而帶刑衝破害者，不和。欲知事因，視干支上所乘之天官。

日辰陰課，乃干支之輔助也。日課為客大將，日陰為客副將，辰課為主大將，辰陰為主副將。而兩陰神又即彼我之懷思心腹，而喜忌係焉。

各與陽神互相生旺比合，則輔助得力，心腹可憑；否則日辰為上神所制，及日辰上陽神為陰神所制，皆為有傷，傷則不能無所畏懼。不但陰神傷其日辰上，凡傷其日辰上者，皆不利。

且主客豈有定形哉。論將，則勾為主而武為客。論干支，則如甲干為客，甲寅木及青龍功曹之類，皆可作客論；子支為主，壬子水及天后、神后之類，皆可作主論，非直此也。事變卒臨，有不盡作主客占者，類具于後。

有以干為外為人民，支為內為城池。攻城宜干旺，守城宜支旺。又或干支旺相，則旺氣在外，休氣在內，利攻城而不利守城；干支休囚，則休氣在外，旺氣在內，利守城而不利攻城。還兼三傳以決內外之勝負。

有以干為主將，支為士卒。上下相生比和，則士將齊心；上下相刑衝剋害，則士將異志。若推此而占敵，還兼三傳以決主客之勝負。

有以干為高路為陸路，支為低路為水路。干傷陸阻，支傷水阻。高低準此。論水路，則河（壬子癸為天三河）覆井（卯辰酉為地三井）不宜水，子加卯或加太歲上，不宜水，惟亥加季宜之。

有以干為外為左為前，支為內為右為後。干傷勿出外，如四上剋下亦是，禍從外入也，伏在前與左之類；支傷勿入內，如四下賊上亦是，禍從內出也，伏在後與右之類。時傷伏在中，或辰加日後有伏，日加辰前有伏，巳申子卯臨之亦然。又亥子臨干賊多，臨支寇少。又子辰巳未干支上，來疾去速賊如飛。若在三傳，則初中末為前中後也。而前後左右中，當參看五行五將。如雀蛇為前軍，武后為後軍，龍合為左軍，虎陰為右軍，貴勾常空為中軍。餘以類推之，而可以識其吉凶變化之所歸矣。且凡占前後左右中，還取天罡下決之。罡加孟為前，加季為後，加仲為中，加陽為左，加陰為右。

看三傳為戰守勝負進退緩急

吉凶之應，應于八占（八門也）。占不逢時，惟用是責。蓋此八門上不見正時，則責發用三傳。

凡勾武及遊魯天、目等神煞，現于初應速，旺更速，相少緩，死囚遲；現於中，旺亦緩；現于末，旺亦遲。然若傳歸身宅及臨門戶者，反以速斷。

用神上剋下，利客利先利外；用下賊上，利主利後利內。初傳得吉神良將者勝，得凶神惡煞者負。

三傳順吉則利進，凶則利守；三傳逆吉則利退，凶亦利守。初中為客為外，末傳為主為內。以客制主則利客，客休主旺卻不利；以主制客則利主，主休客旺卻不利。以客比主，客有暗降或詐降于主者；以主比客，主有潛通或僞通于客者。干客支主，亦如此看。且干支體也，三傳用也，體用俱吉勝，俱凶負，吉凶參半勝負相持。此主客之形也。若夫名分關乎上下，則視干與初為尊，支與末為卑，勿泥主客論。

看本將行年

見看勾陳、元武類將。

看天乙

見仝上。

看巳申子卯臨干支

見看干支。

看亥子臨干支

仝上。

臨兵選將看將星

以今日三合中字為將星，如申子辰日，子是將星。看陰陽神，旺相比和則吉，休囚剋制則凶。例雖如此，然何不用大將軍？不然取歲破，有閫外專權、遙對天子之象。又不然，則勾陳有擒王捕盜之能，元武有劫寨偷營之功。餘則天將月將孰非將乎？要在比和扶助我者即為能將，反此非僨軍之將，即敵將（謂敵國之將）應之。

出師擇門看子孫日子孫時子孫方

門者，方也。以聞驚日為客，以占事日為主。客生主或主制客為妙，反此不利。或以驚日之子孫日出師，亦吉。如甲乙日聞憂，丙丁可除寇亂也。或今日之子孫制其驚日，及今日之子孫時、子孫方出師。須要背歲月日時四建而出，並主將剋制其方為妙。

看雀蛇武后龍合貴勾常空分五軍

見干支及干支上並陰神條。

探賊看天耳地耳

探賊消息，向天耳臨方下探之，天盤丑未下也。探人密事，向地耳臨方下探之，天盤卯酉下也。又天目衝位，亦為天耳。天地耳，皆主信息、探察、追捕事。

攻城看陰陽城

凡城在我軍東與北為陽城，西與南為陰城。陽城，龍頭在亥，尾在巳，腹在坤，背在艮；陰城，龍頭在巳，尾在亥，腹在艮，背在坤。宜攻腹背，莫犯龍頭。

又干為人民，支為城池。見看干支及干支上並陰神。

覘賊行藏看遊都天乙魯都

歌訣云：

賊欲相淩切要知，遊都作限用推之。
遊都覆日今日到，前支一日在明期。
二三依次須防禦，若臨前四不侵圍。
遊都旺相支干畏，賊勢憑淩難守持。
遊都合處喜降卒，畏下難侵大戰時。

居在東南災稍重，臨之西北禍當微。
不見遊都視天乙，臨處還如都將推。
子辰巳未加今日，賊盜猖狂疾似飛。

蓋遊都察賊至，魯都察賊歸。遊都覆日臨辰，即今賊至。若臨支前一位，明日到；前二位，後二日到；前三位，後三日到。臨前四位，則不來矣（蓋臨支後為已過去之日數）。

遊都旺相，又來剋制干支上下，則為干支所畏，賊勢必雄。若遊都囚死，又無剋制支干，主賊至復遁。或遊都囚死而加旺相地，亦主賊來。

遊都加臨上下相生合，主賊自歸降，或人家小賊不來也。若遊都加臨剋制，便是畏下而難侵我，乃正我與彼大戰之時。蓋和則為好鄉不戰，剋則為畏處交兵也。

如遊都離日遠為不見，則視天乙，一如遊都之法。蓋天乙主戰鬥故也。若天乙又離日遠而不見，主賊已往他境不來。或日辰上見子辰巳未，主賊到即回。或魯都臨支，尚在近處，臨干又去遠不可追，入空地並太陰下，不可見。其賊兵多寡，以遊都決之，加減分旺相休囚死。

看子辰巳未加日辰

見上條。

占賊多寡視遊都日干正時三法

歌曰：

占賊多寡有三般，或視遊都或視干。

都將近日只論都，都將遠日只論干。

有時干上乘空者，正時加減地盤看。

看天目臨處為賊方

一云：欲識賊藏何處，以天目所臨處為賊方。《般若經》又云：如欲細求其處所，若逃亡占例，責元武三傳覓之。

途中占賊前後看天盤丑字所加

歌曰：

途中前後疑逢賊，大吉所臨知賊程。

此出《神異經》。如大吉丑在地盤子午，則賊在天盤卯下，寅申位也；丑加辰戌，賊在亥下；丑加寅申，賊在申下；丑加丑未，賊在巳下；

丑加卯酉，賊在酉下；丑加巳亥，賊在丑下。

又丑臨干，將出界；臨干前一位，賊已過關。若未過干，則賊潛住。又當為賊來之候，臨干為將入界矣。

貯糧看丑未臨方

以天盤丑未臨方，上下不受剋制盜脫為吉。蓋丑為糧草，未為井泉也。又云：覓水向卯未方下，卯為天漢之源，其下有河。求糧尋本旬戊己下，若上下剋制脫盜，則利劫掠而不利備禦者也。以丑未卯等臨方，往行不出三百步有獲。例雖云然，當分主客疆界。如客占，則以干之食祿財神及所住（謂客軍屯札之方）地盤上之糧草，為客之糧草；主占，則以支之食祿財神及所住（謂主軍屯札之方）地盤上之糧草，為主之糧草。糧草既定，而此掠彼備，庶無差謬。

看卯未方下覓水

見上條。

遣使看年上門上行干到干

若差遣使者，則年路干支忌見魁罡，亦憂返伏。又云：門（方也）傷年處，路遇殃而凶將災深；年制門時，帶病歸而吉神禍淺。蓋門上與年上相生吉，相剋凶也。又行年日辰俱畏受太歲剋制，為不利。又發使之日為行干，至彼之日為到干，行干尤畏到干侵也。

潛伏我兵看天上子丑卯酉下

若我兵潛伏，則天上子丑下可伏萬人，卯下可伏千人，酉下可伏百人。上下不受剋制方妙。

占戰守占伏兵占迷路占突圍占避寇占來人占將心不寧

皆看天罡。

戰守孰吉，以罡加孟，神在內，強戰兩傷；加仲，神在門，亦然，俱宜守；加季，神在外，攻擊得勝，利為客。

伏兵何處，以罡加孟，為未來，伏在前；加仲，伏在中；加季，為已過，伏在後。臨陽，伏在左；臨陰，伏在右。若臨日辰，必有惡人躡我蹤跡，宜急去。

迷路求通，以罡加孟，宜前行；加仲，宜中行；加季，宜後行。臨陽，宜左行；臨陰，宜右行。或視申辰臨方亦得。又或視辰未臨方，向辰臨處行百步，轉向未臨處行三百步，又未下加乘步數而行，即得路。

突圍出處，向天罡下而出。

避寇，以罡加孟，宜右避；加季，宜左避。臨陽，宜後避；臨陰，宜前避。加仲，宜分前後或分左右避之。還兼三傳、干支之前後左右中以察之。

來人善惡，以罡加孟，為吏人；加仲，為商人；加季，為惡人。神后加孟為良貴，加卯為冤仇，餘與罡同。又日辰上見亥子卯巳盜賊強，丑未送喪並旅商，功曹傳送魁罡吏，酉午其人欲匿藏。天罡所加同。凡避人，宜立天罡方。

將心不寧以天罡為天陽，月建為地陽，有一神臨于河魁太歲上，為陽覆陰，主上欲害下。河魁為天陰，太歲為地陰，有一神臨于天罡月建上，為陰覆陽，主下欲害上。若罡建相加曰重陽，主有火驚；魁歲相加曰重陰，有水災。又罡加子卯為天關，凡事應乎天；罡加午酉為地格，凡事應乎地。

迷路兼看申辰臨方或看辰未臨方

見上條。

類神

勾陳：爲主大將

元武：爲客大將

干：爲外，爲人民，爲主將，爲高路，爲陸路，爲左，爲前。

支：爲內，爲城池，爲士卒，爲低路，爲水路，爲右，爲後。

天乙：亦主鬥戰

諸煞

勾

元

遊都：甲日起兩句丑子寅巳申

魯都：遊都對衝

天目：季之季

天耳：天盤丑未，又天目衝位。

地耳：天盤卯酉

壬竅卷之四終

壬竅卷之五

清無無野人小蘇郎逸　編纂
新疆伊犁劉　浩　校訂
東海寧波李鏘濤　參訂
東海台州楊　益　校閲

脱盜占

總論

循環周徧，皆主賊去復來。循環要類盜入傳課，周徧要類盜在旬中方的。又鬼乘生炁，戀戀不捨，去來頻復。

刑乃傷殘之煞，衝乃破敗之神，鬼賊遇之，雖不見子孫趕捉，而必自敗露被擒。如四土衝刑，則為賊捉賊格。或鬼賊本家上乘太陽，亦易獲。

身宅前一辰，或互見合見，皆為羅網兜裹。如是旺神，守静無咎。若作破敗，必失財。

又時用俱剋日，為天網四張，不衝破，利追捕（蓋日亦為外來逃人盜人也，支為追捕者）。

凡占賊是何人，所謂發用為偷即賊身，元武所乘月將是也。占賊來何方，所謂元武來方看所迕，地神是也。更合登明上下所乘，而言其流品出處。餘倣此（諸事物類，皆責陰神上四位）。

《尋源》云：捕盜之法，責之元武。元武之外，不必雜占。其大要有五：賊避于何方，賊贓藏于何處，賊為何等人，與何等狀，與捕人之可用與否（必先視其可捕不可捕）然而已（此說專責元武，究未盡善。自記）。

又云：如被盜未久，在旬內者，則以失家為主（當是用失家年命。自記），而觀其方向地里。被盜久者，則以捕盜之官司為主（當是用官司或捕人之年命。自記），而觀其方向地里也。

凡捕盜，先視元武第一傳，若上下比和生合，盜即留此。若上下剋害，即畏而去，即視第二傳。盜神亦如上法，生留剋去。如剋則又視第三傳，亦如上法。故三傳有一傳不剋害，即是賊止處。若三傳俱生，必難獲。

子午申為道路之神，入傳帶丁馬乘盜神，必主道路遇賊盜。

《畢法》云：人宅受脫俱招盜。此有二等：一支上干上，各乘脫炁；一干上脫支、支上脫干，俱主被人脫賺，家必被竊失財。

凡遙剋、昴星、別責三課，發用落空，將乘元武者，凡占定主失脫，此法極好。

財空乘玄格，或臨支，或發用，防失脫。

鬼脫乘元格，乃日鬼乘元，或脫炁乘元，來意占失脫，發用尤的。

天網四張格，占賊必獲。惟破網卦，返難追。

三傳自相刑衝，以凶制凶，又元之本家上神能制元，俱名賊捉賊。

看法

看五行十二支官將所屬類神以決物之損否得否

先視七處官將，得其類所失物之類神為入局。即俯視其下神，臨四吉地，及貴德祿財印合不取馬者，以馬動而物失也。自記地，又吉官不戰，更遁干四位相生，而知其物無損。若臨八凶地，及刑衝剋害破脫劫空丁馬等地，又得凶官內外戰，更遁干四位剋制，而知其物有傷又類見則易一節，並藏而不見一節，說見類神中。又須仰視其上神，得四吉地，及貴德祿財生即印合類神及日辰者，物不失。若得八凶地，及脫比劫空丁馬刑衝剋害破類神及日辰者，物不得。蓋馬主遷變，辰戌寅申亦然，有合無妨。若合與墓及空，要衝（凡凶神要衝，吉不要衝）。凡類之陰陽神，俱不要戰。戰則以納音為救，否則月建引出。

或類不入局，及失天時地利、休囚無氣為不利。但得月建為類，或輔助同類，否則生合其類，皆為引出物類。所謂引出諸神氣，全在乎此。縱月建與類神不入局，亦作入局論。

看元武螣蛇天空鬼賊脫盜比劫為偷竊神

凡七處不免有元、蛇、空、鬼、脫、劫等神，須俯仰視其不在身、宅、財、類（財，統物而言之。類，類神。自註）上（謂陽神現在身宅財類上也）下（謂陰神藏在身宅財類下也）為祟，而在他處（在他處者，謂不藏現于干支三六合及刑衝破害地也）受生合剋制者，勿便作偷竊論。蓋彼貪生合而不來偷，被剋制而不敢偷，只言自己遺失而已。失之身者求之身，失之宅者求之宅。夫類為分占，財為通占，故曰身宅財類見丁馬，有人移動；見陰合，有人藏匿；見貴德，有人送還。凡若此者，不責之鬼脫劫元蛇空，而當視物類所臨處，分動靜、內外、遠近而尋其去向。欲知來處，視類神上何處來。欲知去處，視類神下何處去。以逢生合剋墓而止，以逢鬼脫劫元蛇空而失去。如占失身物，兼遊行日干責之亦然。倣此。

惟鬼脫劫不受他處生合剋制，而在身宅財類上下為祟，否則身宅財類及年命上下生合其鬼脫劫之陰陽神，不能剋制之，而反受其剋制者，縱不見元蛇空，而必遭偷竊。欲辨六親，見鬼脫劫則論鬼脫劫，見元蛇空則論元蛇空，以所臨處尋其去向。此自有逃亡占例，無庸贅矣。然宅逢鬼脫劫為家人，年乘元蛇空為室人，貴順責蛇，貴逆責元，俱見當以伴夥論。若鬼脫劫上下受剋制，而反生合身宅財類及年命者，卻又無妨。

歌曰：

占賊行藏須視鬼，元神生剋看加臨。

卜賍得失憑財斷，子孫休旺定追尋。

夫占賊，勿便責元武，先須視鬼現七處。鬼者，鬼賊，故以鬼為要。鬼現即鬼為賊，無則脫盜亦是，又無則比劫亦是。但不見元武，未可概以賊論。夜神將或出陰謀暗筭，日神將或出拐撞詐騙。總之，與元武賊人當有別。

元雖為賊，亦須責鬼為方向。鬼者，鬼賊之類神也。

無鬼而元武現，勿即以元武為賊。若鬼武並見，仍以鬼視其行藏，以元神生剋處察其去留也。蓋武為走失之神，雖不見元武，亦宜兼責及此（歌之末兩句，見後看財爻、看子孫爻）。

歌曰：

六處無武難妄擬，貴順元藏自失憂。

課見螣蛇鄉邑寇，年乘元武室人偷。

貴順則各官守常，逆則各官變異。倘元武再伏藏（謂三傳、日、辰、年、命、正時六處不見元武也，說見下），何賊之有？乃憂自己失脫而已。

六處（見上註）見元武，方以賊盜例推。不見武而或見螣蛇，則為鄉邑小竊而已。倘與元武並見而相生比，則此或即地頭熟腳人等，如剋武則非。日為外為疎遠，辰為內為親近。三傳為疎遠，年命為親近。故見元武，還當視武所加乘。如年乘武則室人偷，以日干生旺墓辨其六親之類。如竊而逃亡，仍照元武三傳覔之。

歌曰：

宅逢脫盜家人竊（脫盜即子孫也，說見看子孫爻），鬼逢生炁去來頻。

言鬼乘生炁（正起子順）則戀戀不舍，來去頻復。

又曰：

子孫出現為趕賊（說見看子孫爻），鬼遇刑衝自敗擒。

蓋刑乃傷殘之煞，衝乃破敗之神，鬼賊遇之，縱不見子孫趕賊，而必自敗露被擒。如四土刑衝，為賊捉賊格。

凡見鬼脫等，雖可如元武例推，而不可便責元武三傳也。縱與武同見，而武自乘生印，要與武無涉。惟鬼脫等乘元，方為盜竊，以元武三傳責之。

餘如財劫乘元，及遙尅、昴星、別責乘空落空，用乘元者，或武臨日辰門戶逆治為害者，皆主失脫，未失脫者亦須防之。元武加丁，亦主失脫。

尅制武者有幾等。勾乘神尅制武乘神，或勾所立地制武所立地，即勾陳利尅賊方神之意。若勾立賊方，則取天乙乘神尅制其賊方，否則年命上神尅制武盜。又無此，則取官鬼尅武，此為事必入公而後能勝盜也。

凡屬鬼賊，如鬼脫劫之類，得七處尅制者，做之。

鬼若不尅武，亦即為賊。

前云占賊行藏須視鬼，鬼現七處為行，不現七處為藏。又鬼乘丁馬魁罡則行，乘生旺德合則藏。此以鬼論也。至論元武，本位後三，故貴順則在後而行，貴逆則在前而藏。玄陰亦然。

看三傳物類及鬼脫劫現否兼及年命日辰

得失之應，決于八占。占不逢時，惟傳是責。然而物類與鬼脫劫現則可尋，藏則難覔。現于初近，中遠，末又遠。若歸干支，又以近斷。而各有生旺墓，初墓末生旺，可尋，反此難尋。日墓猶可，夜墓轉甚，更看臨日夜地論之。

課中有現而無藏者，則外尋藏處；有藏而無見者，則外尋現處。亦必與日辰上旺相德合及年命比和者吉。

若藏現俱無，全沒蹤跡，未必可尋。

凡物類現傳，終始自相相生，傳歸日辰門戶德合上，不期而獲。然而年命上剋制類傳與日辰者，仍不獲（從旺神言其事而衰者不論）。又若物類現傳，終始自相剋制者，凡刑衝破害墓皆是，或傳三六合及空者，藏匿難獲。然而年命與物類相生合，或衝破其合墓空，或墓合其物類而生合日辰者，主失而復得。若年命不作日辰生合，則為他人阻隔，便于己無益。

凡鬼脫劫現傳，終始自相剋制，兼刑衝破敗，傳歸日辰門戶德合上，不期而獲。然而年命上生合鬼脫劫而剋制日辰者，仍不獲。若鬼脫劫現傳，終始自旺相相生三六合，傳入墓空者，藏匿難獲。然而年命與鬼脫劫或衝破其合、墓空，或脫洩剋制之而生合日辰者，主失而復得。若年命不作日辰生合，則為他處阻隔，便于己無益。

看日干為外為失主（干又為外人說見下）

宜俯仰視之。日為外，凡陽日自干兩課發用主外，類與盜臨干為在外，臨日陰在鄰近。然凡上生剋下者，論類則為向內尋，論盜則為自外來。下生剋上者反此。

干為失主，如身失物，則看干之上下逢鬼脫劫，類神亦然，為被偷竊（凡從旺處言其事，干上旺則從干上旺神言之，類上旺則從類上旺神言之），否則自遺失。不但身有所失而然，凡所失處，要無不係于己身。故曰：日干上下皆所必察，動則忙中失脫，靜則閑中失脫。日神將作鬼脫劫，明中失脫；夜神將作鬼脫劫，暗中失脫。然日上生合物類而剋制鬼脫劫者，無妨。

凡類神與盜臨干，則干雖失主，亦即外人。要干年剋制類盜，或類盜生比干年與支神者，不失。蓋支為宅也。

占身失物兼看遊干

見上看元武、螣蛇等條中。

看日支為內為失處（支又為內人說見下）宜俯仰視之。辰為內，凡陰日自支兩課發用，皆主內。類與盜臨支為在內，臨辰陰在親屬。然凡下生剋上者，論類則為向外尋，論盜則為自內出。上生剋下者反此。

支為失處，如宅失物，則看支之上下逢鬼脫劫，類神亦然，為被偷竊（凡從旺處言其事，干上旺則從干上旺神言之，類上旺則從類上旺神言之），否則自遺失。不但宅有所失而然，凡所失物，要無不各有其處（如路途失物，即以子午或日辰衝神上察之。舟車失物責太衝，門戶失物責卯酉，其加處即方向也。餘倣此推）。故曰：支上下皆所必察，亦分動靜日夜，如日干例。類與盜離支近者近，遠者遠（論遠近見下文）；不在四課者遠，不入三傳者尤遠。然辰上生合物類而剋制鬼脫劫者，無妨。

凡類與盜臨支，則支雖失處，亦即內人。要支年剋制類盜，或類盜生比支年與干神者，不失。蓋干為身也。

上所云遠近，亦宜以干支之三六合及刑衝破害處詳之。近則言宅舍，遠則言街路。如類神加卯，遠為橋，近為門也。卯加處為方向，立四位以看生剋，遇水生為橋船，木比和為林木，遇土剋水為門關，金剋則無，而別以旺神斷其地理物也。

看月建引出類神

見前看五行十二支所屬類神條。

看剋制元武有幾等

見看元武、螣蛇等條中。

看身宅財類

見仝上。

失物類多看財爻

歌云：卜贓得失憑財斷。贓即物類也，而少可以責類，多則不可一一責類，但取財為通占，俯仰視其上下加臨，及與日辰年命上生旺德合者得，刑衝剋害者失。

贓物雖多，總以財爻為斷。才空則贓難追，縱盜神相生，亦必失財散物。

如占失財失物，其財與物類坐長生，終不致失。

物有損否看物上下及干支有否蛇虎魁罡羅網煞羊刃刀屠砧灶

凡物類上下及干支傷者，有損。而飛走類，尤忌逢蛇虎、魁罡、羅網、陽刃，及上見刀屠、下見砧灶者，非病即死。酉為刀，子為屠，卯為砧，午（原本作巳，疑誤）為灶。干支上見之，或屠至灶邊、刀臨砧上者死，灶加屠、砧臨刀不死。又刀砧煞，春亥子、夏寅卯、秋巳午、冬申酉是。

看生合剋制

凡逢生合為行，剋制為止。如類上逢生合為物不傷，或被收存；逢剋制為物已損，或被隱匿。類下逢之亦然。

取元武三傳法

歌曰：

發用為偷即賊身，中傳為贓末捕人。

一數至陰詳數目，五行生處物藏真。

凡捕盜，先取元武三傳，以元武為初傳，即所謂發用也。發用乃偷兒，即賊身也，男女狀貌，於是占之（以四位占之，兼看陰神）。若元之乘神上下作六合者，賊防連坐，如武加子臨丑，子丑作六合是也。其中傳為盜神，即元之陰神也（陰神有二：一是六陽日以逆度四位為陰，六陰日以本位下為陰。惟伏吟武居陰宮，止就本位即盜神。按：元武陰神之說，各書互異，解亦不甚了了。上說稍長，姑錄此俟考。自記）。生旺比和（單就四位言），贓物不散；刑衝空亡，贓物無存（又財爻空陷，物必散失，即盜神相生，亦難得）。又取元武陰神之陰為末傳。勾本為捕人，而末亦云捕者，欲其剋制初中，則易獲也。又自初傳起一，數至元神地盤本位之陰神，可以詳賊數之多寡。《雜摘》云：詩曰：相隔原宮黨伴明。亥乃玄武本家，看武離幾位，為幾人同夥也。貴順順數，貴逆逆數。

盜神為贓，而以生盜神者為藏物所。故前云中傳為贓，中傳五行所生處便是（又《尋源》云：盜神所生者為藏物所。如盜神是寅則生巳，物藏東南巳方廚冶。是卯則生午，物藏正南午方窰竈。須知陽生陰、陰生陽之說。此說似妥。此《般若經》以生元武三傳內盜神者為藏物所，似非。《大全》則渾言盜神是金，金生水，物藏水中，而不明言陰生陽、陽生陰，與《尋源》少異）。所謂剋處不將贓物寄，生處應在此方攢。然中傳生旺比和贓猶在，刑剋空亡贓不存（一說藏于刑方，支所刑處。此說不妥。自記）。方即地盤定之，里數即盜神上下乘之，仍于四位中察其所生何神，屬何景象（謂景物形象）以尋之。如生干，物藏高遠處。欲知其細，看干屬何將所主，落何地盤，再以四位推之則知。餘倣此。

看六處有元武陰陽神否

歌曰：六處無武難妄擬。六處，三傳、日、辰、年、命、時也。要見元武，然後可言賊盜及贓物得失。不見武，如何妄擬？縱見鬼脫劫，止就三者察其類屬財物得失而已。

夫發用為偷即賊身，既無發用，而六處又無武之陽神現出，至此須察六處地盤有武之陰神否，有則便為窩藏之所，占者須向此處討消息，而跟尋蹤跡（凡有鬼脫劫之陰神亦然）。倘天盤剋制其陰神者，非窩家即捕人也。既有剋制，則當逆求其陽神而察之矣。如其陽神現課，而卻無陰神者，其窩藏必遠。此閉口課也，況陰陽俱無，何從妄擬？

歌曰：貴順元藏憂自失。蓋貴順則各官守常，非貴逆可比。況元武伏藏，何賊之有？必自失脫，不干盜去。

看元武居晝夜方

元居晝方易捕，乘日將而居晝方更易捕，非晝方而乘日將尚可捕，居晝方而乘月將尤易捕，否則難。晝夜當以日之出入時刻照七政經緯定之，日未沒時即為晝。

看元武本家及盜神見太陽太陰

元在晝方，更乘太陽，賊必敗露被獲。太陽空亡尤好，以太陽不忌雲翳也。若居夜，更乘夜神者，難獲。或鬼賊本家上及盜神見太陽，亦得。或望前後得太陰照之，猶可。

看元武所立為賊來方

武所立處地支為賊來方（所謂元武來方看所竚是也），上下乘之即里數，看武離地盤鬼幾位，以測其多少遠近。欲再求來處，以元神上又見者推之為里數，元神及又見之神皆為來方，但逢生合則留，逢剋則止。

又初傳亦為來路。

看元武下地支臨處為賊去方

元神下之神即地支（即上所指之元立處為來方者是），地支臨何處為賊去路，上下乘之即里數，看天盤鬼離元陰幾位，以測其多少遠近。欲再求其去處，倣上論來方而遞推之，但逢生合則留，逢剋則止。

又末傳亦為去路。

又看盜來去方一法

《雜摘》云：盜神所臨為賊來處，元武所臨為賊去處。

丑乙　^{元}巳午未申
戌丑　辰　　酉
巳寅亥　申亥　卯　　戌
巳申　寅丑子亥

如武乘巳加申，陰神功曹，主賊從東北來，往西南偷，歸東北之例。蓋巳加申乘元武，為元武第一傳；地盤巳上見寅，寅即是陰神，為盜神，為元武第二傳；地盤寅上見亥，即是武之第三傳也。此盜神是寅，本家在東北角，賊即從東北角來。寅臨巳上，巳在東南方，賊即從東南方去也。乙日占，盜神寅與乙同類，乃親族為盜。日上見丑不能制寅，幸辰上見申，能制寅木，到秋金旺，當在七月庚辛日獲。餘倣此。

看賊來去里數

見上看元武來方及去方二條。

初傳起一數至元武地盤本位之陰神可以詳賊數多少

見上取元武三傳法。

《尋源》與《雜摘》則云：如辰加酉為元武初傳，第二傳是亥加辰，亥是盜神也，自亥至辰隔六位，故知為六人，此所謂盜去本家知伴數也。蓋盜者，盜神也；本家者，元武也。諸書解差，惟《集要》例，是亦必視盜神之旺相休囚，而或為增減，或稱本數，則又精矣。

看元武乘懸索長繩驛馬戌亥辰巳

武乘懸索長繩，必穿牖越窗，自上而下之象。元乘驛馬，必鑿壁踰牆（登樓當同。自記），自下而上之象。

《雜摘》云：盜神乘二馬則越屋而來，無馬則穿窬，乘戌亥（即天頭。自記）從上而下，乘辰巳（即地足）從水竇坑廁而來。

看贓藏處並方向

剋盜神之神生干者，獲原贓。藏匿何處，則視盜神所生之神。如寅為盜神生巳（陰生陽，陽生陰），藏廚竈爐冶中。倣此。其方向，則就所生神方向決之。如寅生巳，巳在東南方之類。

又云：藏贓之所，當視武陰，即盜神也。盜神之所生者，更以五行之衰旺分斷之。假如亥子水為盜神，水能生木，如木當旺令，賍藏竹木叢樹園圃之間；木若休囚，賍藏柴草之內。照此推之。

中傳（即盜神）外戰猶可，內戰必因分賍而爭。

餘見上取元武三傳法。

看子孫爻為趕賊神

子孫即脫盜，然無鬼則為脫盜，有鬼即為趕賊神。須要旺相有氣纔是，若休囚無氣，或鬼反黨多親盛而欺寡弱，非惟坐視不能追尋，且轉受其制，通同作腳，還作賊黨論。

子孫無氣為陰賊，于宅上逢之，如人宅受脫互脫之例，主家人竊盜。陽男陰女，以六親別其類（以脫盜宅神者為的，看與日干係何親屬疎屬，以立處地盤參論。若其陰神剋制者，不為脫盜，然看生剋多少定之）。

鬼賊以子孫為追趕，不出現無用，即出現而不得力無用。縱是趕得，亦憂其脫耗，不如日辰年命上見生印脫鬼生身，轉能暗受其益。此為捉賊不如縱賊格。

看勾及年命官鬼制武

見看元武、螣蛇等條中。

看歲月日時剋元武及入傳初中末為獲期遲速

歌曰：歲月剋元彌年月，日時傷彼期日時。言七處得剋制元神，而捕獲有遲速。剋逢歲月日時，所謂以剋武者為日期也。還看剋神臨歲月日時前後遠近以應之，如得勾陳為捕尤妙，離歲月日時幾位為期。若剋神不逢歲月日時，則以入傳初中末為遲速，傳歸日辰亦主速，更取剋神旺相方應。剋神不入傳，則專視發用取剋應也。

看元武三傳捕盜法

歌曰：

貴人順治終元捉，天乙逆行初武尋。

初將比和賊安處，元陰內戰分贓爭。

終即元陰，元陰多有在貴人位者，而順治則于元陰（即終也）捉之，陰即中傳；逆行則于元陽尋之，陽即初傳。

看初傳本位神將比和、上下相生不戰，賊安居不離本位，歌所謂安處也。若初中傳皆不和，內外戰，則看天乙順逆捉之。蓋貴順則賊遊走，故捉其陰神；逆行則藏瞞，故尋其初位。假如末剋中，中剋初，是武盜皆有剋制，可捕，故以貴之順逆決其所在。若本位自相剋賊不和，則於其比和處捕之，故云初中有剋末神尋。

盜神得吉神將，亦為安身處。

歌曰：

三傳元神賊居處，初中有剋末神尋。

行年上神傷武盜，發使追求早見擒。

元武三傳皆賊人居處，相生則留，相剋則去。元武盜神在初中有剋，則向末傳尋之。生則賊安，剋則賊危，蓋至末路，已是水窮山盡之地，無可依倚也。

命之應遠，年之應近，故行年上神若剋制初傳，貴又逆行，則擒武于陽；剋制中傳，貴又順治，則擒盜於陰。要之，制得武盜，雖賊在末傳，亦可發使追求。曰早見擒者，言速獲也。不論何傳生剋，但相生，依天乙順逆尋之；若相剋，不論順逆，尋其生處，無生處尋至末傳而止。

易一處而景物一變，東西南北亦一變，然大勢以鬼所在為方。

太歲主公事之擾，又勾主爭擒，朱被吏追，虎被殺傷，蛇主驚惶疑懼，合主公門役吏。盜神乘此五者遙剋武，或盜神受下賊及受初末剋，不死傷亦遭官吏纏繞。此為三傳剋賊，賊即被擒也。不剋賊，尚未必應，須得七處剋制之猶可。

內外戰者，各自剋賊也，其賊自相不和而已。上剋下賊，統三傳而筭之如此者，傳不和也，方主敗獲。然必年命上神制之為的，不然亦主別處敗獲，卻自己尋追無益。或擇其行年值此者捕之。

元入墓則難尋，元乘馬則遠去。

元武不行有剋之路，只行生旺之鄉，前有天乙則不敢行。

武與辰合，家人引盜；或在日辰左右，鄰里往來。武入長生旺地，不宜捕。

盜神是子，賊在北水澤之所等云，各書備具，茲不錄。此蓋以天盤類神推之，然必盜神天地比和者，方可以此為據。若上下相剋，則賊不敢留住，再觀第三傳。

看盜神乘朱虎勾蛇合五者遙剋武

見上條。

看盜神所乘天官占獲否

歌曰：

歲勾朱虎應自首，龍合陰丁助有神。

元武三傳日辰上，賊人還歸莫告陳。

盜神得吉神將，上下生和，亦為安身處。若逢太歲，則有公事之擾；乘勾，主自相爭擒或敗露；乘朱，主被吏捕追或走漏消息；乘虎，主殺傷。上下剋制，皆應自首（又蛇合二者，見前看元武三傳捕盜法）。元陰（即盜神）逢青龍為飛騰萬里，六合為天門隱跡，太陰為坤戶藏形，六丁為玉女相扶，天乙為神光引路，神后為華蓋掩形，得斬關尤妙。上下生和（須重視此句，如不生和，當就見獲之事因論。自記），如有神助，不可追尋。陰合臨日辰亦然。

元之三傳不離日辰課上者，若生日，自歸舍；生辰，問鄉鄰。或元臨生處，亦主自歸。或上下剋制，不求自得。蓋日辰即賊巢穴窩藏之所，非是家人，亦在近處，可待還歸，不須告陳。看日辰之生剋元武陰陽神，以辨六親之類。

《雜摘》云：當視盜神所乘天將，以決賊之獲也（似宜視課有獲象方可照此推。自記）。盜神上見天乙，旺相生合在宦家，囚死在貧士家；見蛇，旺相相生在富（此字不確）豪家，囚死在兵卒家；見六合，旺相相生在市人猾徒家，囚死在九流技術家，或婦女門戶私情家，以利誘之則獲；見勾，旺相相生在典吏書生家（此不切），相剋在囚徒家或喪禍家；見青龍，旺相相生在貴人長者家或市井中，囚死在故吏家，相剋必爭財物，因飲食而獲；見空，旺相相生合在牙行幹辦之家，囚死或奴婢匿之，將自出；見虎，旺相生合在兵卒押班家，相剋在喪家，囚死在囚徒家，或欲自殺；見常，旺相相生在善人九流家，相剋必因酒食財帛交關獲之，囚死在僧道或喪家；見陰，旺相相生在婦人家，囚死在師巫尼姑家；見后，旺相相生在貴婦家，相剋在妻家知蹤跡，囚死在娼家，因朋友可獲。

看行年制武盜可獲

見看元武三傳捕盜法。

擇捕人法

當明制武之法，如武是酉，則用丁命人捕之，取火剋金，又避丙之合也（酉是辛，丙與辛合）。

看丁馬辰戌寅申為動神

見上看五行十二支官將所屬為類神條。

丁馬，又見看元武、螣蛇等條。

歌曰：丁馬交加遁必遠。上丁下馬、下丁上馬，皆為交加。元乘丁或乘馬，本主遠，交加尤遠，雖伏吟亦動速。里數當遠言之。

武加丁，主失脫。

伏吟捕盜取贓法

伏吟主近，不取元武發傳。貴順向支前一位捕之，貴逆向支後一位尋之。贓物視財所在可也。

若伏吟見魁罡丁馬，亦主動，當責元武。然元武不見魁罡丁馬，仍不遠。

返吟捕盜取贓法

返吟主遠，在元武對衝處捕，贓亦視財所在。

看閉口

歌曰：首尾相加問不說。是指閉口課也，旬尾加旬首為閉口。又元武為旬尾神，乘天盤旬首，或臨地盤旬首，皆為閉口。凡占閉密，于失脫事，縱耳目昭彰，不肯告報。如上見貴，告貴不允。乘雀亦然，或無人報信。乘勾，捕人容隱。乘元，盜賊抵賴。諸如此類，有問不說。

凡閉口，逢歲月日時衝破，及四建上衝破，一切衝破者不為閉口。若逢合墓者，仍為閉口。衝破者，為欲其敗露；合墓者，為欲其藏瞞。各以類推之。

看魁渡天門

天魁在亥或天空乘亥皆是，諸事阻隔。如捕捉神臨此則難獲，盜賊神臨此卻難逃。若發用日辰值此，須分看為應。行年之逢阻隔神者，主難獲。元武又逢阻隔神者，主難逃。倣此。

看遊都天乙

凡捕逢阻隔，則向遊都下尋之。蓋遊都占賊來路，加大煞見諸煞來速。又都臨日辰今日來，前支幾位幾日到。前支四位為離日遠，所謂不見遊都視天乙，臨處還如都將推，若天乙又離日遠，主賊已隔境不來。

占大賊看亡神天目

歌曰：

大賊亡神天目星，賊居其下莫教驚。

亡神旬內常居乙，天目春辰順季行。

有聲名大賊用此法定其所在。旬乙亦名盜神，即亡神，與天目皆宜捕盜尋人。二神以入七處，否則入元武三傳為的。仍取相生則留，相剋則去。然須作鬼脫劫，方以此為賊類，否則不然。或作元蛇空乘財，亦是。或剋宅，或財亦落空，上下受剋賊，又或財生武之陰神陽神，亦是。

又看三奸一法，見後。上雖云以二神入七處、入元武三傳為的，但宜無論入不入，而占大賊必以亡神、天目為類，而即以類所在為其方向，而仍責元武之三傳以捕之，故大賊不以鬼為類。若天目亡神多到，則從旺神言之。上條亦出《般若經》。

《雜摘》云：遠年大賊，不得方向者，當以天目下索之。天目所在，大盜所居，萬無一失。如天目加子，即在北方陂湖漁舟之所，以意推之。

又天目為見知之人。

看三奸捕逃法

一云：凡捕逃亡，于三奸神下緝之。看亥子丑，有一位加仲上，則衝處便為三奸，天盤巳午未下是。

探信息看丑未天耳卯酉地耳及天目衝位之天耳

凡丑未爲天耳，卯酉爲地耳。又天耳衝爲天目，其下可探信息。

看三傳責賊之路途居處景物法

以三傳責賊居處。然貴順則爲遊走之處，詳其路途景物；貴逆方是藏瞞之處，詳其歇落景物。

以失家官司分定方向道里

如被盜未久，在旬內者，則以失家爲主，而覯其方向地里。被盜久者，則以捕盜之官司爲主（如不鳴官，似宜仍以失家爲主。自記），而覯其方向道里也。

路途車舟失物看法

如路途失物，以子午或日辰衝神上察之。舟車失物責卯，門戶失物責卯酉，其加處即方向也。倣此推。

占地理道路兼看天干

凡占地理道路，兼看天干。干是甲乙，爲林木橋梁；丙丁，爲鬧市臺塔；戊己，爲墳塚坡岡；庚辛，爲道路岩石；壬癸，爲河埠溝澗。上剋下則低小，下剋上則高大。

占地形看刑衝破害合

有看破害刑衝合一法。破者，損也。如亥破寅，納音水日占，為破塘破溪；納音土日占，主破山崩坍之所；納音火日占，午破卯，主破屋；納音土日占，辰破丑，主破田荒墳棺槨之所，酉破子，崩摧山石之所；水日，灘溪古潭之所；丑破辰，古塚；戌主廢壞窰竈；未主古井以上畧得大意，尚未明晰，須細思之。自記。害者，直也，長也。亥害申為直原長塘，酉害戌為直岡直隴，子害未為直溪直塘、長汀長町，丑害午為長橋直坑，寅害巳為長林直路，辰害卯為長園直坡以上亦不過想當然耳，大要總以直長之義推之。自記。論刑，則木日元武臨寅刑巳，藏匿破窰之中；金日元武臨巳刑申，藏匿山石之間，云云以上不明，指刑之義，姑存之。自記。衝者，橫也。子午衝為橫塘橫溪，卯酉衝為橫山橫林，丑未衝為橫田橫坵，辰戌衝為橫隴，寅申衝為橫石橫岡大抵以橫為斷。自記。合者，雙也。卯戌合為雙峯；子丑合為雙橋雙溪；寅亥合為雙林雙塘；辰酉作新太歲為新墳新溪，舊太歲則為舊，俱雙；巳申合為雙路及雙修舊屋；午未合為雙池雙園雙亭大抵俱是雙為主。自記。

占行止看生剋

凡占行止，一上剋下主坐，二上剋下主臥，一下剋上主立，二下剋上主走。又當視孟仲季上而推。孟仲季，生旺墓也。

看賊為何等人

《尋源》云：詳賊為何等人，視元武所乘本位之神而已。如元乘寅，則賊為吏人，或為道士，倣此。旺相為少壯，休囚為衰老。陽為男，陰為女。吉神並者豪縱之子，凶神並者貧滑之徒。

《雜摘》云：盜神加孟，幼小；加仲，少壯；加季，老羸。

類神

凡類見則易（陽神在其上為現，現猶易見），類藏則難（陰神在其下為藏，藏則難尋），還須向課傳外尋覓，所謂有氣亦遠無氣難，旺相德合終可忻。

類之藏而不見者，謂有其陰神而無其陽神，則求其陽神于他處矣。若有其陽神而無其陰神，亦必求陰神于他處，以觀其得失。

如午為物類，有陰陽神。午為天盤為陽神，午在地盤為陰神。凡占雖分陰陽神，而以陽神為主，特兼看陰神耳。先看其陽神，必天官地神不內外戰而比和，又與日辰上生合者為吉。兼看其陰神，不內外戰而比和陽神，又與日辰上生合者為全吉。茍如此，則亦不必責四位，但責其官將神而已，可知其吉矣。若陽神課吉，而陰神一課內外戰，或陰神空亡，則吉亦不全。欲知其細，則以陰神生剋物類，詳其六親事因（此是二件，解見下文）。若陽神課不吉，而陰神助之，如得月建生合比和引出之，亦反為吉。

然則一物類而占之，大畧有三焉。一是物類之陽神（先看），有四位占法。如天盤午為物類之陽神，立四位以看生剋。譬如午加卯：

申	酉	戌	亥
未			子
午			丑
巳	辰	卯	寅

午遇卯木生而帶破（卯午一破），若上更有生神（生午火之神）無妨；值水剋（水剋午火）有損，水旺剋之物必無（火剋盡午火矣），以水即元武也（元武為賊，此句似不重）。一是物類之陰神（兼看），亦立四位看生剋。雖曰陰神，而卻在物類上者，當以人類斷之，或以事因斷之，故曰詳其六親（即上所云人類也）、事因（即上所云事因也）。欲知其細，則六親又有陰神。如酉加物類之午上，其天盤酉，固為物類午之陰神，而亦即天盤酉為六親事因之陽神，則地盤酉上子，乃是六親事因酉之陰神矣。由此就天盤酉之陽神四位生剋為主（酉即是陽六親事因），而兼陰神酉上子四位，占其六親狀貌性情與事因吉凶得失可矣。而酉既于物類午上見，要不得即以

物類午作住處，則當別責酉之宅音，以占六親之家宅。酉屬羽音，或建干乙旺，亦屬羽音（乙屬卯，卯亦羽音）。酉宅在子，子加酉，酉為宅在西方，所謂從魁酉地並酉名也。以子為宅之陽神，立四位以占其家宅，又兼子之陰神上卯，而言其家宅之新舊吉凶。故以地理言之，則宅之北當有橋，卯加子故也（地盤子乃宅陰，為四位之第一層，是靠南。卯加之，為四位之第二層，是靠北。卯為橋在北，子在其南，故云宅北有橋。自記），或橋南居住（仝上）。而欲占十二方外景，則又以宅上卯加占時（法見家宅占），故同占宅而內外景不同也。一是物類所加之地神，亦有四位看生剋。地神在物類下，自當以地理物斷，如物類午加卯，卯為地理物類。然卯在地盤，尚是地理物類之陰神，而以卯在天盤加子者為陽神（亦以陽神為主，兼看陰神。自記），立四位以看生剋，如卯遇子水為橋船，若有土剋為無水，或為土橋，金剋（剋卯木）為無橋、門、船車之類。再看其地盤卯上之陰神午，午旺而不生卯木，或午上壬干旺生卯木，則有橋船之類而坍損耳。

凡在物類上者以上言，陰神是也。陰神上天官之生剋，則又其在上者也。在物類下者以下言，地神是也。地神下之地神，又其在下者也。雖地神在天，已離卻物類，若四位中遇物類相生剋，仍以物類損益言。

下屬卑賤言之，上屬尊貴言之。
餘與逃亡占、家宅占參看。

器用類神

歌曰：

子炭墨煤凡黑色，盞瓶籠匣水器測。
祭器樂器女首飾，閨藏女製針翦帛。
珠玉圖書梯匙筐，繩索水物細軟物。
丑櫃冠帶首飾寶，皴皺包裹與粧造。
斗斛秤鞋土堆物，不完變化又枯槁。
寅財木器並四足，叢雜柔長斑稜角。
屏風碗碟祭器劍，杼柚棟爐香文書槨。
卯口腹圓門戶用，筆與竹木器中空。
衣架棺櫃旛竿梯，牀席香梳枕帳棒。
船車轎鼓刀俎盒，牌坊琴管絲綸共。
辰為水土所造就，皮角瓦磁缸甲冑。

羅石杻械尺印綬，戥秤膠漆破衣湊。
巳輪燒曲樂文筐（燒，燒灼物；曲，彎曲物；樂，樂器；文，文書也），杵臼磚瓦弓瓶銚（銚，鐺也，亦為鼎）。
爐鍋甑帛扇管鑰，金鐵珠玉匙盒良。
午盒文書火燭器，錦旗絲繡書畫藝。
衣服衣架煙火箱，廚櫃燈籠筆燈具。
未簾酒食藥香帛（布帛），衣冠印綬祭（祀物）細（細碎）物。
浴盆盤盞酒器幡，歌舞樂器戲具入。
申柩磨碓絲綿類，五金刑具刀兵在。
又為貨寶又骨角，圓動之物申亦滙。
酉錐磁石五金連，珠玉釵釧首飾錢。
紙鎖鏡盤刀劍等，皮革碑碣酒漿兼。
一切門戶動用物，象又為碁尖亦圓。
戌為火土合成物，葫蘆鎖具石毛骨。
印綬僧鞋軍器羅，朝服碓磨犁鋤雜。
瓦器杻械鞋履鐘，糠磁臭惡虛空入。

亥亦柔長兼細碎，藤篾繩索笠傘蓋。
符圖帳櫓幞頭環，醬醋漿鹽戲弄類。
葫蘆管籥帶燈臺，筆墨圖書綿紙配。
冠巾杖幔匾圓形，榨漿雙丫同為亥。

禽獸類神

歌曰：

子蝠燕鼠丑獬牛，虎豹狸貓寅上求。
卯兔驢騾狐貉取，魚龍蛟蜃𧕽辰遊。
蛇蟬蚓蟮虺鰻巳，馬鹿獐鼊雀午頭。
雁鵲鳩鷹羊鴿未，申為鵝鴨及猿猴。
雞烏雀鶴鴉歸酉，獒犬豺狼戌內留。
豬豕熊羆皆入亥，十二宮中各類收。

物類繁多，五行為主，十二支中具見大槩，推之天官，要不外此。而所活變者，如失財兼責青龍，失走物兼責元武，失飛物兼責朱雀及太乙，乙蛇為飛遊蟲豸也。凡神煞所臨，亦可為類。又若子為寶瓶，丑為磨蝎，寅為人馬，卯為天蝎，辰為天秤，巳為雙女，午為獅子，未為巨蟹，申為陰陽，酉為金牛，戌為白羊，亥為雙魚。

器用飛走，皆可取象。

占地理道路：見看法

占行止：見看法

元武、螣蛇、天空、鬼賊、脱盜、比劫：俱見看法

勾陳：為捕人

朱雀：為報信人

酉：為刀

子：為屠

卯：為砧

午：為灶

諸煞

天耳：丑未也，又天目對衝。　地耳：卯酉也。

天目：季之季　羊刃

懸索：正起三句卯子酉午　長繩：正起三句酉午卯子

天馬　驛馬

刀砧：春亥子，夏寅卯，秋巳午，冬申酉。

遊都：甲起丑子寅巳申　大煞：《般若》云：甲乙日亥，丙丁日未，戊己日戌，庚辛日寅，壬癸日巳。《指南》、《辨訛》云：大煞為三合旺氣，正午逆四仲者是，正戌逆四季者非。俟考。

絞神：即支破　關神：上季之季

管神：仝上　血支：正丑順十二

血忌：正起丑，單月順，雙衝。

生炁

婚姻占

總論

凡已婚責干支夫為妻，未婚責龍後為男女。

凡元首男先求女，重審女先求男，知一、涉害舍遠就近，遙剋、別責舍親就疎，昴星乘離，八專淫泆，伏吟遲退，反吟反覆。三合、六合因親作眷，而從革還防分異。空亡雖成有破，而尤忌孤寡加天空發用及臨日辰，其家必有孤寡之人，或男女皆失怙恃，否則有更改之應。尤忌太陰入卦，並亥卯未酉發用臨日辰者，男女不正，或陰私間隔也。

三傳日財，生起官鬼在干上，必因取妻財而致禍，貪淫之類是也。或生起官鬼在支上，禍必由妻家起，年命剋制官鬼減凶。又傳鬼化財，乃三傳官鬼局空，獨存一傳不空而為財，其妻財自危險中來，不然非畏妻，即被妻傷。如年命上乘官鬼，禍仍發。

龍剋支神，官傷支印，不利贅壻。

大局男看青龍、功曹、官星、干神，女看天后、神后、財星、支神。昴星、別責、八專、任信、井欄，此並無剋賊，並無遙剋者，所謂四課四課全惟昴星，此不過渾言之。自記無遙婚必舛也。昴星剛男乖約，柔女背盟，即成後不無舛錯。舛者，張冠李戴是也。反吟即無依及井欄即無親，不長久而易破。

占日值戊己辛壬乙，合子午卯酉共九，而大吉丑臨支上者，為九醜，乃凶課也，無剋不妨，有剋凶。夫丑所剋，似祗壬干子水而已，然丑上遁干，五行多到，旺便有剋。剋干傷長老，剋支傷少小。陽日害男，陰日害女。陽日，日辰在天乙前為重陽，傷父；陰日，日辰在天乙後為重陰，傷母。然老少男女，還宜隨所剋者是何類屬而變通言之（如大吉臨支，支為妻亦為宅，男有室、女有家者此也，故男家不利娶，女家不利嫁。乙己日占，逆貴，丑為天后，辛日寅貴順行丑為天后，尤不利娶媳。乙己日申貴順行，丑為龍，辛日午貴逆行丑為龍，尤不利贅壻。又乙日丑為財，壬日丑為官，卯日丑為財，子日丑為官，皆不利官財也，況又有遁干之為財官乎？）。旺相在三年，休囚在三月，神將吉稍解，若神將凶，更與大小時並，禍不出月。凡以大吉並所乘天將言其事因，乘蛇主驚異，雀官訟，勾爭鬬，空虛詐，虎病喪，玄奸盜，陰暗昧之應。

蕪淫乃上神互剋干支，解離乃是干支互賊上神，皆為心腹之患。夫干支剋賊，則婚姻不諧，縱龍后財官入課生傳作合，事雖有成，而畢竟非男女乖違，即夫妻反目，必有異心。以旺相休囚死，決其過去、現在、未來。更詳干支所剋賊者何意，及所生合者屬何情而言之。外戰，其失在男；內戰，其失在女。

又三課無剋為別責，有剋為蕪淫。別責猶可，蕪淫則苟合私奔，上剋男邪，下賊女醜。

又有不論課傳，而專看夫妻行年。若上下神互相刑衝剋賊者，為解離。行年以地盤為陰，天盤為陽。夫以陽為始、陰為終，妻以陰為始、陽為終。或始被剋賊而終得比和，或始相比和而終受剋賊。最忌始終剋賊，一世乖離，不有刑傷，必有私意。夫剋妻過由男，妻剋夫過由女。命逢之亦可用（解離者，干支互賊其上神，若行年上下亦如此者，夫年立寅上見午，妻年立子上見辰（午寅辰子）是也。夫以陽為始者，如午受子剋，終得寅子相生也。妻以陰為始者，如子剋午，終得辰午相生是也）。

陰陽不備，蕪淫別責皆然。內有傳不離課為回還格，縱散而復成。其干支會成三合者，不作不備論；非三合，仍名不備。但別責不過兩處許親，或先曾嫁娶之類，致有爭競。如占得陽不備，有二女，非男家腳踏兩船，即防斷弦復續。占得陰不備，有兩男，非女家腳踏兩船，即防望門再醮，應過無妨。若蕪淫則荒蕪淫泆矣，爭男競女，主奸邪伏匿，乖異不足之事，成後或有訟。欲知事因，各以上乘天官詳之。若玄合入傳，勾絞入課，子卯發用，則主非常失禮之為。上剋男邪，下賊女醜，亂首尤甚。

四時前二辰為孤（或云後一辰孤，前一辰寡）辰，後二辰為寡宿。又旬空為孤辰，對衝為寡宿。又其中陽空為孤、陰空為寡，天空為孤、地空為寡。主人鰥寡孤獨，六親無依，或離祖棄姓出家皆是。大抵男忌孤辰，女忌寡宿。若作奇儀、光、陽及歲月建將等，反為有救而吉，重婚再嫁。值干位為空亡得位，否則如龍后財官逢此。忌干支年命上被刑剋，不利六親。

狡童男誘女，泆女女誘男。生合為和從，剋制為強逼。不有奔女，定有逃男，或防先後被人哄誘。傳見卯酉水局，更元武有氣，尤的。不然，或如養媳接腳，及奴婢棄姓離宗之類，皆是。又否則以客惑主，兩家哄誘，藏年諱疾，打樣調包。其中多有詐偽不實，以初傳陰神並天將及干支上，詳其事因。此課大端與蕪淫畧同。

太常乘日本（即長生）加干上，來意必占婚；太常乘日本加支上，宅中必有婚禮。斯二例占婚尤的。又財乘太常，來意必占婚。官乘太常，來意必占姻。

天后在傳，而後之陰神作白虎者，不論占何事，將有妻妾之凶。占婚，不久剋妻。

傳課循環、三合六合，因親致親也。武合並丁馬，主淫奔。支上是支之六害，主女殘疾。雀帶刑剋，主目疾。

看法

看龍后為類神占成否吉凶

先視七處，得龍為男，后為女，其乘神即為類神。不戰為有氣則喜，戰則無氣為憂。然外戰輕尚可求，內戰重則難求，須以納音為救。

龍后本屬不須言矣，遁干當先審其衰旺。此兩神本相衝，宜分看其乘神之地盤。乘神亦當審其干支衰旺用之，與干支生合刑剋何如。

俯臨四吉地，又貴德祿馬財印合地，為有氣。凡神將和而又下臨有氣之地，則可求。不和，雖吉地而于將無與。下臨八凶地，及刑衝破害地，為無氣。凡神將和而又下臨凶地，則將亦失勢。尤忌落空，惟神將和而神自空者，尚有出旬可望，然無氣則不可求。

又看其陰神，即地盤類神上之神也。夫陽神固以生合干支年命神者成，刑剋干支年命神者不成，然陽神為事之出現，陰神為事之根本。陰神生旺比合類神及干支年命者，成後無咎；陰神刑衝剋害類神及干支年命者，成後有悔。欲知事因，視陰神上之天官。又陰神之氣遲速攸關，旺則應速，相則將來，休已過，囚死遲，空不應。而亦須陰神入七處，方有關于吉凶，否則為閑地。

占女姻以后為主，占男婚以龍為主。見後看干支及財官條。

如青龍陽乘天乙，男為貴客；天后陰乘太常，女為貴類（如申將卯時庚申日占，青龍乘申而龍之陽乃申也，庚日丑是貴人，是龍化貴矣。如申將巳時丁酉日占，后乘子，后之陰神乃卯，卯乘常，為后化常矣。餘倣此推。）。青龍旺相，則男為佳兒；天后旺相，則女為佳婦。青龍所乘之神生后，或與后比和，則男益乎女；天后所乘之神生龍，或與龍比和，則女助乎男。此以龍后占男女之何如也（出《尋源》）。

餘散見各處。

合看龍后財官干支決成否

龍后刑剋干支，而財官雖吉旺，改就；龍后生合干支，而財官空亡者，虛喜；或龍后不入傳，更財官空者，不成。

看傳將干支生合決成否

傳將生合干支，或干支相生合，或傳將干支三六合者，的成配偶。但六近，而生旺墓三合亦近。又孟近、仲中、季遠，異方三合為尤遠。惟巳酉丑與申酉戌金局，主更改不定，大不利婦女，必主離散，縱巳酉為配，而成亦分異。欲知其事，而視其上所乘之天官，還分將來未來言之。帶馬者亦遠。彼此刑剋，事即不諧。

看干支龍后年命交加交見決男女邪正

男年加支，女年加干，或男年上見后，女年上見龍，命亦同。或男女年命交加，或年命各見龍后，各加干支，大抵交加與交見者，乃陰陽交媾之象，合後成婚，但年近而命遠耳，亦須課體吉者，方有始終。各相加見者，乃陰陽道成，喜事必遂。

看太常乘長生並看加干支兼看財官

太常乘日本，及財乘太常，來意必占婚。或官乘太常，來意必占姻。又男命占得支加干，女命占得干加支，或末助初傳作財官，亦可用，然當以見龍后太常為的。蓋太常為禮物，臨干主身有喜，臨支主宅有喜。而長生即日本當分干支，干為己，支為人，干為男，支為女。又以財官分干支，看臨何處。如支財臨干為姻喜，干財臨支為婚喜；干鬼臨支為姻喜，支鬼臨干為婚喜，臨年命尤準。

看干支生印及財爻

干上得生爻，而財爻反剋之，非淩逼夫主，即悖逆翁姑，不如課傳得散局為幸。更財乘凶將來剋，年命上無救則傷夫主，印綬上無救則傷翁姑。然亦看干旺財弱，助干者多，助財者少，或生爻旺而財爻弱，生爻勢黨多，財爻勢黨少（生爻受傷，更看納音有救，如生爻或在財爻上下是也），雖侮捍猶不甚。

財遁旬鬼，非有夫婦女，即官訟牽連，在干支年命上為的。欲知事因，視財上所乘之天官。

干支年命上見財，不宜再見生印。貪財破印，此大忌之，甚者則傾夫命，有公姑則妨公姑。若龍官反剋支之生印者，不妨妻家父母，亦傷妻命，尤忌入贅（龍剋支辰，官傷支印，不利贅壻）。

看干為男家支為女家及干財為婦支鬼為夫

凡占男家視日干，占女家視日支。俯臨四吉地，及貴德祿馬財印合，為地利有氣，則根基茂美。仰視亦然，為天時旺相，則氣象興隆，兼之為望族舊家，反之為寒門白屋，仍合龍后乘神上下而言之。但以理論，當以干之妻財為婦，支之官鬼為夫，而支財為嫁資為嫈妾，干鬼為祖輩為外人。然要之財官對待，各以象告。如得支之財官並現，而龍后干支年命又彼此入局交加生合者成，反此或女家另配；得干之財官並現，而龍后干支年命又彼此入局交加生合者成，反此或男家另配。若財官叢雜，或防再嫁重婚。理象變通，不可執一。

凡已婚責干支為夫妻，未婚責龍后為男女。故占女姻，以后為主。干剋后，主男貪而女家不允；后剋干，主女貪而男家不允。占男婚，以龍為主。支剋龍，主女求而男家不就；龍剋支，主男求而女家不就。欲知不諧事因，仍視男干女支上而推求。若龍后入傳，卦體吉者，先阻後成。

《尋源》云：日上神旺相則男吉，辰上神旺相則女吉。日上乘貴則男貴，辰上乘常則女貴。日上生辰上或比和，男與女相得；辰上生日上或比和，女與男相得。

看干支上見子丑

為牛女相會，乘太常必諧秦晉。巳酉為配倣之。

看干支陰課決男女家宅眷

以干支陰課為其宅眷，五鄉各依干支而類推。譬如欲知其宅，則責宅音。如甲子日占，甲音徵，宅在午；子音宮，宅在未。再看天上未午加何地盤，即其宅所也。此為宅之陽神，以俯視其臨處，地盤未午為宅之陰神，以仰視其官將，皆合四位占其宅舍新舊吉凶也。

又干陰支陰，占婚最忌刑剋。

看三傳為初男中媒下女並為婚姻遲速應期

遲速早晚，決於八占。占不逢時，惟用是責。凡龍后財官得氣無傷為吉，且現于初，婚姻早而速，旺氣更速，相氣稍緩，休囚則遲；現于中，旺氣亦緩；現于末，旺亦遲。又孟遲、仲中、季速。若傳歸干支門戶者，反以速斷。男視后財，女視龍官，或不入傳，則當專視發用為喜候，若成期則在歸計門。

又初傳為男，末為女，生合則就，刑剋則乘。中傳為媒，生比者和，剋制者欺。初生剋末，男求于女；末生剋初，女求于男。初旺末衰，男強女弱；初凶末吉，女盛男衰。

若課體得散局，以末傳衝處為應期。課體得成局，以末傳合處為應期。但衝合要在七處，並吉凶各以類應方的。

看三傳遞生遞剋

歌曰：遞生干兮旁人贊。亦看遞生是七處何事類，勿泥煞生干。如生支，則女家必得旁人贊助。餘倣此，遞剋反此。

看中傳為媒天官之六合為媒剋我者為媒

三傳初男、中媒、末女。上生剋下，男先央媒；下生剋上，女先央媒。當以先起者為初傳，與末傳生合則就，刑剋則乖。中傳為媒倣此。但男家媒更要生合支神，女家媒更要生合干神，剋制者不諧。又天官之六合為媒，倣此。

夫取剋我為媒者，取作伐之義。甲己日庚為媒，乙庚日丙為媒，丙辛日壬為媒，丁壬日戊為媒，戊癸日甲為媒。

歌曰：中不虛兮初末虛，水人脫騙兩相欺。夫中傳為媒，虛則媒不力或不實，亦須看其空屬何類而言之。如是生合初末干支者，不要空；

刑衝剋害破脫墓，卻反以空為吉。乘元武、太陰、天空，主奸賊虛詐；乘勾陳、白虎，必有爭競。六合與干神生合者，男家之媒；與支神生合者，女家之媒。亦如中傳占之。若夫初傳為男，末傳為女，或初傳為先，末傳為後，虛則彼無心、此無意，兩家相欺而中卻不虛，故為脫騙，其咎在媒。而初末亦看空之宜忌而言之。

看末傳衝合為應期

見看三傳為男為媒為女等條。

占品貌性情看青龍天后兼看功曹神后

品貌情性，不外五行之生剋衰旺。男視青龍乘神上下，仍合功曹言之。女視天后乘神上下，仍合神后言之。

凡天官亦有陰神，如天后乘申，地盤申上是陰神，宜合神后言，更可兼財爻之陰陽看。要以入課傳，又五行旺而類多者為取用。若課傳中陰陽不全，或藏或現，則求之局外以決其全可也。

且天后子，神后亦子，是神后即天后也。神后即天后之陰神，神后上又有天官生剋神后，而吉凶生焉。

占品貌歌曰：

亥矮背高項大黑（水屬黑，下照推），子形矮小黑瘢神。

丑火（丑見火也）眼大面方點方而多斑，寅面拳毛破相青。

卯頦短塌面青大，辰瘦（身瘦）額聳眼光明。

巳言（言多）長（人長）毒（心毒）紅（面紅）蛇眼，午力馬面多語真。

未多白眼頭尖鬌，申白猴形又義心。

酉主性剛形體瘦，天魁玄武必鬍人（身大有須，如女人主毛髮重，戌為玄武尤的）。

若細求之，丑為腹，寅為口眼背，卯為手，辰為胸項肩，巳為頭面齒，午為目，酉為皮爪，戌為腿足，亥為髮際，子為耳腰腋之類。以上皆以干官將神四位推，干為頭面，官為上體，將為下體，神為腿足。而各有陰神，看地盤上所得月將是。或曰仍以三傳分上中下為身體。初旺而吉，頭面良；中旺而吉，上下體良；末旺而吉，腿足良。而龍、后乘神亦旺相相生，必男才女貌；傳與龍、后休囚刑剋者，反此。又孟神長而多美，仲神美惡適中，季神短而多惡。上生剋下，以上神屬外言之；下生剋上，以下神屬內言之。外之為形神氣色，內之為骨格筋骸；更當分陰陽左右，而占斷無遺矣。

但干官、將神自有上中下之辨，不須糾纏三傳也。如寅加未為腿腳破相，未神受剋也。然未又為頭面，若寅未刑剋干官，為頭面上體破相，亦必寅為四位中主事之用爻，而又旺而剋衰者，方主其應。或相生則不論此，當主寅之美好言之。

又地盤亦備人形，午未為頭面，巳申為肩膊，卯酉為肋脅，辰戌為腰，寅亥為股膝，子丑為腳。以生剋察其何處即是。如丑寅加午未，為頭面上有斑點破相也，仍兼視初傳及四位中與丑寅相刑剋者方是。然以四位生剋衰旺為主，陰神亦要。

占性情歌曰：

木肝是仁金肺義，水智腎兮火禮心。
中情土信推脾是，五性須當察五行。

大約觀人之法，有外相內相，內外宜各自判斷。同是五行而現於陽神者，為五官具體。其旺相相生者，木形長而綺靡，金形方而剛正，水形曲而清秀，火形尖而華媚，土形圓而厚重。如休囚刑剋，則木形枯槁，金形兇橫，水形穢濁，火形躁暴，土形粗蠢。若夫現於陰神者，為五臟全德。木性和而舒暢，金性貞而廉耿，水性慧而圓轉，土性靜而通達，火性明而呈露，此亦指旺相相生也。如休囚刑剋，則木性慳吝，金性狠愎，水性沈陷，火性昏惰，土性頑鈍。凡占依類而擴充之，亦視發用決之如上例（凡四位中陰陽神各有遁干，其干旺者論干，其支旺者論支）。

又自歌曰：

寅午廉貞心猛急，巳亥寬大與人和。

亥卯陰賊奸謀出，申子貪狼委曲多。

辰未奸邪人隱惡，丑戌公正一私無。

甲乙本情戊己刑，衝是庚辛合丙丁。

壬癸是破當為法，時上合支占隱情。

上為六情，用以占來人是何情事，其法視時上（當指正時上之干）并合支（見下）占之。如甲乙（當謂時上是甲乙，下倣此）以支本處言，是丙丁以支合處言，戊己以支刑處言，壬癸以支破處言。而凡課人性情，不妨通用。如占男，視青龍與功曹乘神上下見之即是（或陰陽神見之亦是）；占女，視天后與神后乘神上下見之即是。旺相休囚生死，仍視發用決之。

十二天官屬性情品貌歌曰：

貴神官貴富豪稱，骨秀肌豐面貌清。
鼻似懸囊倉庫滿，語音沈靜眼波橫。
前一螣蛇婦女形，頭尖面赤鬢稀零。
饒舌讒言貧且薄，鬅鬙亂髻額前橫。
神名朱雀火之精，賤劣卑凡婦女稱。
面赤多淫情性急，搖身輕碎好鬬爭。
前三六合木神名，色秀身長骨自清。
或作吏人還匠役，雖沾文墨亦經營。
勾陳形狀本來凶，面醜唇粗腰腳癃。
眼惡睛黃頭髮薄，多爭饒舌是寒窮。
青龍上吏富豪民，眉眼分明定貴人。
身似青松無枉曲，神清腮赤好攻文。
天后良家美婦人，眼長眉細面光勻。

十指纖長牙齒密，情性閒淡好腰身。
太陰閑雅好丰標，性善聲清樂藝高。
形瘦面方眉眼細，梳粧淺淡忒妖嬈。
元武陽凶兵壯軍，面小身微左眼昏。
色黑唇粗形必醜，眼斜覷物夜中人。
太常耳大面團圓，肉膩肌香口舌端。
好著鮮衣淡粧飾，不然頭禿鬢斕斑。
白虎陽凶兵仗行，據神形狀眼圓睜。
項粗頷濶身肥短，頭髮稀疎惡性情。
天空僧道善人家，冷面頭黃軟語遮。
本主貧寒孤寡困，如居四季旺無差。

看其年之虛實看行年乘神上下

欲究其年之虛實，兼行年乘神上下決之。孟為少，仲為壯，季為老。

又

旺相為少壯，休囚為老大。

占其伯仲之次第看發用與龍后乘神

欲知其索之次第，視發用與龍后乘神。孟為長男女，仲為中男女，季為少男女，或兼依卦例推之亦可。孟仲季是干支之生旺墓尤的。

看翁姑

干上得生爻（即印綬）為翁姑（又生干者為翁，生支者為姑），而財爻反剋之，非淩逼夫主，即悖逆翁姑。更財乘凶將來剋，年命上無救則傷夫主，印綬上無救則傷翁姑。然亦分兩者生旺衰弱多寡看，如財弱而黨寡，助財者又寡，則侮捍猶不甚。此外天后支神與印綬刑衝破害墓者，皆為犯翁姑而不順。欲知事因，各視上神所乘之天官。

看嗣息

課見干之子孫為嗣息，而星家以男取剋干者為子，乃妻所生也（即以干之官鬼為子）；以女取傷官為子，乃干所生也。忌龍官與干神刑剋之，男艱子息；后財與支神刑剋之，女艱子息。

外有太衝、螣蛇、登明、神后為子孫。

又干生者為子，支生者為女。

看羊刃飛刃

歌曰：日辰逢刃兩不良。即指羅網課而言，惟互旺格最利婚姻。若皆旺格，宜坐待靜守，或復舊為妙，牽強反殃。夫陽日有刃，陰日無之，故羊當作陽。陽刃為我刃，飛刃為我中傷之處，皆傷人，亦能傷己。羊刃為剛日旺神，身旺則為威武，身衰則為凶横，故干逢之而刑衝剋害支神與天后者，男必不良；支逢之而為我劫煞，或刑剋龍與干上者，女必不良。干支逢飛刃亦然。但不見羊刃，亦不作飛刃論。

看丁馬

水日逢丁為妻財動，忌行年上剋制丁之乘神，則不動（若丁作旺神，剋制亦不妨）。更看乘神而決其何類之妻財動。若財乘丁馬，不自異方得妻財，即有迅速非細之動，如猝親、再嫁、買妾、養媳之類。推此，而金日逢丁為官鬼動，一如前例。

忌后合並見于干支

干為夫，支為妻。占婚姻，先看此為主。若干支見六合天后，必已私交之男女，乃先奸後娶，所謂后合干支豈用媒也。然須課體吉者，方有始終。亦看何處空亡，乃有意而未成。

忌財官空亡

財官並茂，百年偕老。天空旺相猶可，地空衝起有救。不然雖龍后干支年命生合，喜事有就，而財官空亡，畢竟成後傷損。

財爻為妻，及天后神後皆是。餘則太陰從魁為婢妾。初見妻空，喪在早年；入中末空亡，喪在中末年。或空妻卻又見妻，主斷而復續，縱不入傳亦然。

忌太陰入卦

主男女不正，或陰私阻隔。

忌亥卯未酉發用

仝上意。

忌魁度天門

河魁在亥及天空乘亥，皆是。發用則諸被阻隔。若非發用，而婚姻事類值此者，須防平地風波。欲知事因，視魁上所乘之天官。

忌私門

六合太衝為私門。

類神

青龍：為男，又為婚姻喜。

天后：為女

功曹：即青龍為男

神后：即天后為女

官：為男

財：為女

干：為男家

支：為女家

干財：為父

支鬼：為夫

支財：為嫁資，為嫂妾。

三傳：初為男，中為媒，末為女。

六合：為媒

太常：為禮物

媒所合：為親家
地盤卯：為翁姑位，又為宅母位。
地盤寅：為長子位
地盤丑：為次子位
地盤申：為長媳位
地盤未：為次媳位
太陰從魁：為婢妾
六合太衝：為私門
朱雀：為年庚（出《經緯》）

諸煞

天德　　月德
六合　　三合
喜神：甲己日在寅，乙庚在戌，丙辛申，丁壬在午，戊癸辰。
成神：三句巳申亥寅　　天喜：春戌夏丑秋辰冬未

生炁

死炁

死神：正起巳順

劫煞

災煞

歲煞

桃花：正卯逆四仲

咸池：即桃花

大時：即桃花

小時：即月建

月煞

厭對：正起辰逆

月厭：正起戌逆

孤神：旬孤三：發用值空，陽空為孤，一也；發用天盤空為孤，二也；初傳空為孤，三也。四時孤二：春以巳為孤春為寅卯辰三月，後一辰是孤，或曰以四時前二辰俱為孤如春以子丑為孤，出《般若》，一也。春又以生我之水之絕神為孤，二也。又《般若》云：旬空當指天空為孤。

寡宿：旬寡三：發用值空，陰空為寡，一也；發用地盤空為寡，二也；末傳空為寡，三也。四時寡二：春以丑為寡春為寅卯辰三月，前一辰是寡，或曰以四時後二辰俱為寡如春以巳午為寡，出《般若》，一也；春又以我剋之土之墓神為寡，二也。又《般若》云：旬空之對衝為寡。

絞神：即破害之破

勾神：即絞之對衝

壬竅卷之五終

壬竅卷之六

清無無野人小蘇郎逸　編纂
新疆伊犂劉　浩　校訂
東海寧波李鏘濤　參訂
東海台州楊　益　校閱

疾病占

總論

虎鬼誠凶，然虎鬼俱無，惟見死絕墓空等神，反為凶候，無祟可禳，無藥可醫之象。

十二宮皆占病之類神，而生炁、死氣、祿神、食神、馬煞為尤要。

凡剋我者為病源，受剋者為症候。

申（白虎）加巳（喪車）為虎入喪車，占病凶，發用為的。

元武乘墓剋日為收魂神（《般若》云：如戊日武乘辰是也），占病凶。

凡占必有六親類神，三合地生旺墓上，看有吉凶神，在所必察。蓋代占者，無非三合中族類，然日辰仍屬病者之身宅。故占子息畏印爻，而印爻又藉以生身，故不可剋傷父母，而止喜見比肩，以生子息也，所謂六六爻現卦防其剋者以此。倣此推。

白虎喪吊之類作鬼，及干臨或年臨此宮，主孝服人家得病。

歌曰：蒿矢見金亦甚凶，浴盆有水還須忌。蒿矢卦，宜言有疼痛處，病在外。見金為有鏃，驀然有災驚，遇空亡為遺鏃，又無力也。地盤見浴盆煞，忌乘亥子水；天盤見浴盆煞，忌乘武后水。以亥為孩，子為子息，故占小兒忌見水。亥子為孩，受剋則凶。

斷輪卯加申、戌加卯，與鑄印之申卯上剋，皆主手足不舉。詳見看法看卯戌相加條。

源消根斷，課傳皆下生上，迤逞（逞校註：逞同邏）脫去，以不攝而致癆瘵之病。

子為一陽，至巳為六陽，子加巳為陽臨絕，故主死亡。

占父母長上病，忌財爻現卦剋印爻，亦必干支年命上先有印爻，後被傳財剋者，始言父母長上凶。如無印爻，或有印爻而又得鬼爻為有救。占子息病，忌印爻作三傳，欲比肩救。占夫祖病，忌子爻作三傳，欲妻財救。占己身兄弟病，忌官爻作三傳，欲父母救。占妻妾病，忌兄爻作三傳，欲子孫救。皆如上例推之。

最吉之課，如鑄印、官爵、軒蓋之類，占病則凶。

《雜摘》云：占病，凡無父母者，不宜見父母。見之，則為九泉之下相遇之兆。

又云：占病見羊刃，必見血之病。

又云：天后在傳，而天后陰神作白虎者，不論所占何事，將有妻妾之凶，占妻病更驗。

又云：忌見虎啣屍、虎扛屍（乘死神死炁）、哭神下淚（臨水位）、浴盆有水（見前）、元武收魂（見前）、子持孝杖（臨子孫爻）、吊客持財（臨財爻）、喪車作軫（臨巳位）、枯骨露形（見虎）。六處忌見土木神將，丑為墓田，卯為棺槨，魁罡為紙錢。傳中見六合所乘神剋日及年命，亦為棺槨。久病忌見斲輪及驛馬，修車則行，乘馬則遊也。

又云：聞人訃音，占其真否。只要正時上有氣，即傳言不真，雖見虎亦然。浴盆、三坵、五墓三項，若併虎臨日辰年命上或發用，無論剋與不剋，俱大凶，以四墓上見虎也。

又云：剋日必死，剋行年亦死。干與正時落墓亦死，干臨死絕地亦凶。

巳為喪車，申為鍬，酉為钁，占病忌此三者在門戶。

孝服煞，忌在子孫爻上見。

《尋源》云：占病之法，大要有四：一占死生，二占病症，三占醫藥，四占鬼祟。其餘不過附占而已。

又云：反吟帶白虎，翻胃也。伏吟作日鬼，水蠱也。

回還格，占病難退。

六陰格，病凶。

脫空格，占病虛甚。

干傳支，病難愈，防死。

水入火、火入水，主寒熱往來，陰人產厄。金入木鄉憂口舌，木加金內定迍邅。又，四土相加主杜塞。

看法

看七處虎鬼為病症類神

先視七處被虎鬼剋者，為病症。虎者，謂虎之乘神所剋，不作鬼亦是。鬼者，曰鬼所剋是。反以戰而休囚為病重，不戰而旺相為病輕。戰而納音救亦為凶，不戰而納音助亦為吉。此外又必察監將之生剋。鑒將者，如甲日青龍值事，以監察諸將。如遇白虎，則金虎木龍相剋戰矣。假如龍乘庚午，虎乘壬申，春占午相申囚，乃虎被龍剋，而病災當減凶。然又須看地盤何如，若官將神得生助，或納音有救。蓋黨勢多能勝寡，不專泥時令衰旺勝負也。

白虎不作鬼，其病輕。雖入課而有剋之之神，不過浮淺表症而已，其他鬼亦非凶症。然鬼旺仍可畏（上之旺相主病輕，專指不內外戰為旺相，不以時令之旺相言。此當指時令之旺。自記）。金鬼即同白虎論。若虎鬼俱無，而惟見死絕墓空等神，反為凶候，無祟可禳，無藥可醫之象。

虎鬼臨干為外為遠，臨支為內為近，而占法仍須互相變通。如臨干位，看與支位遠近方向何如；如臨支位，看與干位遠近方向何如。餘倣此。臨年命為內為近，臨三傳為外為遠。

又虎鬼臨歲，歲中病臨月，月中病臨日，日內病臨時，時內病並歲月日時前後推之。或臨年，年中有疾；臨命，命中帶疾。鬼多即病端多，或病祟多。如臨受剋處，更陰神制之，則災散而病祟俱少，遠近更參干臨處言之。

鬼當旺相令不病，休令孟神爲已病，囚死季神爲將病。明爲病端，暗爲病祟。休囚死仲神，則現在病而未痊。

虎鬼駕馬，凶速。見看馬。

《雜摘》云：虎入傳，剋日凶；日剋虎，吉；日生虎，病難愈；虎生日，病易愈。

《畢法》云：干乘墓虎無占病。墓空尤凶，乘丁必死。

虎乘丁鬼格，如六辛日白虎乘丁者（必干辛日者，辛陰金，丁陰火，陰見陰是鬼矣）。占病知其痛處，其症大凶，如丁虎乘亥爲頭痛之類。

日鬼臨六處，即不乘虎，亦以鬼而知症。如火爲鬼，便言肺病（火剋金也）之類。如虎受剋或空，不治亦愈。

虎乘病符剋干，尤可畏。

《畢法》曰：虎乘遁鬼殃非淺。謂白虎所加之天盤上，遇旬遁之干，為日之暗鬼（不論天盤將剋日不剋日，只論遁干之剋日），或入傳，或發用，或加干加支，則凶不可解，空亡亦不能救，其應如神。凡占皆凶，病亦不救。

歌曰：

受虎剋神乃病基，救干制鬼是良醫。

金為白虎肝經病，治病還尋巳午宜。

看虎鬼地盤

虎鬼臨生地，則貪生忘剋，須審非時不生，卻得生多亦好。臨剋地，為受制，還防孱寡不能制。臨合地，為貪合，防衝破招禍。臨空地，尤妙，亦忌衝動為災。臨墓地，其論有四：以旺投墓、自墓傳生，病癒復作；以生入墓，鬼臨之乃鬼墓也；以墓覆生，主先輕後重；以墓覆旺，病絕復發。此四墓上下加臨，均忌逢衝，反致災咎，亦須究衝神衰旺言之。如遇衝神，即為起病剋應之端。臨生剋合空，亦倣此而推其病癒緣由。剋神空，勿藥有喜。此則俯視地利，以占病源之何若也。

看虎鬼之天盤陰神

虎鬼之氣，又在乎天。類見于陽而情于陰，謂之陰神。陰神各有所乘之將，將主其事而神司吉凶，是與己身之吉凶休咎，大有關係。故凡陰神助其剋神者，病重難療；陰神制其剋神者，病輕易治。陰神生助日干神者，無咎；剋制日干神者，不祥（凡生助剋制日干者，須入七處而又立日之三六合及刑衝破害處方是，否則與我無與。）。而得病之方，從此判決；而剋應之氣，準此推求。此則仰視天心，以占病症之何若也。

看日干為病體（謂病人之身）兼看遊干又兼看日陰

以日干為病體，而俯仰視之。干之一課為陽，二課為陽之陰，故為外五行，為表症，亦屬腑，屬氣。更逢陽干陽支，為陽極也（干受剋為外症，然須陽日陽鬼陽將，更干見七處而受剋，見于午未為頭面，巳申為肩膊，值鬼作初中傳者的。如庚日虎鬼臨申，伏吟，遁剋到身上，陽極反陰，或反發陰毒。但此課非陽極而丙午旺，當主陽毒癰疽之患，或胎毒火毒之變動。申馬主動，課是元胎，鬼為火也。若見虎不見鬼，猶輕。）。上下得貴德祿印合及四吉地，則身強；得鬼墓破害死刑衝及沐衰病絕胎養，則身弱。強則虎鬼不足畏，弱則虎鬼最足憂。日將病由人作，夜將病由鬼侵。欲知事因，視日上神天官。

日干所臨，乃遊行之地，臨靜處則靜，臨動處則動。課傳年命見丁馬魁罡，病必因動而得。復推干臨處，係何親疏遠近，而以課體發用定決（臨三六合地為靜吉，臨衝破刑害墓絕剋凶。臨丁馬魁罡動也，衝亦主動，然必現出而旺方為動，現於日年者的。類神亦同，以其上下神察之。如子為父占，印爻上見動神也，或印爻下見之。）。

日陰為病者心腹，與日干為衰旺。欲知事因，視日陰上天官。凡干為上神所制，或干上神為其陰神所制者，皆為有傷，傷則病體凶。

又日干雖為病者之身，而占者與病者，還須各審其類，以類之上下參斷吉凶方的。

看日支為病處又兼看遊支又兼看支陰

以日支為病處，蓋支本以宅為主，故或言臥牀，或言臥房，總言是病處。在寓即為寓，在船即為船。飲食起居，風寒燥濕，未必非此處起病，鬼臨之即是病緣由也。父母子孫臨（當謂臨在支上也。自記）之最吉，而又當支神生之，若剋之，主此地少良醫及無醫家也。夫支之一課為陰，二課為陰之陽，故為內五行，為裏症，亦屬臟，屬血。更逢陰干陰支，為陰極也。上下乘旺氣，為嬌養而得；乘衰氣，為勞傷而致。欲知事因，視支上神天官。

日支所臨，乃起居之處。臨靜處則靜，臨動處則動。且支是日神，臨夜地則日重；支是夜神，臨日地則夜重。又須審支神是干之何類，凡四吉地，上下見凶，難痊；八凶地，上下見凶，可治。

支陰為病者之性情，與日支為衰旺。欲知事因，視支陰上天官。

凡支為上神所制，或上神為其陰神所制者，皆為有傷，傷則病體凶。大要以支上神生扶日干者吉，剋制日干者凶。而吉凶神之所主，在地支賊輔何如，自當兼看，即占宅法也。但用以占病，吉凶宜變而通之耳。如申加午剋甲木，只言官鬼消亡，病勢漸減，不可云避官事也；只言胃口畧好，不可云憂口舌及爭訟也。午為食神，剋鬼為吉，亦為良醫。午加辰，宜東方求醫。

支不見傷而見制鬼之神，即言宅中人為救。若其神（當指支上）傷支，則言內症而不暇治外症，以內症急而外症緩言之。如甲申，午加申，方賴干上子為外人來救。而外症之申鬼在戌，若不入七處，亦無外症也。幸支鬼午亦空，無妨。

有時亦以日支為病，蓋剋我者為病源，而受剋者為症候。若鬼臨支，或支現七處而受剋，值處更是陰鬼，內症尤的。或陰極生陽，反發陰毒現出，小則瘡，大則疽。金日見丁主丁疽，更辛日陰毒尤甚。乘蛇必主毒。庚日雀虎為陽毒，申酉日倣此推之。

《雜摘》云：支盜干氣，虛危之症。

總看干支脫敗傷死

干支全脫，補元氣為救，否則防吐瀉。

干支全敗，敗者，血氣衰敗，日漸狼狽。

干支全傷，傷者，干支皆逢鬼也，身必被傷。

干支全死，死者，皆逢死氣，此尤凶。欲知事因，即各視其所乘之天官。

《大全》云：凡支上脫干，干上脫支，或干支上各脫干支，占病必由虛弱，宜補劑。

看干支羅網

干支前一神為羅網。干羅網，主傷父；支羅網，主傷母。

總看三傳

《雜摘》云：三傳制鬼剋虎者，雖凶有救。

退連茹，病將退。然退入鬼鄉絕地者凶，退入空亡者必死。

登三天，凶。

尋死格，乃三傳皆生日而落空者，占病凶，占父母病尤凶。

將助財神格，乃三傳皆財，傳所乘天官生三傳，大宜求財，占病必死，財生鬼故也。故占病忌財，如連茹作財，必因傷食得病，須年命上神能制其財，尚可治，而反生之，必死。

《大全》云：傳財化鬼、化父母、化兄弟、化妻財、化子孫爻等課，或占病，如逐類現于干上，雖不吉，倘類加干而得令得地，反不為凶。如加死絕，必死無疑。

初傳為鬼，引末傳來生干（末當是鬼之子孫），主先凶後吉。

逆間傳難痊，而尤忌戌申午為倒拔蛇之象。

論剛柔日反吟，見看祿神。

循環周徧，病多反覆，最難解散。

看三傳分症之內外表裏陰陽生墓吉凶

吉凶之應，決於八占。占不逢時，惟用是責。凡用上剋下，為外為表為陽；下賊上，為內為裏為陰。初為發端，中移易，末歸結。以四吉地為吉，以八凶地為凶。寧先凶後吉，毋先吉後凶。如初墓末生，先重後輕；初生末墓，先輕後重。又如初生而中末生起病鬼等，愈後復作；初生而中末病死墓絕，及病又傳病，或入空亡，不生他症，亦愈後而亡。推此，而凡遞生、遞剋、三合、聯茹，一切卦體，皆莫囫圇占斷。

看三傳分病在上中下體及內外遠近

初為上體又為外，中為中體，下為下體又為內。

又初遠，中又遠，末尤遠。若傳入身宅，反以近而速斷。

看三傳分藥病醫

《雜摘》云：大抵以初為藥，中為病，末為醫。初末剋中，其病可愈（此亦死法，不過聊備一說。自記）。

看三傳究脈法

初為寸，中為關，末為尺。又孟為寸，仲為關，季為尺。上剋下浮，下賊上沉。相生者和，相剋者損。旺相者實，休囚者虛。三陽浮數，三陰沉遲。二陽一陰弦緊，二陰一陽微細。純金毛，純木弦，純水石，純火洪，純土和緩。伏吟寒澁，返吟滑戢。不備繁亂，空亡芤伏。三陽日重夜輕，三陰日輕夜重。

脈有九候，每部三候，浮、中、沈也，以孟仲季辨之，而兼陰陽看。假如初為寸脈，得仲神陰神，以知其中候也。陰水主寒，木主風，火主熱、主燥、主暑，土主濕，金主寒之類。或是食祿財神主食，是鬼煞、血支、血忌主血，以類而推可也。

且仲神即關脈，既近于寸，所謂關前一分，人命之主，左為人迎，右為氣口。又左為肝膽，右為脾胃，而病源已見矣。然惟初作旺神，即以是主之，否則自有關脈在也。旺者，生旺無剋之謂，非時令之旺也，所謂五行俱旺四時中。蓋生則氣脈接續，剋則損傷。若更有旺神，則從旺神而言之。若皆損傷則危矣。

虎鬼為病源，似可以孟仲季察脈。然三傳主之，而兼孟仲季也，不須論虎鬼之孟仲季，只論虎鬼屬何經，已可知其屬何臟腑矣。按部切脈，何必多歧。

看剋賊分症表裏

凡上剋下自外而內，下賊上自內而外。病之表裏，應如此分。

看發用之五行所主病

用傳見金，主肺及筋骨症，為氣滿癆瘵瘡毒，加火為肺脹。初金末木，為肝肺相殘，主流血症。

用傳見木，主肝及四肢症，為風症，加火為狂走。初木末土，為壅腫結聚毒。

用傳土，主脾胃症，為腹痛水腫，加水為昏沈。初土終水，為腸痢淋漓之症。

用傳水，主腰腎膀胱之症，為寒疝及下部症，加火為寒熱往來喘急，加金上氣，加木為脾胃症，加土為嘔吐（土在下倒剋水也。自記），用水終火，為瘧。

用傳火，主心胸上隔症，為吐逆，發瘡瘍，加金為筋骨熱，加水為奔脈。用火終金，為骨蒸羸瘦。（此出《雜摘》）

看初傳重神

《中黃經》占病形狀章云：初傳重土噎咽喉，重金腹病淚交流。重水心滯小腹急，重木腹脹似鼓牛。重火心須生喘急，若無重數虎當頭。注曰：初傳為受病日。初犯重神，主病急。先怕剋氣，氣者，日干長生上神也；後怕白虎剋日，即死。如初剋氣而虎不剋日，病重不妨。如初非重神，只取白虎，亦不礙。如重神不得地、不得令，亦不妨。重神者，謂初傳神歸本宮也。必重神、白虎、剋氣並到，然後言凶。似太泥，參他條以兼看可也。自記。

忌地盤本命剋日

忌地盤本命神剋日，凶；本命上神能剋本命以救之，則無咎。出《雜摘》

看墓

歲後五位為歲墓，又為干墓，臨卯酉干墓門開，乘蛇虎主犯重喪。

或卯酉日干墓乘蛇虎加支，亦為墓門開，主犯重喪。

外有干墓乘虎在七處，必是積塊病，宜以破積藥治之。若墓空，非年深積塊易治，然空墓加干，亦可畏。

又支乘墓虎剋支有二：一、干墓臨支，宅有伏屍為禍，或現形響。二、支墓臨支，家必有孝服，或停喪柩。須詳其墓與日係何類屬而言其喪孝。若帶病符剋支，宜詳支神與日係何類屬而言其人有災。分生旺墓推之，仍以發用定決。

又墓例有六，皆當各就其類言之。如第五局，三合墓覆生，占己身長上凶。又為旺投墓，占己身兄弟凶。又為鬼入墓，占己身夫祖凶。第六局，生入墓，占己身長上凶。亦為鬼入墓，占己身夫祖凶。第八局，墓覆生，占己身長上凶。亦為墓覆鬼，衝墓反凶，然占夫祖則宜衝。第九局，墓覆旺，占己身兄弟凶。亦為墓覆鬼，衝墓反凶，然占夫祖則宜衝。其餘皆當隨類而推其墓衝之宜忌，不可具述。

外有行年三合之墓，若三合入墓凶，並年命乘墓坐墓皆凶。日辰三合墓，皆所必察。凡日辰年命三合入墓者，身不由己牽連或被逼之象。然局不同，而墓亦異，各隨事類言之，今演于家宅占。

如甲丙戊庚壬五日，為三合頭入局，是自己發端。乙丁己辛癸五日，為三合末入局，是別人帶累。若作三合入局在傳中，是前後受困。凡連茹間傳，一切倣此而言其生剋吉凶。年命入傳同例。

假令丙日巳酉丑占病，是不顧根本，貪戀妻財，以致如此，財剋生印故也。

辰戌丑未皆土也，然有衰旺之別。戌即辰戌，己即丑未。丑中有金水，旺于秋冬。戌中有金火，旺於夏秋。未中有木火，旺于春夏。辰中有水木，旺于冬春。旺胲相而言之，辰之旺于冬者水，相於冬者木也。

而木卻旺于春，木令行而辰為相，戌丑未不得言相。云未旺春者，以木火雜氣言也。而論土則未為木墓，丑為坵煞，安得云相？故己土亦不相，戊土戌土亦是死氣。此以時令論則然，然逢相生旺而言相者，惟夏令，雖一切土皆為旺相，蓋中央土旺於戊己，故四季皆相土也。但火旺時言相，火令終即為旺矣。餘秋冬如春例而推。

至於相生旺，隨日辰旺，類多為旺，此又非時令可得而拘，五行皆然，故衰旺隨干支而變言之。支者，官將神有定屬者也。旬遁時遁之干，無定屬也，旺則亦如支神論之。

干支之墓覆干支，為乘墓，病主昏迷。然陽墓剛猛急速，陰墓柔緩遲延。日墓明，夜墓暗。夜墓臨日，自暗投明，尚有解救；日墓臨夜，自明投暗，愈見模糊。而皆以衝剋為救，空亡尤好前云墓空病忌，此云尤好，何故？自記。若干支坐墓亦然，賴有衝干支之神為救。

自墓傳生者，初是干墓，末是干長生，乃先重後輕，占己病吉。若自墓傳出鬼來，反主先輕後重。然占夫祖見鬼，或生起干之印，卻亦得吉。餘皆當隨類而推。

初生末墓者，初傳是干長生，末傳是干墓，乃先輕後重，占己身病凶。若自鬼傳入墓，卻主先重後輕。然占夫祖得此，又不見干之生印，反凶。

大抵鬼爻宜生旺傳墓，生爻宜墓傳生旺。

又云：墓神為葬地。

墓逢空，諸占吉，惟占病不吉，以墓空要葬人也。（出《雜摘》）

又云：用神入墓（三月辰用起水土神，六月未用起木神，九月戌用起火神，十二月丑用起金神。或辰日用起水土神之例亦是），魂入墓（墓覆日辰也），三合入墓（如病者行年或午或寅，而天盤之或寅或午加地盤戌，謂之三合入墓），俱忌。蓋墓之中，惟用神、日干、行年三者最重。

《畢法》云：干乘墓虎無占病。墓空尤凶，乘丁必死。

看空

《雜摘》云：發用與日上年上及日祿食神等，入空亡凶。惟辰上空亡為病空，病自愈。然新病見空愈，乃應空字也；久病見空死，乃應亡字也。墓作空亡者，亦死。

為人占病，而類神值空亡者，如占父與尊長而日及天乙空，占母而太陰空（當作天后空。自記），占伯叔之類而太常空，占兄弟朋友而青龍空（朋友當看六合。自記），占妻妾而天后（當乙太陰為主，而兼看天后。自記）空，占子息而六合空（小兒亦責蛇。自記），占奴婢而天空空、酉戌空，皆不吉（六親爻當亦作類神看。自記）。

餘見後看食神、祿神等條。

看貴神

貴神乘生爻或子爻，則能生日，能制鬼，逢凶化吉。

貴人乘鬼，占病必是神祇為害。

看生龍

歌曰：沈痾之際看生龍。龍乘生炁，或是生印。龍乃吉將，須要龍勝虎，不宜虎勝龍。

看太常

太常帶德神，最喜上卦，蓋太常為醫藥。然又為孝服，如作日鬼死氣加干，主外有孝服至。又看支上得白虎，兼內有孝服至。或太常作日鬼死炁加支，內有孝服至。剋支尤凶，干支上見喪吊更凶。年命上見之，其年必有孝服。若帶生炁，尚有孝服未已。常乘申（申者，身也）作死炁，亦如上例。乘破碎，與死炁同。

未為日鬼，乘太常臨支，必因喜筵，或往親家得病而來。因未為酒食，常亦主喜筵故也（未作死炁又以喪孝論矣）。龍為喜慶酒食，若作鬼，亦當照此斷。

看生炁死炁死神兼敗神

生炁忌空，死炁剋生炁亦凶。年上神剋死炁猶可，生死炁不利。若生炁與死炁不相剋，病遷延未瘥（似宜俱看天盤。自記）。

外有五行死炁，其衝為敗神，亦作死炁論。

餘見看太常。

《大全》云：生炁剋日主病，死炁生日主生。

又云：宜觀生死炁，尤驗。要生剋死，如生炁空，要行年上神為救，而反生之，必死。如二者不剋，占病雖無妨，而愈必遷延。

又論生炁，後看食祿神等條中有一說。

看病符

舊太歲也。加支剋支，主全家病。若乘天鬼，病必時疫，大凶，見虎尤凶。如作生炁，猶主合家病，作死炁必死。《畢法》所謂病符剋日全家患也。

看祿神

祿臨旬尾，亦為閉口，臨絕地為祿絕，皆忌之。或受剋及坐剋方，久病必絕食餓死。

剛日反吟，乃祿絕，亦主反胃之象。逢水火相加，為寒熱格，剋日主癆病。又柔日第六局四絕體，乃祿絕，亦火水相加逢之，為寒熱格。第八局亦火水相加，皆可寒熱論。

祿又忌空，名空祿格。

餘見後看食神、祿神等條。

看丁

金日見遁丁則為鬼，其支帶遁丁而動，故隨其支神所屬而言其屬何病痛。此惟金日則然，他日干則論支為鬼，而帶遁丁者亦為動。如丑鬼帶丁，心腹痛也丁屬心，故及丁。丑屬腹，故言腹也。自記，或心脾痛丑亦為脾。自記。若水剋去丁，但言脾腹不言心。若遇丁旺丑衰，則脾腹患輕而心疾重。蓋丑支不當令，而丁干代之。餘用干神者倣此。

又金日逢六丁，知為疼痛處。蒿矢亦然。

水日逢丁為妻財動，如丁神遁在丑未，必往外家得病。惟宜占人年命上有卯木為救，乘寅木必得神護，尤宜速禳，否則倘逢丁未，而寅被木墓，故不可緩。如寅卯遇旬空，還須寅卯作年命方是。

凡占日逢丁皆言動，而支旺則從支言，如丑未剋壬癸日干，縱不在課傳而在年命，亦言官鬼動也。丁不旺不必論妻財，若與支兼旺相，則並而言之，如因官鬼而妻財動之類。若干旺則從干言，不論官鬼而論妻財矣。其他木日丁為子孫，火日為兄弟，土日為父母，或為吉神，或為凶神，吉凶雖異，而其動同也，一如金水日例論之。若課中逢水旺剋丁則不動，值支旺而支受剋則丁干亦不動。蓋丁不自旺，而支又被剋去故也。

金日丁臨干，為身之凶動；丁臨支，為宅之凶動。如丁乘神作死炁，主喪孝動；或丁在傳年命，主親族在外死亡，赴報而凶動。須詳丁乘神與日係何類屬言之，并合天官言其事因。

水日逢丁，本妻財動，而遇丑未日之因妻致病者，已詳前。其餘丁乘神雖非日鬼，或傳出鬼，亦宜詳丁與日係何類屬而言其事因。或鬼之陰神見丁，可言其病源自何處妻財上來。

總之，干旺則言干，支旺則言支。支旺帶丁，但言動而已，而不論妻財，俱旺相則兼言之。干旺支相，則言因妻財而六親動；支旺干相，則言因六親而妻財動（以上舉水日逢丁言。自記）。餘一切倣此。

看馬

虎鬼駕馬，馬作鬼，或馬乘虎，或虎鬼臨馬上，其症來勢迅速雄猛，所謂須防虎鬼駕馬惡也。

久病忌見斷輪及驛馬，修車則行，乘馬則遊也。

《尋源》云：龍乘驛馬加命上，凶。

看食神祿神馬煞生炁及課傳干神年命臨死墓絕空

死墓絕，干之凶氣也，課傳及干臨處須察之，年命上見之，亦不吉。空亡，有宜有不宜。虎鬼空，不治自愈；若食神祿神生炁空，則凶。食祿神受絕，則不食而死。生炁絕，亦死。又新病空病，病久空人。祿馬臨死絕，亦凶。

看食神為運糧神

行年乘食神為運糧神。甲食丙午，乙食丁巳，丙食戊與辰戌，丁食己與丑未，戊食庚申，己食辛酉，庚食壬子，辛食癸亥，壬食甲寅，癸食乙卯。凡食神忌空。

餘見上看食神、祿神等條。

看喪門吊客破碎

見前看太常。

又《畢法》云：喪吊全逢掛縞衣。謂支干並見二煞，大凶。又年命上乘此，其年必有孝服。

看占者與病者年命上華蓋

華蓋者，亥卯未日見未，巳酉丑日見丑，申子辰日見辰，寅午戌日見戌。乘太常作日鬼，又為死氣吊客之類，臨年命上（占人亦須看年命，不專看病者年命也），為孝白蓋頭。或不作日鬼，而鬼見他處，亦當倣此斷。若作生炁，尚有孝服未已。然必帶破碎吊客方言孝服，亦必代占人是有服制之人尤的。

看羊刃

見總論。

看血支血忌月厭

年命上見血支、血忌，必是血病。女人得此，又帶月厭，非血崩即墮胎，皆以作鬼為的。凡血病或在上下內外，須以發用決之。若加臨處有尅賊，即以本處決之。

看閉口

閉口（有三法）發用，或更值初末傳六合之類，則氣塞于中，主病瘂、噤口痢、喉腫、痰厥，及一切不納飲食之症。縱不發用，亦不免此，凡一切有閉口之意皆是。

又見前看祿神條。

看寅為鬼戶又巳為鬼戶

地盤寅為鬼戶。日干年命臨此，為人入鬼門，最為可惡。天罡天乙臨之，俱為塞鬼戶，寅上乘貴亦是，當吉。一說巽為地戶，巳為天庭，又巽巳（巳即巽同一宮）為鬼戶。

看亥為天門

天門，地盤亥也。戌加亥為用，或亥乘天空，俱為魁度天門，乃關隔不通之症，是隔氣或食積作鬼或邪祟。若天乙乘亥，或天乙臨地盤亥位，俱為貴登天門，吉。

看天盤申為身或為屍地盤卯為棺或為床

棺者，地盤卯也。日干為己身，臨此為入棺。然必干帶凶神，或卯作死炁之類，方以棺論，不然則言臥牀而已。

又天盤申者，身也。如作死炁為死屍，上見六合為六片板格，尤的。且申亦宜詳其與日係何類屬而言其人死，故曰屍入棺。

見白虎亦同申論，蓋申為人門，故申為人身。

申卯為年命日辰，皆是。

六合乘申臨卯，為屍入棺，必死，見死炁尤的（無六合，有生炁，主病在床。如父母爻入棺，知父母死。照推。）。

看地盤巳與乘神蛇夾墓

地盤巳乃蛇位，上見日墓又乘蛇，為兩蛇夾墓，病必積塊在腹中。

如年命上衝破其墓，庶得少延，否則病難除。

看卯戌相加

卯為手，戌為足。斲輪，卯加申、戌加卯，卯戌皆受下賊也，必手足不舉或有傷。鑄印，卯戌相加，卯戌皆受上剋也，主瘋顛發搐之症，手足不舉，傳逆為的。

看干支陰陽辨臟腑

症之表裏，固準剋賊以分之（見前看剋賊分症表裏），而臟腑還當以陰陽之干支辨之。假如庚辛剋甲木，膽府受病。看甲加午上，即病從頭起，足少陽膽脈從頭走至足，其病口苦，善太息，以及胸膝足脇胻踝諸節痛之類。然甲雖受剋而見症，要其病源，發端在大腸肺部，若庚加子上，即見症也。法當治金，其或白虎乘陽神，又上剋下，即主發馬刀挾癭之毒。此則金旺宜洩之，金衰宜補之，視右寸尺脈之虛實也。大約金旺則症尤外現，金衰則症尤內藏。旺衰固即肺與大腸之虛實，而不可不合之尺寸之脈，初末傳是也，合之初末傳而愈知庚辛之金有衰旺不同也。治肺治大腸，所當明辨焉。

總看脈息法

內經臟腑診候

右手	寸（上焦）	肺　大腸	關（中焦）	脾　胃	尺（下焦）	腎　膈
左手	寸（上焦）	心　膻中　小腸	關（中焦）	肝　胆	尺（下焦）	腎　膀胱

左三部，寸外以候心，內以候膻中小腸；關外以候肝，內以候膽；尺外以候腎，內以候膀胱。

右三部，寸外以候肺，內以候大腸；關外以候脾，內以候胃；尺外以候腎，內以候膈。

十二經，手足三陽，太陽、少陽、陽明也；手足三陰，太陰、少陰、厥陰也。腑屬陽經，臟屬陰經。

先寸，次關，次尺。然其相生之序，則自尺而關而寸。若不順，則逆剋而為病矣。故壬占以三傳為寸關尺，亦宜順相生為和平，不宜逆相剋為乖戾。

凡占從其干支旺者言之，如春占辛卯日，丑為初傳，土死。然就其一課而言，則己丑皆土，土自旺也。丑墓陰象，為季神，沈象，又為右尺之候，而被下神卯剋，日占龍又夾剋，夜占后逢內戰，主寸脈有傷，肺與大腸鬱火不清也。中傳亥能剋鬼，而丁旺，則從丁言。丁火陰鬼，關脈脾胃為燥為熱，又為孟神（當是指亥）兼寸脈。猶幸丁火生丑土，血脈接續也。末傳酉為尺，仲為中候（仲指酉），與亥孟為浮候，不旺故不論。但乙木旺，能生火，通看是三焦火鬱見于三部也。倣此推之。

十二經分配五行干支

左寸：心者，君主之官，神明出焉。少血多氣，其合脈也，其榮色也，主藏神，開竅于舌，于五行屬火，于十干屬丁，于十二支屬午，于十二經屬手少陰。其見證也，消渴，兩腎內痛，後廉腰背痛，浸淫，善笑，善驚，善忘，上咳吐，下氣泄，眩仆，身熱，腹痛而悲，實則夢憂驚恐怖，虛則夢煙火稻田。午時氣血注于心。

膻中者，即心包絡也，臣使之官，喜樂出焉。于五行應心而屬相火，于十干屬丁，于支屬午，于十二經屬手厥陰。其見證也，喜笑不休，手心熱，心中大熱，面黃，目赤，心中動。戌時氣血注于心包絡。

小腸者，受盛之官，化物出焉。多血少氣。于五行屬火，于十干屬丙，于十二支屬丑巳酉，于十二經屬手太陽。其見證也，面白，耳前熱，苦寒，額頷腫，腰似折，肩臑肘臂外後廉腫痛，臑臂內前廉痛。未時氣血注于小腸。

入式歌云：心與小腸居左寸。丙與丁從火類也。

左關：肝者，將軍之官，謀慮出焉。多血少氣。其合筋也，其榮爪也，主藏魂，開竅于目，于五行屬木，于十干屬乙，于十二支屬丑卯，于十二經屬足厥陰。其見證也，頭痛，善潔，耳無聞，頰腫，肝逆，面青，目赤腫痛，兩脇下痛引小腹，腰痛不可俯仰，胸痛，脇腫，婦人小腹腫，腰痛，四肢滿悶，挺長熱，嘔逆，睪疝暴養，足逆寒，胻善瘛，遺淋溺，溲便難，癃狐疝癩，冒眩，轉筋，筋攣，陰縮，善恐，胸中喘，詈罵，血在脇下喘，實則夢山林大樹，虛則夢細草苔蘚。丑時氣血注於肝。

膽者，中正之官，決斷出焉。多血少氣。于五行屬木，于干屬甲，于支屬子寅，於十二經屬足少陽。其見證也，口苦，馬刀挾癭，足外熱，寢寒憎風，體無膏澤，胸中脇肋髀膝外至胻絕骨外踝前諸節痛，善太息。子時氣血注于膽。

左尺：腎者，作強之官，技巧出焉。少血多氣。其合骨也，其榮髮也，藏精與志，開竅於二陰，於五行屬水，於十干屬癸，於十二支屬亥子，於十二經屬足少陰。其見證也，面黑，口渴，唾血，大小腹痛，大便難，飢不食，腹大，脛腫，脊臀腹痛，臍下氣逆，足寒而逆，陰下濕，足下熱，坐而欲起，下痢善恐，四肢不收不舉，實則夢腰脊懈軟，虛則夢涉水恐懼。酉時氣血注於腎。

膀胱者，州都之官，津液藏焉。氣化而出，多血少氣。于五行屬水，于十干屬壬癸，于十二支屬子，于十二經屬足太陽。其見證也，目似脫，頭兩邊痛，淚出，臍反出，下腫，便膿血，肌肉痿，項似拔，小腹脹，按之欲小便不得。申時氣血注于膀胱。

右寸：肺者，相傳之官，治節出焉。多氣少血。其合皮也，其榮毛也，主藏魄，開竅于鼻，于五行屬金，于十干屬辛，于十二支屬申，于十二經屬手太陰。其見證也，善嚏，悲愁欲哭，洒淅寒熱，缺盆中痛，小便數，溏泄，皮膚痛及麻木，喘，少氣，頰上氣見，實則夢兵戈競擾，虛則夢田野平原，不足則嘆息，有餘則喘嗽。寅時氣血注于肺。

大腸者，傳導之官，變化出焉。多氣少血。于五行屬金，于干屬庚，于支屬申，于十二經屬手明陽。其見證也，大指次指難用，耳聾，耳鳴嘈嘈，耳後肩臑肘臂外皆痛，氣滿皮膚，堅而不痛。卯時氣血注于大腸。

右關：脾者，倉廩之官，五味出焉。多氣少血。其合肉也，其榮脣也，主藏意與智，開竅于口，于五行屬土，于十干屬己，于十二支屬丑未，于十二經屬足太陰。其見證也，五泄，二便閉，面黃，舌強通，口甘，食即吐，嗜臥，善飢，善味，不嗜食，尻陰膝臑胻足背痛，當臍痛，腹痛，腸鳴，足不收行，善瘈，善噫，後洩泄氣，肉痛，足胻腫，體不能動，實則夢歡歌快樂，虛夢飲食相爭。巳時氣血注于脾。

胃亦倉廩之官，多氣多血。于五行屬土，于干屬戊，于支屬辰戌，于十二經屬足陽明。其見證也，惡煙火，聞木音則驚，登高而歌，棄衣而走，顏黑，不能言，嘔，呵欠，消穀，善飢，頸腫膺乳衝役伏兔胻外廉足跗皆痛，胸旁過乳痛，髀不可轉，膕如結，腨如裂，膝臏腫痛，口渴腹大，水腫奔響，腹脹，胻內廉跗痛，遺溺失氣，善伸，癲疾，溼淫，心欲動則閉戶獨處，驚慄，身前熱，身後不熱。辰時氣血注於胃。

右尺：腎與左腎同。

腎一藏分兩尺者，為腎有兩，分列于腰脊左右。其下命門穴，非右腎即命門也。腎雖水藏，而相火寓焉。故但當以左腎為水，右腎為火可耳。

膈以上為胸中，不入十二經，其十二經以三焦足之。三焦者，決瀆之官，水道出焉。少血多氣。總領藏府，營衛經絡，宣導上中下三元之氣。於五行屬火，於十干屬丙，于十二支屬卯巳，於十二經屬手少陽。其見證也，耳鳴，喉痺腫痛，耳後連目銳眥痛，汗自出，肩臑痛，內外皆痛，小指次指如廢。寸為上焦，關為中焦，尺為下焦，左右六部同。亥時氣血注於三焦。

夫膽、胃、大腸、小腸、三焦、膀胱六腑為陽，心、肝、脾、肺、腎五臟為陰，以膻中足藏陰為十二經。

凡手陽脈，從手走至頭；手陰脈，從臟走至手。足陽脈，從頭走至足；足陰脈，從足走至腹。

看病由何處起

《尋源》云：究其得病之源，則日上乘天乙，因思想勞苦得也（不確）；乘蛇，因驚恐憂疑得也；乘雀，苦心咒訟得也（苦心二字無著）；乘合，喜慶姻親得也；乘勾，情緒牽絆得也；乘龍，經營財物得也；乘空，欺妄隱忍得也；乘虎，喪吊問病得也；乘常，醉酒飽食得也；乘玄，則祭祀盜賊得也；乘陰，則奸私暗昧得也；乘后，閨閣女色得也。

又往妻家得病，見看丁條中。

求醫諸看法

見看日支為病中有二說。

子孫為良醫，歌曰：福德加臨為解厄。福德者，子孫爻也。子孫本脫氣神，然有鬼卻宜見之為解厄，以制虎鬼，實為良醫，得旺相氣為的。虎之陰神能制虎亦然。制虎鬼之神是亥子，宜湯藥；是寅卯四土，宜丸散；是巳午，亦灸；是申酉，宜針。

又月建前二為天醫，對衝為地醫。日醫者，甲日起兩句，卯亥丑未巳。月醫（即天醫）日醫乘貴神，臨年命上制虎鬼，則病安；或年命入課傳制虎鬼亦吉，或生日亦吉。太常為醫藥，故太常帶德神上卦尤吉。

虎鬼之陰神能制虎鬼，更得旺相氣為良醫。若醫神反作虎鬼，藥必殺人，不宜醫者治。或另擇醫神制虎鬼者，良；無則選脫鬼而生日者，亦良。又虎鬼臨處為畏期，醫神所生為瘥期，所剋為死期。如天地醫乘水神，木日瘥，火日死，從生剋衰旺言之。

有官鬼宜見子孫，七處有之，皆可療疾。臨支為本宅人（宅支與日干，亦有親疎遠近），臨年命為親近人，正時亦近處人，臨干為外來人。臨者，臨在上也。課傳亦外來人，當更視發用推求。

子爻或生爻是水，宜湯藥，仝上云云。

《雜摘》云：有天醫、地醫、日醫三者，擇一吉神良將、有氣、德合生旺者用之。又必醫神剋制白虎乘神，藥方有效。若醫神乘白虎，不可用藥。魁罡下，不可迎醫。

又云：醫神加子，是北方，子即醫神。醫神能制虎乘神即善，或不能，以今日課前二辰下求之。如甲課在寅，前二辰是辰，辰下求之。又不能剋上法與日醫之取卯亥丑未巳異，俟考。自記，則以天乙對衝之下求之。如天乙在辰，對衝戌為地醫。又不能剋此又與天醫不同，竊疑天乙當作天醫，不然何以對衝亦作地醫乎？亦俟考。自記，則于制虎下求之。如虎乘申，則于午下求之，鮮有不善者也。

《金花經》曰：太常備藥醫天子。未為天醫，天后乃值藥之妃，子為地醫，申乃路醫，巳為雙女為女醫。如入課傳，與類神、與日干生合，即為良醫，用之可也。此說妥。

又歌曰：

受虎剋神乃病基，救干制鬼乃良醫。

金為白虎肝經病金剋木，治病還尋巳午宜。

《尋源》云：男以天罡加行年上，功曹寅下是醫神也如寅下是子，醫即在正北方。女以天罡加行年上，傳送申下是醫神也。醫神若能剋支及能制虎所乘神，則善矣。或不能剋制，則于今日課前第二辰下求之原註云：如甲課在寅，前二辰乃辰也，即天乙，其下求之。此註究不了了。自記，能如上所云剋制則妙。又不能，則于天乙對衝下求之，或能剋制如上云云則妙。又不然，直于制虎乘神之下求之如虎乘申，則于午下求之，必須分陰陽，以為剋制也，無有不善矣（此條與前《雜摘》條大段相同，惟前條僅言醫神，不明指何者為醫神，此則以男女行年分寅申下神而求之。為此詳于彼，故不嫌其重出而錄于後。自記。）

看死期

《尋源》云：死期以日干之絕神定。如甲乙日絕在申（如以四長生論，則甲乙俱木，宜絕于申。如以八長生論，則甲絕于申，乙絕于酉。似用八長生為較活。自記），看申臨何辰。臨歲不出一歲，臨月不出一月，臨日不出一日。當以太歲年華問之法詳之。

又云：一法以男取功曹、女取傳送加行年上，以魁罡下辰為死期。

又見前求醫諸法。

看愈期

《尋源》云：愈期以日干之子孫定。如甲日占病，丙丁愈，子孫能制鬼也。

又見前求醫諸法。

類神

干屬臟腑歌

甲膽乙肝丙小腸，丁心戊胃己脾鄉。

庚屬大腸辛屬肺，壬屬三焦與膀胱。
腎與心包屬癸方。

臟腑血氣所注之時歌

子膽丑肝寅是肺，辰胃巳脾卯大腸。
午心酉腎戌包絡，未小腸兮申膀胱。
亥是三焦之地位，十二支神配五臟。

十二支所屬身體歌

子腎命耳膽膀腰，丑肝脾腹小腸標。
寅膽筋髮口眼背，卯肝手目營衛三焦。
辰竅腸胃胸項肩，巳頭包齒焦小腸咽。
午舌心眼魂精血，未脾腕兮白頭脊。
申肺大腸絡聲出，酉血小腸口唇舌。
皮毛兩耳爪骨鼻，戌胃腿足鬍命門。
亥腎疝髮頭足骨。

地盤備人形

地盤備人形狀，午未為頭面，巳申為肩膊，辰戌為腰，卯酉為肋脅，寅亥為腹膝，子丑為腳。

十二神將主症

大抵日為人，辰為病，而辰上神為受病之症，故當視辰上之神。如辰上是神后，傷風腎竭。若天后乘之，則男子精絕，女子血絕。是登明，癲邪濕氣。若元武乘之，則目流淚。是河魁，腹痛脾泄。若天空乘之，行步難。是從魁，喘嗽勞傷。若太陰乘之，發肺傷脾。是傳送，男唇破，女孕危。若虎乘之，瘡腫骨病。是小吉，傷食翻胃。若太常乘之，氣噎勞瘦。是勝光，心痛目昏。若朱雀乘之，傷風下痢。是太乙，齒痛嘔血。若蛇乘之，頭面腫痛。是天罡，遺漏風癱。若勾乘之，咽喉腫塞。是太衝，胷脅多風。若六合乘之，骨肉疼痛。是功曹，目疼腹痛。若青龍乘之，肝膽胃疾。是大吉，氣促傷殘。若天乙乘之，腰腿痿痹（上出《尋源》，俱是浮泛不切，占斷似不宜用此）。

《雜摘》云：貴，寒熱驚悸；蛇，發熱驚悸；朱，呻吟渴熱燥；六，夾食傷；勾，沈滯胸膈；青，寒熱四肢傷；空，瀉痢；虎，四肢筋骨病；

常，心迷悶；元，走注膀胱；陰，筋骨痛；后，傷殘血光（此條亦是死法，不如用看法中十二經變通之。）

太常：為醫藥，又為孝服。

六合：傳中見六合所乘神剋日及年命為棺槨（出《雜摘》）。

天盤申：為申，又為屍。

地盤卯：為棺，又為床。

丑：丑為墓田（出《雜摘》）

魁罡：為紙錢（出仝上）

巳申酉：《雜摘》云：巳為喪車，申為鍬，酉為钁，占病忌此三者臨門戶。

墓神：為墓田（出仝上）

病死絕：《經緯》云：以病為病，以死絕為死。

諸煞

生炁　死炁

祿神

食神：甲食丙，乙食丁，丙食戊，丁食己，戊食庚，己食辛，庚食壬，辛食癸，壬食甲，癸食乙。

馬：以上五者最要

天醫：月建前二辰，乃正起辰順。

地醫：天醫衝

月醫：即天醫

日醫：甲日兩句卯亥丑未巳

吊客

喪門

德神

破碎

病符

死神

天鬼：正起三句酉午卯子

血支

血忌

月厭：正起戌逆

華蓋

羊刃

孝服：孟月在巳，仲在辰，季在丑

天喜：春戌夏丑秋辰冬未

喜神：甲己日在寅，乙庚在戌，丙辛申，丁壬在午，戊癸辰。

天解：正起申逆，與風伯同。

外解：正起三句子巳寅申

內解：即地解，正起申申酉酉戌戌亥亥午午未未

解神：正起申申戌戌子子寅寅辰辰午午

五鬼：正起午辰寅，酉卯申，丑巳子，亥未戌尋。

大時　　　　　　　　　　　　　金神

瘟煞：正起辰順，與天醫同。

女災：正亥逆四孟，乃三句亥申巳寅也。

孝杖：正巳順十二，即死神。

死符：甲歲起申申亥亥寅寅巳巳辰辰

滅門：《尋源》云：寅起亥午丑申卯戌巳子未寅酉辰。

上喪：正起辰順四季，乃辰未戌丑也，主上人服。

下喪：正起未逆四季，乃未辰丑戌也，主下人服。

喪魄：正起三句未辰丑戌

哭神：春未夏戌秋丑冬辰

喪車：春起酉子午卯

受死：正起戌辰亥巳子午丑未寅申卯酉

浴盆：四季之季　　披麻：正起子逆四仲

絕氣：春申夏亥秋寅冬巳　　哭忌：正起亥順十二

飛魂：與哭忌同　　大煞：正午逆四仲

枯骨：正未順十二

疾病附鬼祟

四上賊下為絕嗣，先亡為祟也。

貴乘鬼，必是神祇為害，主寒熱頭目痛，祟非凡鬼廟中神，或曾許口願未酬。若在內，則為家堂香火神座真象之類。

天空為空門，故為佛寺香火之願。若在內，則為諸佛座香花供養之物。病主肋胸並氣急，井竈為殃未得安。

歌曰：塑成眾聖土星類。土星者，貴空勾常及辰戌丑未皆是。木金倣此。水火有影無形，當是圖畫符籙經典。若土木，為木偶土塑，見水火為彩畫。木見金為雕刻或裝金，金遇火為鎔鍊而成。更合四位斷之，而參看陰神，則形狀新舊完缺，並方向去處，一切可知。然逢衝尅，固以鬼祟占，而逢生合，還當以救助論，則酬謝庶獲冥佑。

十二天官作鬼主病祟，歌曰：

貴鬼寒熱頭目痛，祟非凡鬼廟中神。
蛇鬼四支頭目痛，水木土神作祟評。
雀鬼嘔逆心腹痛，祟主咒詛灶神論。
合鬼陰陽心腹氣，土神司命醮當輕。
勾鬼腫痛兼寒熱，祟主土垣與死兵。
龍鬼熱沈心腹疾，祟為司命可相稱。
空鬼肋胸並氣急，井灶為殃未得平。
虎鬼癰疽頭目痛，祟因傷鬼不妨云。
常鬼四支頭目痛，祟為新鬼可求靈。
玄鬼腰疼兼脹滿，祟因河伯溺河津。
陰鬼四支腰腹痛，灶神為禍可祈生。
后鬼四支病痢疾，祟亦河神溺鬼因。

餘從卦書禍祟章纂入數條，錄于左，以便採用。

金鬼

金爻值鬼，為五道、金神七煞、金元七總管、張相、金剛、九卓(即葉神)、葉氏夫人、鍾將軍、關帝與刀傷、兵死、喘嗽、癆病、自刎、橫亡鬼，鎖條之願。

凡鬼發用或臨身，及帶丁馬刼煞之類，為急。急則喪部喪司，緩則關公總管。

木鬼

木爻為鬼，為茶筵、五聖、船中神鬼、草野三郎、家堂六神、五聖、東嶽、樹頭五聖、山神土地、九良星、作犯土、床公、床婆及縊死、枷杖瘋狂之鬼，枷鎖願心。

又寅為虎傷。緩則山神五聖，急則東嶽家堂。

水鬼

水爻為鬼，為南海觀音、北極真武、龍王、北斗、三官、祠山大帝、杜氏夫人、金龍四大王、水中河太、曹三、水官、元天上帝、施相公、宋相公、晏公、坑廁土、井泉童子、徐大將軍、水仙五聖、河泊水官及投河、奔井、服鹵、腰疼（水不足也）鬼。緩則水仙施相，急則河太金龍。

火鬼

火爻為鬼，為玄壇、五福火神（即華山）、南堂陸相、五顯靈官、灶神、蕭堂五聖、熒惑火神、三煞土、五顯及焚燒、帶血、陰魂、毒瘡、癆瘵鬼。緩則東廚口願，急則陸相華山。天燈香燭之願。

土鬼

土爻為鬼，為城隍、社稷、壇、土神、穀神、五方賢聖、土皇、后土、皮腸大王、瘟司、住居土地、當方土地、橋神土地、螣蛇土、太歲土、土府、七煞土、作犯土、坑廁土、飛來土及膨脹、虛黃病鬼。凡正土宜素誥，土皇宜申奏。緩則土廟神祇，急則五方賢聖。

龍合木乘鬼爻

為東嶽、家堂、五福大神、茶筵五聖、花煞、蕭公五聖、五路、花神、三官、龍王及桃花、菜花痴、產亡、血光鬼，枷鎖願。

凡帶喜慶之神，用細樂、燈彩、花炮祭送。

蛇雀火乘鬼爻

為城隍、草野三郎、五顯靈官、總管、南堂、雷公、雷祖、電母、灶神及牢獄、火葬、焚死、血痢、心疼、瘡毒、產亡、縊死鬼。

又午為馬傷，巳為蛇傷，為咒咀司、楮錠香燭之願。

陰虎金乘鬼爻

為大小喪司、金神七煞、五道、九卓、雌雄煞（以陰陽分斷）、座煞、玄壇及刀傷、兵死、喉瘡、道亡、虎傷鬼。

凡帶凶惡之煞，宜粗樂火炮祭送之。

后武水乘鬼爻

為草野三郎、伏屍、坑廁土、井泉童子、曹三、杜氏夫人、水中河太、天妃、太君（即姚氏夫人）、南堂、施相公、聖帝（即真武）及溺死竊盜鬼。

貴空土乘鬼爻

為土皇、飛遊土、九良星土、地藏王、十殿閻王、墳墓土、五方賢聖、瘟疫司、伽藍土地，四土若在三煞上為三煞土、及壓墜跌僕、牢獄、冤屈鬼。又凡地獄中鬼，魑魅魍魎、無常、牛頭馬面、夜叉等。

又丑為牛傷，戌為犬傷。

準八卦位辨鬼神

乾：位西北，戌亥屬焉。干為天，故為天門。值鬼（下七卦俱以值鬼者推）為天曹司命、為父、為老翁。又為首，故為頭痛、頭眩、頭風等鬼。又為馬傷鬼、坑神。

坎：位北方，子屬焉。坎為水，故為水府、溝瀆、土神。為中男，為心病、耳痛、耳聾、血症等鬼。又為元天上帝、北斗星君、水德、路神、五路大神、攔路五聖、倒路之鬼。

艮：位東北，丑寅屬焉。艮為山，故為山嶺神司。為少男、為閽寺、為手足指拘攣、風癱、背駝、鼻爛等鬼。又為狗咬、虎傷鬼、山神土地、東嶽泰山，亦為鬼戶。

震：位東方，卯屬焉。震為雷，故為雷部神司，或欠雷齋口願。為長男，亦為折足鬼、龍王、樹神、三茅真君、門神、杖傷鬼。

巽：位東南，辰巳屬焉。巽為風，故為遊魂。為長女，為木神、花煞，為風病、癩禿、白眼、疙腰、折足、爛腿、痲瘋、縊鬼，亦為天庭。

離：位南方，午屬焉。離為火，故為火德。為中女，為目疾、盲瞎、大腹、燒死等鬼，又為南斗、火部星君、竈君、五顯靈官。

坤：位西南，未申屬焉。坤為地，故為地戶神司、地藏王、牢獄、墳塋鬼、十殿閻王、土府亡魂。為老母，或虛黃腹脹鬼，亦為僧道及路神、傷煞、產亡、井死。

兌：位西方，酉屬焉。兌為澤，故為川澤神司。為少女、婢妾、師巫，為缺唇歪嘴、吃口之類鬼，為傷煞喪司。

以上皆從旺而多者斷，如戌鬼，土多而旺則以土言，金多而旺則以金言。分上中下為三界，分干支為內外，分偏正為神鬼。以歲月建將貴龍常為尊貴，以日時年月（年或是行年，月字不解。自記）為陰小。當更詳一切神煞而觸類推之，不須備載。

壬竅卷之六終

壬竅卷之七

清無無野人小蘇郎逸　編纂
新疆伊犁劉　浩　校訂
東海寧波李鏘濤　參訂
東海台州楊　益　校閱

孕產占

總論

凡占孕產，以胎神為類神。

大約未孕者，占其孕期；已孕者，占其產期；都要胎神無傷為吉。

凡占，先審其孕之有無法見看法，次審其產之遲速上仝。

凡占孕，與占產不同法見看法中之占孕總法及占產總法。

凡占孕而得產局，則孕不安。占產而得孕局，則產不快。

產候，大約多取衝神。例在看法。

旺孕格，看夫妻行年成三六合，得旺相神者，主其年必添男女。或年立三六合地，上見旺相神，或年立旺相地上，見三六合神，皆是。

又有德孕格，夫妻行年見五干德合，主其年必有靈胎。五合者，己德在寅甲甲己一合，寅即寄甲，下倣此，乙德在申庚，丁德在亥壬，辛德在巳丙，癸德在巳戊旬遁、時遁之干上下作合者，彼此行年在天地盤作交互合者，皆是。合則不以剋賊論，然必干旺尤好。如夫年立寅，或得甲干，妻年得己，上下德合皆是。然還宜審年命上得孕產之類吉凶何如，若占孕得產局、占產得孕局者，卻為不利。及帶凶神惡煞，為婦孕不育。

歌曰：

玄胎五等詳宜忌，寅加亥上家祿利。

臨丑為敗巳病推，申辰衰絕君須記。

五行俱在長生地，為生胎，占孕漸懷生意，生子必利家而益祿。祿者，以陽干祿在四孟也。傳見今日干支之長生，與天后、與財爻併三傳中見長生、天三傳中見長生、天后、財爻便是，或見后或見財，皆可，不論婦女，必有胎孕若室女占，見長生、天后，必有私孕。然而天地盤結，占產必不順，空則吉。返吟為絕胎，占產雖易，而生子不利，以五行俱在絕地也。五行俱在病鄉為病胎，孕母多病，產子亦防不育。敗元胎者，癸未日昴星課，三傳申寅申，以長生上各見敗氣，孕時家道日敗，生子亦敗落；而申逢空衝，占產卻易。衰元胎者，乙未日昴星課，三傳亥寅巳，以長生各加衰地，孕時家計日衰，生子亦衰弱；而傳入空脫，占產亦易。此五等也，合之伏吟元胎，卻有六等。伏吟者，藏伏呻吟之象，占孕不安。剛日干上發傳，主子不安；柔日支上發傳，主母不安。然傳中或有破害刑衝，或有德合祿馬，凶中有吉，吉中有凶，利孕利產，未可槩推，須在日辰旺相有氣，更合年命上而決（伏反吟凡事阻，須在刑衝有力，與丁馬魁罡見于日辰年命則利產，占孕卻宜德合，靜守旺神為吉）。

課名四絕、無祿、絕嗣，主無孕。

《尋源》云：日上神吉則男佳，辰上吉則女正。

《尋源》大局以空脫衝為易產，合而不刑、不空、不衝為難產。

又云：發用血支、血忌衝動浴盆而無水者，勾陳乘子孫爻者，產緩而難。

《大全》云：干上作胎神，發用落空，名損胎格，即乘生氣，後必損孕。又損孕格，大致相同，亦因胎神落空受剋，占產當日便生，占孕必損。

互胎格，乃干上為支胎神，支上為干胎神，又作夫婦之年命，必妻懷孕，不必尋生氣妻財也。

憂子格，乃死氣剋六合，產憂子。

憂母格，乃天后被死氣剋，產憂母。

子戀母腹格，乃干加支、支加干而互生者，利孕不利產。

外有支加干而剋干者，產速，不剋亦產。蓋支為母，俯首已見其子也。

母年命上見月厭同死氣並者，產凶。或生氣月厭並者，產必速。

腹胎格，以丑為腹，腹見胎神，來意妻必孕。

腹空格，天盤丑空也，產速，孕必損。

閉口課，占胎產定是啞兒。

《雜摘》云：孕欲合而安和，產欲絕而產速。

又凡占產，以下剋上為逆，上剋下為順。

又云：旬癸發用，乘丁及太陰、生氣、月厭，為雙生之象，而又防驚恐，蓋癸象雙生也。

小產法，如母年命上衝破胎神，即是生炁，亦必小產，極驗。

看法

占孕之有無看子孫爻（即傷官）或官鬼爻兼看六合太衝登明神后乾坤六子之陰陽神旺相比和干支及夫妻年命神否

凡先看孕之有無，次審產之遲速（此法見後各條）。有無者，子孫爻是也。或男取剋干為嗣（妻所生也），女取傷官為嗣（即干之傷官）。餘如六合太衝登明神后及乾坤六子（見後），其陰神陽神在七處，旺相比和干支及夫妻年命者，有。然後再察其胎神，干胎作妻財生氣者，必孕；支之胎乘生氣不必作妻財，亦孕。胎臨干支年命尤好。又妻財乘生氣，不必作胎神亦可用（然要以胎神為主）。

看胎神作妻財乘生炁或日支之胎神乘生炁或妻財雖不作胎神乘生炁

見上條。

重看胎神藏現

胎旺方有，胎亦宜現而不宜藏，不現則尋其地盤藏處，上得生旺神方許有。再于課傳外尋其胎落何地盤，以占吉凶。若不逢生旺神，主其年有喜，更以年命占之。

大約藏現都該在日辰年命上下方的，亦宜陰陽藏現皆在傳課，則應速。命作胎，尤不如年作胎也。

看孕產宜忌吉凶諸法

如見胎與干支之衰病死墓並死神死氣蛇虎喪吊等，與干支年命刑衝破敗剋害絕空者，孕產皆不利。

若胎鬼乘死氣，或胎財乘死氣，皆主傷胎。又或夫妻年命上衝剋胎神者，縱作生氣，亦必小產，有救還可。要之，胎與生養神，遇七處有衝破之類，占孕卻不利，見血支血忌尤的。

胎鬼乘死炁，遇衝剋即墮胎，不須年命上也。空則為鬼胎，但衝猶無妨。尤忌帶剋，剋則傷胎，衝則破胎而為小產。縱臨產，亦利衝不利剋。然胎旺則不畏，惟忌衝剋神旺耳。

歌曰：

懷胎凶吉古今難，全憑落處地盤看。

生旺比和吉可知，刑害剋絕凶立驗。

凡孕產看胎神落處，如地盤為胎之生旺比和者，產吉而孕更吉。如地盤為胎之刑害剋絕者，孕凶而產亦凶（占產遇絕亦凶，恐未當。自記）。且刑衝合害之類，其中皆有生剋，生胎者猶輕，剋胎者尤重。或胎臨本日干支受剋絕，占產速，占孕危。若受他處剋絕，孕產俱畏，吉凶還視七處而決（胎神上之吉凶事因，以天官詳之。但吉凶在上神生剋，則詳上神之天官。吉凶在下神生剋，則詳下神之天官。蓋下神在天盤上，固自有所乘之天官也。）

卯為手，戌為足（茲不過舉卯戌以見例耳，宜觸類而推）。卯加戌，手上而足下，生兒為逆；戌加卯，足上而手下，生兒為順。蓋巳為天頭，戌為地足。卯加戌上，即戌加巳，故逆也；戌加卯上，即巳加戌，故順也。課傳年命上逢之主此，然須兼看卦體順逆，並神將吉凶為應。上所云云，以課言則然，若傳以初為頭，中為腹，末為足，是頭宜先出，足宜後出也。如卯加戌者，即戌加巳上之課。然卯戌既為逆，而戌巳當為順，其傳先巳而後戌卯者亦順也。戌加卯者，即巳加戌上之課。然戌卯既為順，而巳戌當為逆，其傳先戌而後巳卯者，亦為逆也。

胎坐胎之長生方利孕，而逢空落空卻利產。

羅網（日辰前一位，非旺神是也）、干支墓，逢之孕產皆不利。蛇為小兒而夾墓，亦然。又月厭同天后支忌，或同生氣加母年命，利產不利孕。同死氣凶，以見刑衝破害剋絕為應。已上凶神，若年命上神衝破無妨。

貴逆及逆茹、逆間之類，則產難，若末傳入空脫猶可。貴順及順茹、順間之類，則產易，若末傳入生合不利。

魁度天門，乃產門不利而阻塞，孕猶不妨。貴登天門，神藏煞沒，孕產皆吉。二格以入七處作孕產類神為的。

又見看干為子支為母條。

又見看六合為子、天后為母條。

占孕總法看諸類神

占孕與占產不同。占孕，宜上下見胎之養神長生，或干支之養神長生，並貴德祿財印合（不用馬，以其動也。自記）。及青龍六合生炁天喜大吉子孫爻（此解見第一條）等，不空不戰，得天時地利，更陰陽神比和無傷，則孕有；兼與干支年命比和無傷，則孕安。帶吉官尤吉，生子必旺家。最忌死炁。天喜龍合亦為喜神，大吉為腹，此皆孕之類神。

《雜摘》云：螣蛇乘生氣，或發用為子孫者，必主孕，以蛇為小兒也。

子午乘龍，家有孕婦。

占產總法看諸類神

占產，宜胎神上下見胎之絕沐冠臨帝，並丁馬魁罡劫煞血支血忌白虎浴盆等，及乘空落空、內外戰者，乃為產候，卻不忌之。浴盆墮水（四季之季神為浴盆，于地盤上見此煞乘亥子水，天盤上見此煞乘元后水，為墮水），占病凶而占產吉。以上皆產之類神。

看干為子支為母

支有定體象母，干為寄體象子。如干支相加而生合者，為子戀母腹，不利產而利孕。或加干而刑剋者，不利孕而利產。其餘干支上下乘神，俱分孕產而推如前例，但吉凶于干者應子，吉凶于支者應母。若干支相較，則子母又互有損益，而吉凶要皆以年命取應為的。

孕產者，子母相依為命也。故干子支母，以不相傷為吉。全傷則子母皆凶，傷干損子，傷支損母。或干神傷支，因子傷母；支神傷干，因母損子。更各看有救無救，如干傷則視胎及子孫爻，並支上為救；支傷則視母年命及干上為救。而妻子之吉凶，還以夫年命決之。

最忌內外戰，並須看天盤上干支神，若有內外戰，取納音為救。餘有來剋賊者，則論生剋多寡也。

看六合為子天后為母

干子支母外，又兼看六合為子，天后為母。亦俯仰視其上下，如上例而推。

六合天后乘死炁，又被剋制者，凶。如六合乘申酉（金剋木），后乘辰戌丑未（土剋水），此受天盤上剋制也。或乘神受地盤剋制，亦是。二者俱以受下剋制為凶，此即內戰也，須納音為救。

若卯（即六合）子（即天后）入課傳，亦忌內外戰。至于地盤子卯，亦防外戰。

一云：天罡凶神作后加婦年，必墮胎，蓋壬癸日得之為干鬼也。若六合作支鬼，亦當損母，須察之。

總看三傳決孕產

母傳子利產，子傳母利孕。貴傳順利產，貴傳逆利孕。傳脫空利產，傳生合利孕。墓傳生旺利產，生旺傳墓利孕。以上占孕得產局，占產得孕局，相反則不利。吉凶之候，以初中末為應。

從革多凶，潤下產易，曲直和緩，炎上產難，稼穡遲滯。要之，傳進利孕，傳退利產。

總看三傳干支年命

干支猶產門，或夾定三傳凡夾傳不拘事類，被他捉牢做的樣子，吉事則吉，凶事則凶，故占孕吉而占產凶也。然胎神子孫爻等不入傳猶可。或別有病阻，從其上中下之旺者，言其凶狀可也，或初與末六合，則氣塞于中，子母俱不可保。如母之年命透出干支前後卻在三傳前後，不被干支夾定者是，可免母凶，子爻透出免子三傳內無子母爻，亦為透出，視其傳之進透出、退透出者是何類而言之，此為夾不住格。又有夾傳前後虛一位者，勢稍寬緩，虛母則母免凶，虛子則子免凶，尤忌年命填實。

大凡逢夾傳，須衝神旺相盛多為救。

又有干支拱定胎神子孫爻者，亦利孕不利產。若初末引從干支及胎神子孫爻者，孕產皆利。

看三傳初為孕中為腹末為產兼及胎神

有無遲速，決於八占。占不逢時，惟用是責。法仍分孕產如前例。

凡孕產類神，得氣無傷，且現于初，則有而速；現于中，則有而緩；現于末，則有而遲。若傳歸干支門戶上，反以有而速斷。更參旺相休囚死而決。定法雖如此，然象當變通。初為孕，中為腹，末為產，如胎產神入傳，占孕宜以在初中為安，在末為危；占產，宜以在末為易，在初中為難。又胎臨孟遠，仲中，季近。

看受胎期

先看孕之有無，及有子嗣與否，然後定胎期，並須看當年遠近應之。

夫受胎之期，專看妻年上神為準。如胎神子，年上午，午生于寅，寅加申，即主庚辛或申酉年壬癸、亥子月時受胎。蓋與胎氣相接續，故不復求亥申之所加為日時也。若胎神卯，當再推亥加巳為丙丁巳午月，申加寅為甲乙寅卯日，巳加亥為壬癸亥子時，方與胎氣接續受生。其產期，以年上午中己土生酉推去此句未詳，酉加卯為正二寅卯月生也。

寅卯辰巳
丑　　午
子　　未
亥戌酉申

故以妻年上神之長生加處為年，餘則以受孕月筭至生產月，卻十箇月也。

然須課體吉者方的，否則活變斷之。

恐上法難明，茲復申明其說。歌曰：

受胎之期長生看，妻年上神此處算。

月歸生年日歸月，時又歸日再一玩。

凡占孕產，未知月數，則應候難測，故首以妻年上神算當謂以妻年上神之長生所落地盤為孕年。自記。若上得孕產類神孕年尚是泛指四年，如上所云庚申、辛酉年是。孕產類神，則其年當有孕矣，於是可用逆而遞推三位之法，此句得毋作此解乎？自註，便遞推前當以逆為前，以前者已先見，而自年月日數之則必退轉，故為逆也。自註三位落處，是孕之月日時。

而遞推後當以順為後，觀上條小註便明。自註三位落處，是產之月日時。其遞推孕月日時之法，如年當指妻之行年上乘木，木生于亥子木長生本在亥，亥是水，可兼子水言之，觀前壬癸亥子等並舉便知。自註，落加也寅卯辰或寅或卯地盤或辰地也，即正二三為孕月。再看亥子水生于申酉水長生在申，落子午卯酉地，癸即子丁即午乙即卯辛即酉即為孕日《大全》云：惟孕日用干，數至此位是子，係是癸，丑是己，寅是甲，卯是乙，辰是戊，巳是丙，午是丁，未是己，申是庚，酉是辛，戌是戊，亥是壬。落丑未辰戌亦然癸寄丑，丁寄未，乙寄辰，辛寄戌。但季月土旺，用戊己日，再看申酉金生于巳午，落亥子丑地，即亥子丑為孕時《般若》註又云：若非伏吟，當以所臨地盤斷之。如子為胎，妻年上卻見午，午不能生子，須申酉或庚辛年，巳午或丙丁月（月火生年金。自記），甲乙寅卯日（日木生月火。自記），壬癸亥子時（時水生日木，自記）。其產之月日時倣此《般若》註云：孕產以長生筭日月時，當從其旺者為生期，不旺則從其本屬旺相之令為生期。如午為胎，妻年上見木，木生于亥子，七月占，亥子旺臨寅卯，為正二月受生也。又如酉為胎，妻年上見木，木不能生酉，須待酉生于巳午或丙丁年方好，于木臨處為生月。若秋占，木不旺，則以冬令木相為期也。又云：或曰不管胎神，只以妻年上神之長生為生年筭起。似太泥，而較前說為活。然若自孕而筭至產，月數僅得其七，而日時又皆有印定，殊非造化推遷之理，則占斷自當變通。蓋孕乃先天靜體，而產乃後天動用，還須憑課傳及七處孕產之局生剋衝合何如，而產之月日時隨宜增減言之，于理方為圓妙。

看產期

三傳無剋名別責，有剋號蕪淫。內有傳不離課者，卻為循環格，縱孕產足月，防形體有盈缺不正，照陰陽不備而合三傳推之。若干支傳成三合者，不作不備論，防孕產過期也（以三合六合主遲緩，得月令衝開方好），大要利孕不利產者。餘則不備，未能足月。

歌曰：

欲識產期何者善，勝光所臨最為便。

又有衝胎一法看，女命納音衝處驗。

產期先從婦年上推其孕月，而後七事中推其產月，月定則日時已可得而理矣。以天上午臨孟仲季月取應最捷（蓋子午主易氣，陰陽始生之路，故取勝光之加處為應）。或入課傳，勿泥地盤言之。

又妻本命納音之胎神衝破之日，尤驗。如本命甲子乙丑納音金，金胎在卯，值酉衝午破，即應其日。以納音胎入課傳者的。

又歌曰：生養之下究產期，胎乘鬼死墮胎推。凡衝胎及刑胎、破胎、害胎皆可用，而自胎而後，為養為生，故取日之生養，或胎之生養，或子孫爻之生養，更得天喜臨之，乃四季養神尤妙，以其下為候。如逢衝破神，即以衝破神為候。其餘見上條（此亦必生養神入課傳者用之）。

看男女諸法

男女之應，用上剋下，男，上強下弱者的；用下賊上，女，下強上弱者的。然當以年命課傳上陰陽而決。

歌曰：

婦孕申加夫命上，婦行年上一詳推。

陰神主女端可必，陽曜生男卻莫疑。

夫申者，身也，有身之謂也。婦有身而歸之夫，以加夫命，而以婦年上之陰陽別男女。或有年命同，則從行年宮中推生月看。月又同，則從生月宮中推生時看。凡占倣此。

既占以年命，又必決于課傳。蓋干母支子，故須看日上乘神，剛干陽比是男，柔干陰比是女。若剛干陰比是女，柔干陽比是男。比者，比和相生也。不比（謂剋戰）則氣不接續，宜剛日再看支上，柔日再看干上，兩處俱陽是男，俱陰是女。更視三傳決之。西北陰方，若傳合巳酉丑、申子辰局，生女；東南陽方，若傳合亥卯未、寅午戌局，生男。又二陰包陽其數奇，生男；二陽包陰其數偶，生女。三陽男，三陰女。用上剋下男，下賊上女，旺相者的。然又須知純陽反陰生女，純陰反陽生男。惟六陽數足生男，六陰數足生女，此為乾坤不變之象。

日上神陰陽俱不比，則視辰上比者以決之，日辰上俱陰俱陽之類是也（即上所云云）。然或又不比，則視天罡所加。取罡者，取斗柄所指也。不論剛柔日，但七處值天罡加干之同類上，為比陽，生男；加支之同類上，為比陰，生女。加干鬼上為不比，防難產損子；加支鬼上為不比，防難產損母。加子孫上雖不比，而干生為男，忌剋支；支生為女，忌剋干。若正時加值，倣此，俱陽是男，俱陰是女。夫天罡所加，雖不論剛柔日，而總以陰陽為斷，加陽為男，加陰為女，所謂一陰一陽難定奪，還須判決用天罡。

歌曰：陰陽昴星兩課舉，陰俯是男陽仰女。昴星柔日男者，取男子之生俯而內向；剛日女者，取女子之生仰而外向。

不備之蕪淫，陽備為男，陰備為女。

歌曰：建陰為女建陽男，卦象陰陽一法參。建，月建也，舉月建以賅月將。雖以陰陽分男女，還當參卦象而變易言之。陰勝者從陰言，陽勝者從陽言。五行均則從勝，不均則從多。當令者勝，類多者旺。如子屬坎為中男，酉屬兌為少女，此陰與陽之不變者。若午屬離為中女，乃陽變陰；卯屬震為長男，乃陰變陽也。餘則丑寅屬艮為少男，戌亥屬干為父。丑寅或戌亥並見者男，或單見寅、單見戌者男，單見丑、單見亥則不然矣。辰巳屬巽為長女，未申屬坤為母。辰巳或未申並見者女，或單見巳、單見未則不然矣。此陰陽之有變有不變者，占產皆如此論。而於雙生視干支兩胎者，亦然。或七處不見兩胎，仍以課傳年命上消息之。倣此。

《尋源》則云：男女之占，其法甚多，以理推之，悉皆虛謬。惟以孕婦行年上決之，斯為的確。年上神是陽，則孕男；年上神是陰，則孕女。如視課傳上有二說：課傳四上剋下者男，四下賊上者女；六陰者男陰極生陽，六陽者女。明白簡易，莫過於此無乃太簡，姑備一說。自記。

占雙生看月將月建干支夫婦年命及巳亥等

歌曰：重逢建將是雙胎，男女陰陽再思索。凡年命課傳上重逢建將者，雙生，如八專伏吟是。大凡干支傳中及夫妻年命並臨疊見者，皆為重逢，須建將作胎財生氣或子孫爻之類為的。又亥為雙魚，巳為雙女。亥臨陰宮為用，上作陰神，主生雙女。巳臨陽宮為用，上作陽神，主生雙男。巳亥作建將準應。

歌云：男女雙生何處斷，干支胎位兩重探。說見看男女諸法中論雙生。

看所孕何胎

歌曰：

胎逢偏鬼及元神，種子私娠斷卻靈。

天乙發傳名富貴，可知兒是石麒麟。

胎作妻財者，止戊己胎在子、庚辛胎在卯、壬癸胎在午為妻財，而亦有偏正。其戊己胎在午，卻是印而非妻財。至若甲乙胎在酉，丙丁胎在子，乃官鬼也。偏鬼者，乙胎在酉，丁胎在子，必婢妾等有孕。胎乘元武，必是私孕。又云：偏鬼者，作兩項解。言偏財與官鬼作胎神（又胎上遁干亦別，旺則照六親生旺墓而占。至于胎神無論藏現，須究其在天盤乘何天官決之）也，非妻妾之姊妹，亦是偏室等孕也。蓋偏財為妾婢，若妻妾占，當云姊妹耳。偏官非夫壻，若夫占當云兄弟之妻妾有孕，或妻占則云伯叔妯娌有孕耳。若正官自是夫，與夫見妻財作胎同例。然偏財偏官，亦宜詳其內外遠近親疎，照六親推之。

且男取剋干為子，則官鬼即子孫，但偏則或屬兄弟嫂婦及姊妹等孕。

胎神及子孫爻之類，乘天乙發用為富貴課。更得太陽，必產麟兒。

如臨干為子孫爻上發用亦是。

看胎神子孫之類占是第幾胎

凡胎神及子孫爻之類入傳，以初中末象分三索，與乾坤六子及孟仲季而合參之，便知為第幾胎，並前後存亡吉凶也。

看丁

《雜摘》云：或丁乘胎，或丁衝胎，主產速。

類神

占孕吉類神：胎之陽神　胎之長生　干之養神　干之長生　支之養神　支之長生　貴　德　祿　財　印　合　青龍　六合　生炁　天喜

大吉丑為腹　子孫爻

占產吉類神：胎之絕神胎之沐浴臨帝冠　丁　馬　魁　罡　劫煞　血支　血忌　白虎　浴盆

占孕產凶類神：胎與干支之衰病死墓　死神　死炁　蛇　虎（此當專為孕之凶神，否則前後矛盾。自記）　喪門　吊客　干支年命刑衝破敗剋害絕空

凡占孕產，以胎神為類神，當以為主。干為子，支為母，又六合為子，天后為母。以螣蛇為小兒，以午為血光。《經緯》云：以青龍為孕產喜，以盜煞為孕為產，以養煞為產，以天空為產。

諸煞

生炁　死炁

死神：正巳順十二　天喜：春戌夏丑秋辰冬未

喜神：甲己日在寅，乙庚在戌，丙辛申，丁壬在午，戊癸辰。

丁　二馬

魁罡　劫煞

血支：正起丑順　血忌：正起丑，單月順行雙月衝。

白虎　　　　　　　浴盆：四季之季神

月厭：正起戌逆十二　　天月德

解神：正起申申戌戌子子寅寅辰辰午午（蓋正起申，重一字隔一位順行。）

胎神：十二長生中之胎神　　病符：太歲後一位

死符：甲歲起申申亥亥寅寅巳巳辰辰

兒煞：正起亥順十二，主小兒災。

詞訟占

總論

先看勾為詞訟類神，訟之曲直，罪之輕重，皆以勾神決之，勾陰尤為緊要。又看朱雀為文詞類神，再看貴人為勘官，俱詳看法。

《雜摘》云：青龍刑剋為棒杖，六合刑剋為枷鎖，丑為杻械，巳為曲腳（丑取諧聲，巳取象形。自記），午為血光，亥為繩，亥卯未為長枷煞，辰戌為獄，朱雀為詞狀，勾為訟之主，天空為獄卒，天后為恩赦之神。官鬼須分，官是問官，鬼是對頭。

凡類皆有生旺墓，詞看文書爻之生旺墓，訟看官鬼爻之生旺墓，云云。見看法中看三傳。

論將逆、傳逆、逆間，亦見看三傳。

罡塞鬼戶，縱見鬼不作凶論。然或作干支凶神，卻反可畏。

循環周徧，主詞訟難解。

太陰上卦，宜首罪。

課體格局，乃示人以吉凶大象，不可忽之。

家人論尊卑，日為尊為客，辰為卑為主。外人論先後，日為先起，辰為對者。准此，而彼此生尅勝負可推。

《雜摘》云：訟方起，責朱雀；獄已具，責勾陳。

從革，反覆更改。炎上，有始無終。潤下，遲滯。重審，復訊再問。登三天，訟入朝廷。涉三淵，罪累淹滯。遊子帶尅刑，主流配。連茹，牽不了。出全上

又云：如訟無對頭，當以日為官，辰為己。

又云：貴勾朱虎同傳，財化鬼，訟費繁。

武乘寅，主奸胥匿文書，改字義。
又云：歲日月三處見刑，極凶，主棄市。
又云：凡天后、太陰、六合入課傳，主通關節，屬託解救。
又云：虎乘死炁入傳，勾陳、死炁、羊刃剋日，事干人命。勾並劫、刃、大煞、忌、支入傳，毆鬥有傷。龍合太常剋日，喜事成訟，酒食成非。伏吟，事難了結，吉亦凶，為刑多也，凶則尤甚，罪重。返吟，主反覆，辰戌日更凶，雖空不解（出《雜摘》）。
又云：劫煞、災煞、天煞，占訟逢之大凶。
脫空格，占訟費而不直。
末助初，見看三傳。
《大全》云：歲破作鬼，臨支剋支，主訟災。
《尋源》云：決大疑重獄，而欲得囚之真情者，則以日為己，辰為囚。坐己于制囚之方，則彼當吐實。若日辰上見天空，囚忍楚不洩。
末助初剋干，末為唆訟之人。或以末傳本神，或以乘末傳之神，詳其何類、何形、何姓、何屬言之。又抱雞不鬬格，即上課之初傳落空者。

初空則無意剋我，末徒助之，故有此喻。又旺做惡人格，乃末空不能助初，其唆訟人亦必自敗露。

看法

先看勾陳為類神

訟之直曲，罪之輕重，皆以勾決之。勾主勾連，失地則興鬥訟。勾剋日，訟難明。日剋勾，訟得伸。勾生日，尤吉。其乘神即為類神，作生旺德合財祿，下臨四吉地及貴德祿財印合，則吉。此欲其不戰有氣，若反此，則類神凶，轉欲其戰而無氣。更日辰旺相有氣，宜投書獻狀。此則俯察地利也，而又須仰觀陰神。凡陽吉者，陰助益吉，陰制之則吉不終。陽凶者，陰助益凶，陰制之則凶不終。然須看其吉凶于日辰者何如。陰神刑衝剋害日辰及日辰上，更附蛇雀虎作日鬼，又帶煞，則凶尤甚。陰神生旺德合日辰及日辰上，更帶貴祿馬，吉不可言。欲知事因，視類陰上天官。

勾乘木或遁木，謂之勾陳帶木，主用刑人執杖。木兼官將神之旬遁元遁言。勾為公訟，亦為差吏，庭訊時犯此，必遭責。

勾陰陽生比日干，主上人為之昭雪。

午臨辰為雀投勾，主事情重大。見下看朱雀條。

《雜摘》云：勾主勾連，生日易結，日生之難結，與日辰同類，主久繫及移囚禁。勾剋日，主血光。

又云：勾乘神剋被繫入獄之日，則不容分辯；勾被日所剋，則可分辨。或不記所繫之日，則以今日日上神論之。

又如壬癸日被係，勾乘亥子，主久禁即上所謂與日辰同類主久係者也。自記。又勾陰作貴人，與干生合者，吉，終得貴人力。若陰落空，則無凶也。

又云：勾為訟之主，怕剋日辰年命。勾陰最為緊要，化吉化凶、輕重解散，全係此，此為要訣。

次看朱雀為詞狀類神

雀主文書口舌，其乘神即詞狀類神。作日辰之生旺德合財祿，及下臨四吉地、貴德祿馬財印合，不戰順治，則文書有氣。作日辰之刑衝破害剋墓，及下臨八凶地、刑衝破害，戰而逆治，則文書無氣。尤忌旺相披刑帶煞剋日辰，必遭刑責。且如詞達朝廷，宜與歲比和；達臺省，宜與月將比和；達州司道，宜與月建天罡比和；達府縣，宜與父母爻比和。比和喜，不比和憂，此視雀之陽神也，而又須視陰神，如前看勾陰法。要以生合干支神者，雖凶不凶；刑剋干支神者，雖吉不吉。吉凶事因，視類陰上天官。

墓作朱雀，亦忌。

雀陰陽神生比干支，必得上人為之昭雪。生干者，原告吉。生支者，被告吉。倣此。

午臨辰為雀投勾，申臨午為虎投雀，事情重大，以凶神相併也。蓋雀為文書而入鬬訟之神，虎為殺伐而帶血光之神，故凶。夫雀臨辰猶相生，申臨午則相剋，剋則宜虎受制不為凶，所謂虎入巳午，爪牙退縮也。縱得陰神生助，凶亦當減。然或納音救，或金旺火衰，或土旺，亦能為凶。

雀為歲月建月將及日辰相生比則吉，與歲月建月將及貴人相剋制不利。雀臨日辰年命剋歲，更凶，訟達朝廷，罪必至死。若午為真朱雀，申酉歲占，尤的。

《雜摘》云：入詞而雀空無氣，先訟者不利。

又云：朱雀作閉口，枉屈難伸。

又見看決罪。

看貴人為勘官類神兼看官鬼

詞訟達何處，雖各有其類（如上看朱雀中達朝廷等云云），但決斷全憑乎官鬼，而喜怒總主乎貴人。如府縣詞訟，視父母帶官鬼，或陰神作官鬼，或父母爻剋制日辰年命上，訟必屈。更貴人逆而怒，則用刑矣。反此而生助日辰年命上，訟必伸。更貴人順而喜，則用德矣。

凡鬼立干支之三六合及刑衝破害地，為來路，否則與身宅無與也。餘神倣此。

凡七處晝夜貴皆見，宜求兩貴決事。如干支上見貴，又與年命併，則所干當不止兩貴。若兩貴受剋，不利。干貴，晝占勿剋陽貴，夜占勿剋陰貴，空害亦不利。或遙剋卦，貴受傷，否則課傳中貴被剋害，或年命制貴，或丑上凶，將剋丑，皆主貴怒。晝夜乘空落空及乘天空，貴不理事，或出衙。晝貴臨夜地，夜貴臨晝地，乃各違其志，故蹉跎失誤。

又貴臨貴位，乃宜官見官。夜貴加晝貴上，只宜暗求關節。然課傳俱貴，轉無依傍，事不歸一，訟經幾處，難有了局。凡晝用夜貴，夜用晝貴，名拙目煞，主貴人拙目專視，反坐罪累。日貴在夜，開眼作暗；夜貴在日，自暗而明。凡貴臨子午為關格，主不通。臨卯酉為杌隉，主不安，不安如遷移之類。臨辰戌為入獄，為受賄，宜陰託。惟已入禁者，要貴臨辰戌，為履獄錄囚，主恩赦。臨巳亥為反覆，臨亥本為立天門，此專以貴怒言。臨寅為塞鬼戶，訟漸罷。臨丑為歸家，不理事。夜得晝，晝得夜，為閒貴人。貴在干前，事不宜迫，迫則貴怒；貴在干後，事不宜緩，緩則誤事。又雀神宜與貴生比，忌相剋制。亦忌墓作貴人。

凡貴順則利，逆則阻。

勝負決于官鬼，無官鬼，卒無了結。

干課上得官鬼，不利客。支課上得官鬼，不利主。欲知事因，以官鬼所乘天官推。若干支俱有剋，則以衰旺多寡決勝負。或用傳剋干支上神，及干支上下交互剋賊，縱非官鬼，亦作官鬼斷。如干支上子孫爻被父母剋，必為父母而子孫屈。父母爻被妻財剋，必為妻財而父母屈。妻財爻被兄弟剋，必為兄弟而妻財屈。諸宜隨類而擴充之。夫父母剋子孫為尊剋卑，妻財剋父母為卑剋尊，然旺神受剋無妨。又或帶遁干反剋其鬼，如兄弟剋妻財，為同類相傷，而妻財卻帶遁干旺神，反剋兄弟，其兄弟上遁干卻不旺而受剋也。然衰旺兼官將神看，不專以月將論也。官將神各有干支，生比月將者為旺，剋制月將者為衰。干支須看見生不生，仍不濟事。

救神要旺，生神亦然。然坐地盤長生，不能生救。惟坐他處，建干生之，或同類助之，或其陰神見長生，皆為旺也。鬼不要旺，宜剋不宜生助。而坐地盤長生，卻亦制鬼不來剋。若長生得旺建剋鬼，而鬼上旺建卻生鬼，則鬼終不滅，不過去長生而仍就有剋處耳。剋處者，鬼貪剋為財也。或長生上逢旺干剋去，剋神尚是鬼之財，彼猶戀戀不捨。惟鬼上干自帶剋，乃不敢貪財，故干旺不論鬼也。夫財旺則生官鬼，未嘗不畏剋，故財旺於鬼，鬼亦畏之。財多身弱，理一而已。

分論官鬼二字

《雜摘》云：凡課中官鬼須分別。官是問官，課見官，是官不容情；

鬼是對頭，課見鬼，是衰旺由此而吉凶分焉。

又見下看子孫制官鬼、父母化官鬼條。

鬼空無制，極凶。

貴乘寅、或臨寅，為塞鬼戶，罡加寅亦是，乃鬼門杜塞，縱見鬼不作凶論，一任謀為而殃漸退。然罡貴或作干支凶神，卻反可畏。

《畢法》曰：害貴訟直作曲斷。

《尋源》云：貴空，案不結。

看子孫制官鬼父母化官鬼

歌曰：子孫制鬼患有救，父母化官禍無傷。或日辰上見官鬼，年命上見子孫制之；或年命上見官鬼，日辰上見子孫制之，為患門有救。須看見救不救，仍是無益；而見鬼不鬼，亦即無妨。或無制官鬼者，則看日辰年命上見父母，則化官鬼為生助，乃轉禍為福。對頭不肯歇，官鬼有制，有救解。若傳年生官鬼，更凶。

分看干為原告支為被告兼看陰課

干尊而支卑，此定理而不論原被者也。惟出服及平等人，則干為原告，支為被告。至若卑不敵尊，理無對訟，及事關重大之類，只以干為占者之身，亦不論原被。

原被不可太拘。干課發傳去剋支，是我為原告；若支課發傳來剋干，是人為原告。縱不云原告，亦知勝負所在。

更看發用剋賊，以知其利上利下之類。上剋下，利先；下賊上，利後。今如干課發傳剋支，畢竟下賊上用，不宜為原告者也。然又須看類神之上下何如。我上而彼下，我受他剋矣；彼上而我下，他受我剋矣，卻為原告不妨。若平等人不相上下者，以下賊上利後動為是，倘我為原告，恐未必利。

發傳除作支鬼外，若生他、脫他、比他皆主和而言之。最忌反為我鬼，是理先不直，自作自受，較之支上作鬼更凶。值此，切莫作原告。

干支作原被兩告之象，然須審來人是代占者，兼看原被之類神，及來人之類神，有關生剋吉凶者也。

凡第四課發用，年命空亡，多主為人占。此則六爻現卦防其剋，如三傳作干之財，見干之印則有傷，防父母災，或云防長上有災，是不宜于子孫占事也。餘倣此照課而論之，但云代占者亦主此。若自占，不災長上，亦傷生計。

凡干支上下要得四吉地及德合子孫為吉，若見劫則耗財，見財則生官，見官則傷身，更加八凶地及刑衝破害為凶，此各視干支之上下者也。若干支兩處並較，則以上下交相生合者和，生合而帶刑衝破害之類者不和。然而勝負決于官鬼，無官鬼卒無了決。欲知吉凶事因，視干支上神所乘之天官。

日辰陰課，乃干支之輔助，亦即彼我之懷私心腹，而喜怒係焉。與日辰上神互相生旺比合，則輔助得力而心腹可憑，懷私罔疚，否則切己之憂。蓋日辰為上神所制，及日辰上為其陰神所制，皆為有傷，傷則畏懼矣。日辰旺相猶可，休囚則理屈氣餒矣。欲知事因，視日辰陰神上所乘之天官。

又可與看三傳數條參看。

又見看貴人為勘官條。

看發用

見看干看支有四條。

用上剋下，利客，利先起；用下賊上，利主，利後應。

凡關尊卑名分者，只以日為尊，辰為卑，不論先後。若疎遠，則先動視日為客，後應視辰為主。又必兼視發用，如干上發用，得上剋下，利原告尊長，得下賊上不利；支上發用，得下賊上，利被告卑幼，得上剋下不利。然須看剋賊者是干支何類，受剋賊者是干支何類，其利不利，又各不相同也。而主客相爭之曲直，即以此推，皆隨時令衰旺言之。欲知親疎遠近，發用與日辰比者為親近，不比為疎遠；孟仲為親近，季為疎遠；六合為親近，三合為疎遠；年命為親近，三傳為疎遠；生旺上為親近，墓上為疎遠；日上為疎遠，辰上為親近。而類屬仍兼干支上決之。

凡上剋，看剋神主事；下賊，看賊神主事。假令甲子日占，甲為原告，下賊上用。如下神是甲之妻財子孫，為卑幼賊上，為不利尊長也。如其下神是甲之父母官鬼，為尊長賊上，亦不利尊長也。然卑幼受剋，卻不利卑幼，但尊長亦不宜先動耳。其下神是甲為兄，亦以尊長論；乙為弟，亦以卑幼論。子支為被告，以支之六親論，倣此，兄弟亦以同等論。

剋賊從支神，而干支從衰旺而變，支旺言支，干旺言干。如地神甲申乙酉，木旺以木言，木入金宮，事起口舌也。再看其地神在天盤上得天官以決事因，然金旺方言口舌，否則不論。

用傳剋日客輸，剋辰主輸。欲知事因，以官鬼陰神之天官推。

凡三傳日辰內戰，皆主家法不正，窩藏醜犯，以致爭競被刑。用神得此亦然，宜先看發用官將神之干支兼時遁，從其旺者言之。蓋用神為各神衰旺之本，猶一家有主家者，故凡事皆決于此。

《雜摘》云：用傳為勘官，剋日利主，剋辰利客。

又見看結案及和解條。

看三傳

天將逆治，即貴逆，有吉有凶。間傳，主間隔，亦須詳何事間隔而言吉凶。傳逆，亦有吉有凶。三者不必呆作凶一邊說。夫將逆傳逆，凡事不免退易而進難耳，而逆間尤甚。然逆者，退也，倘遇凶事退，不反凶中藏吉乎？退入吉者吉，退入凶者凶。若中傳遇吉神，或結絕衝破之神，即宜半路收兵，憑中息事，免到後患。

始終勝負，依初中末而推。如三傳始終生比者，干得之則利原告，支得之則利被告，乃始終皆吉也。反此者，始終皆凶。其始吉終凶者，只宜有頭無尾便了，利為原告而已。若始為干吉神，又為支吉神，而又不見鬼，則不成官事，私和便了。或始凶終吉，只利為被告而已。若終為兩處吉神，而又皆不見鬼，亦主私和，所謂會打官私打半場也。此等全在中間人善於調停，須審中間人是何親疏遠近貴賤邪正，能事不能事，或生比兩處，或制伏兩處。如甲子日辰本和好，一自甲上貪戌財，子上貪申生，而彼此互成蕪淫剋戰為官事。發用下賊上，以申剋支鬼而作空，便不利原告，而寅又自下生起支之空鬼，畢竟歸結寅來剋戌，訟則終凶，甲干當之矣。急宜猛省退步，半水轉船，免到後來全被脫氣也。其中間人是何六親親疏遠近貴賤邪正，以午詳之（蓋三傳戌午寅）。午火制申金而生戌土，卻坐戌空，亦不能為生剋之力。雖遁干鬼，而入火局，畢竟無用，還賴末傳寅衝申合戌而成和局。歌曰：鬼賊絕處訟了結。申絕于寅，寅上戌空，出旬了結。

又初為客，中為證，末為主。要之課為體而傳為用，體吉而用凶則受制，體凶而用吉則有救。或體用俱凶俱吉，還視年命上有制無制、有救無救以決之。如原告占視干，干吉而支制干，其體凶矣；又傳制干，而用凶矣。卻值初剋制末，支又見凶神，而年命復為干制凶神，則有救，乃轉曲為直，客勝而主負矣。被告占視支，支吉而干制支，其體凶矣；又傳制支，而用凶矣。卻末剋制初，干又見凶神，而年命又為支制凶神，或生支而化凶神，則有救，乃反屈為伸，主勝而客負矣。又或干支課皆凶，而初末生比者，解和；干支課皆吉，而初末剋制者，不和。

又如日辰兩陰神制干支，而體凶矣；更中傳制干與支，而用凶矣，必中證有離異。卻中傳比初或末，則又轉凶而為吉。不然而初制末，還年命上有救無妨。或兩陰神比干支，而體吉矣；更中傳比干與支，而用吉矣，必中證有偏向。卻中傳制初或末，則又反吉為凶，不然而比初末，還年命上無制為妙。又或中傳制干支，而與初末俱比者，乃因中證而罷息；中傳比干支，而與初末相制者，乃因中證而了決。或兩陰神與中傳，被干支初末及官貴剋制者，旁人受累；否則與干支初末及官貴生比者，旁人得力。欲知事因，凡當隨類之陰陽而擴充言之。類即兩陰課為證佐，中傳爲中證之類也。類作生合德財及刑衝剋害破脫死墓劫絕空敗，並上乘之天官以推吉凶。欲知中證係何族類，以干支之生旺墓推之。

凡類皆有生旺墓，詞看文書爻之生旺墓，訟看官鬼爻之生旺墓。生神入墓，自明投暗，事伸復屈；墓覆生神，以暗蔽明，事絕復發。旺神投墓，事成又敗；墓覆旺神，事了又興。又有生神入生神之墓者，主顛倒錯亂；生神之墓覆生者，主沈而後起。至若三傳生旺傳墓，興事復休；墓傳生旺，舊事復發。又初見墓，起事昏沈；中見墓，進退有阻；末見墓，終歸休廢。須審是何類之生旺墓而言之。墓雖凶神，而墓神或類神旺相有氣，還可。一切乘墓坐墓，得衝破則解，見刑剋減凶。若非所占之類，則但論初中末之吉凶，不須論其生旺墓也。

凡末傳休囚死墓，或干與支乘此氣者，必遭刑責。傳墓爲入禁，傳生爲出禁。關神主入禁，鑰神主出禁。

末爲歸結，故忌凶神，剋者尤甚。

三傳遞剋，爲衆人欺，或犯衆怒，及公呈之類。剋干不利客，剋支不利主。或不剋干支，而剋干支上及年命上，亦須看其剋者是干支何類，並受剋者是干支何類，而言其吉凶。於七處皆然。

三傳遞剋，有自初剋至末，有自末剋至初，當更兼遁干言之。初剋至末，以上剋下；末剋至初，以下賊上。剋順賊逆，宜與發用剋賊同例，而推原被之勝負。

《雜摘》云：丑午巳亥辰戌、血支、血忌皆不宜入傳。說見看刑責條。

末助初有三等，皆須詳末傳是干支何類屬而辨其恩仇，如助初作干支生印，必有旁人暗中扶助，或因官鬼而文書得利。還須年命制末始吉，不然，恐亦能為官鬼而凶也（制末鬼者，日辰年命上有子孫也。若子孫加官鬼，或作官鬼之陰神，或官鬼坐子孫上，非惟不能剋，亦不能生矣）。若助初作干支官鬼，尤不利于妻財事，必因此致禍。更年命自助之，乃自招其禍。若助初作干支妻財，于妻財事必得扶助。然防生官鬼為凶，或妻財反剋干支上神，必因子孫致禍。外有助初作兄弟者，以旺己身同類為吉，必因長上得庇。助初作子孫者，以制官鬼為吉，必因同類有和議。要其生剋制化，移步換影，隨機占斷可也。

末助初鬼，末為唆訟之人。見總論。

看太歲

歲作鬼賊，災禍彌深。若為貴人，即不入七處亦吉。生日辰固為恩，制鬼亦為救（以日辰分主客尊卑論）。即不能生與制，亦能為救神。課無救神，則責此。

《雜摘》云：太歲為勅旨，月為府司，日為縣官。歲生我，得理遇赦；我生歲，小事成大。歲剋我，災難解；我剋歲，罪尤重。

又云：用見歲，訟必經年。

看六合

六合，生合則為和解之神，刑傷剋害則為枷棒（棒亦有作鎖字）之神。

又見總論一條。

看青龍

龍乃變化遷動，訟主改送。剋日凶，帶煞尤甚；和日吉，帶煞尤好。遇此臨日辰年命上，作德合生旺，則逢凶化吉。

《雜摘》云：青龍刑剋為棒杖。

又云：龍乘驛，訟遍天下。

看天空

空主訟解，但有以天空為獄卒。總以剋日為凶，主入獄；與日干比和，為吉。

看白虎騰蛇

白虎遁兼官將神之旬遁、元遁言壬，謂之白虎併壬，主血光，必遭罪責《尋源》作白虎落獄，亥為天獄，壬即亥也。自記。

見看決罪一條。

虎主爭鬬口舌殺罰，旺則官事傷災，相則冤仇傷害。故投書宜虎勾無氣，尤忌同蛇刑剋，以蛇虎皆為血光殺也。陰神制之減凶，或初虎末蛇，大事化小，反此不利。或初蛇空，則蛇無頭而不行，事無頭緒。虎末，恐愈追而愈急，更末空大妙。

申加午，為虎投雀，見看朱雀為詞訟類神條。

蛇主口舌、血光、驚怪、憂疑。此神最啟釁端，夾墓尤凶，乃事小翻大，昏晦轉難明晰。

《雜摘》云：白虎為狀神，又為遞狀之人。發用，原告欲舉詞；在中傳，兩家控訴；末傳，他人訴。

看太常

《雜摘》云：太常加酉，罰贖。

看太陰

《雜摘》云：太陰為宥赦。生日有赦，自首免罪，否則陰私不明，囚者難出。

看天后

見總論一條。

后為恩赦之神，生日大吉。

又見看赦。

《雜摘》云：神后所臨方為避罪方。

看太陽

太陽能致福消災，宜明冤雪恨，然利晝不利夜。凡遇太陽臨日辰年命上，作德合生旺，則逢凶化吉。

看墓

見看三傳中二條。

看害神合神

歌曰：害合區分窺解結。害主冤仇猜忌，合主和順交親，勢正相反，故合主解而害主結也。然中有生剋刑破，生合者吉，合中防脫而已；剋合者凶，為合中犯殺。刑合破合，皆先仇後合。害中亦有生剋刑，生害者輕，害中防脫而已；剋害者重，為落井下石；刑害者尤重，惟救多有氣方解。逢自刑神為害，主有刑責。以上或支生干，干剋支，為利客；干生支，支剋干，為利主。凡合害衝破皆然，若刑，則以干刑支利客，支刑干利主，更各分神煞善惡、時令盛衰言之。又或干旺而支敗，支旺而干敗，以定主客之勝負。

看生炁

比日則吉，遇此臨日辰年命上，作德合生旺，則逢凶化吉。

看丁馬

丁為動神，見之必遭拘係。

《雜摘》云：丁馬臨干原告逃，臨支被告逃。

又云：丁馬入傳，遷改衙門。

看羊刃

刃為剛強之煞，見之必遭拘係。又對為飛刃，更甚。不見羊刃，亦不名飛刃。

看干證

見看干支及干支陰條。

中傳為證，見看三傳條。

《經緯》云：六合為中證。

《雜摘》云：占干證，干上見兄弟，原告強證，見子孫亦然。支上照推。

看官鬼決訟因何起

欲知訟因何事，以日辰三傳中剋我者（即官鬼）所乘之天官決之。如官鬼爻乘天乙，因公事起訟；乘蛇，因借貸；乘朱，因文書；乘合，因交易；乘勾，因爭田土；乘龍，因錢財；乘空，因虛詐脱賺；乘虎，因死喪人命，或鬥毆殺傷；乘常，因布帛、衣服、酒食；乘元，因偷盜；乘太陰天后，因陰私，或孝服，或婦女事。（出《雜摘》）

看刑責

見看勾陳、看朱雀、看白虎螣蛇。

又與後決罪條參看。

傳入墓為入禁，傳出生為出禁。關神主入禁，鑰神主出禁。若值伏吟，遲滯。或破碎（孟日酉，仲巳，季丑）更乘金木神，臨年命日辰者，主枷囚係。或斗罡加日辰，未禁者入禁，已禁者出禁。加孟遲，加季速。

自刑神為六害神，主有刑責。

卯為手，戌為足，相加有吊拷之刑。蓋卯加戌，必式中戌加巳，地足加天頭也；戌加卯，必式中巳加戌，天頭加地足也。然須課體凶方言此。如辛日為父占訟，卯加戌，父之手足受制也（戌土生辛金為父。自記）。占兄弟亦應此（戌即辛，故云兄弟，占自身當亦然。自記）。

卯戌為木刑，巳酉為金刑，刑剋日辰年命而旺者，為罪也。如無刑，不必言此。凡看刑，大約從日辰年命上看者居多。

曲直作鬼，為枷錮。卯加亥，先曲後直；卯加未，先直後曲。

勾主鬬爭，虎主殺伐，併剋干支，犯者遭刑。若干支剋之，罪輕或免。

《雜摘》云：青龍刑剋為杖，六合刑剋為枷鎖，太常臨辰戌亦為枷鎖。

又云：丑為杻械，巳為曲腳，午為血，亥為繩，辰戌為獄，及血支忌，皆不宜入傳。刑傷年命，犯此者罪重。

又云：巳為繩索，帶勾剋日為用。如在日位上，乃高吊也；在辰位上，乃低縛也。

又亥卯未為長枷煞，帶四絕、自刑、大煞、白虎，俱臨六處，全無救解，罪重。

占訟，凡遇刑，皆被刑責，乘凶將尤甚。惟空及天赦、皇恩可解。

看囚禁

《雜摘》云：忌魁罡、巳亥（天頭地足）、四神臨行年日上，主囚禁。末墓無衝者，亦主囚禁。自墓傳生者，出獄。

又云：勾主勾連，生日易結，日生之難結。與日辰同類，主久係及移囚禁。

又云：元武臨門戶，值昴星，必主牢獄走失。若兼刑害，主罪人亡當作死字解。自記。

又云：辰戌為獄，不宜入傳刑傷年命。

又見看丁馬。

《尋源》云：貴人履獄貴臨辰戌也，囚禁立出。

看結案及和解

《雜摘》云：用起長生，結案難；用起死墓絕及四季休囚神，易結。

若傳入生旺之鄉，亦不結。

又勾主勾連，生日易結，日生之難結。

又初空即解，太歲一年了。太歲連傳，三二年了結。若月建旺相，數月可了結。

又云：看官鬼囚死之日為結期。

又六合生合，為和解神，故云六合為和期。

又日破發用，問而不決。

又末剋初，及剋官鬼，為結期。

又官鬼墓絕之下，為結期。

又回環，結後復發。

又何官結案，如歲為天子之類。

《尋源》云：貴空，案不結。

《經緯》云：絕煞為息訟。

看決罪

五行，木主笞杖，火主血光，金主刀刃，水主流徒，土主徒禁。還當合天將所屬而決罪，所謂五行決罪明天將也。金白虎，木青龍，水元武，火螣蛇，土勾陳，不但勾帶木而虎併壬也（俱見前看白虎螣蛇）。且天將在四位中，或會成刑局，或會成合局，皆是。凡從其旺而刑剋者言之，金旺即為虎，不必見虎也，如乙酉日伏吟便是。金主改革，重亦主變遷不定，但申酉相加則然，重酉則為杜塞不通，又與干上合尤凶。所謂旺者，時令旺之外，又有生多為旺，類多為旺。合七處，則以發用三傳為旺之本；分七處，則各以官將神四位為旺也。蓋就一神言，而一神有衰旺者，官將為之也，即四位為之也。

馬載虎鬼格，凶尤速而遠。以虎為道路神，又為傳送象，馬又來往無定，故云。事必自遠方得罪，或得罪于遠方，如配戍之類。自遠方得罪者，別處事情發覺勾連也。以馬之陰陽神詳其新舊得罪情，然須剋我者為受罪（當謂受鬼之罪。自記），以受罪神（宜指日鬼。自記）旺為現在，為已身現在得罪，相為將來，休已過，囚死未來。

戍臨四孟，為謫戍。

酉巳戌配字，合而發用，為徒。然大約從日辰年命上看者居多。

大凡決罪，當察刑神，取刑罰之義，有天刑、干刑、支刑。天刑者，金剛火強，葉落歸根，水流就末，乃四時五行肅物之大煞，雖空亦忌，即衰謝之刑也。干刑者，甲日逢申，乙逢酉，丙子、丁亥、戊寅、己卯、庚午、辛巳、壬戌、癸未是也，干刑應在外速。支刑者，辰午酉亥為自刑，子卯無禮刑，寅巳申無恩刑，丑戌未為恃勢刑也。七處見刑剋主此，而以日辰年命為要。歲刑月刑，罪關重大。若刑歲月，憂家長。又刑月建不可訟，刑時憂陰小（日辰年命作歲月時即是）。要之刑剋，皆不外於五行，還合天將所屬而決。

《雜摘》云：遊子帶刑剋，主流配。

又云：凡進狀，切忌雀帶凶神，剋日辰年命，恐成罪。

又凡言刑者，以本日三合中之自刑為最要。用起本日自刑，更剋日干年命，必犯刑罪。又干刑上見發用，或在課傳干上，更剋日辰年命，斷其必犯重刑。

又云：官星帶刑，來剋日辰年命者，亦犯刑名。如甲以辛為官，乙以庚為官，丙以癸為官，壬以己為官、丑未為偏官，癸以戊為官之類。

又支刑亦是刑，較上為輕。

又云：歲、日、月三處見刑，極凶，主棄市。

又見看刑責一條。

又云：伏吟卦又見凶象，則罪重。

《尋源》云：與日辰比肩，主不決，視日刑而定罪。其法以寅午戌日見午為正刑，巳酉丑日見酉為正刑，申子辰日見辰為正刑，亥卯未日見亥為正刑。如遇一刑，見笞罪；二刑，見大辟。又午為火刑，酉為金刑，辰為水刑，亥為木刑，亦當消息之。

看赦

四季天赦，春戊寅、夏甲午之類。其干（即指戊與甲等干）則旬遁、元遁皆是。

又皇恩大赦、皇恩、皇書、天詔、天解、地解、解神，皆可用作赦罪之煞。

天后乘歲，加臨日辰門戶發用，主恩赦之詔立至。如不臨門戶，但臨日辰三傳者，遲緩。

類神

干：論外人對訟，干為原告。論尊卑對訟，干為尊長。

支：論外人對訟，支為被告。論尊卑對訟。支為卑幼。

干支兩陰課：為證佐，亦為原被之懷思心腹。

初傳：為原告

中傳：為中證

末傳：為被告

貴人：為勘官

朱雀：為文詞，《經緯》云亦為拘票。

六合：生合為和解神，刑傷剋害為枷鎖神，《經緯》云亦為中證。

勾陳：訟之曲直，罪之輕重，俱看此。又帶木、遁木，皆爲刑具，亦爲差吏。

青龍：刑剋爲杖

天空：爲獄卒，又爲解訟神（上兩者當分生剋斷之）。

白虎：爲狀神，又爲遞狀之神，又爲血光。

太常：臨辰戌（地獄），亦爲枷鎖。

元武：《雜摘》雲爲唆訟人。

太陰：又云亦主恩赦。

天后：主恩赦

丑：爲杻械

寅：《雜摘》云爲書吏。

卯：爲杖

辰戌：爲獄

巳：爲曲腳，又爲繩索。

午：爲血光

亥：為繩

亥卯未三合：為長枷煞

諸煞

關神：春丑夏辰秋未冬戌，乃上季季神。

鑰神：春巳夏申秋亥冬寅，乃第二季孟神。

天赦：春戊寅、夏甲午、秋戊申、冬甲子。

皇恩大赦：正起戌丑辰未酉卯子午寅巳申亥也。

皇恩：正起未酉亥丑卯巳二句

皇書：春寅夏巳秋申冬亥

天詔：正亥順十二

天解：正起申逆

地解：正起申申酉酉戌戌亥亥午午未未

解神：正起申申戌戌子子寅寅辰辰午午

劫煞：歲驛後第四位

災煞

天煞

二馬

二德　　　　　歲德

喜神　　　　　天吏：正起酉逆四仲

破碎：孟日酉，仲巳，季丑。　大煞：正午逆四仲

絞神：即破也，子酉破之類。　勾神：絞神對衝

天獄：正起亥逆四孟

天牢：《尋源》作正起丑順，而《指南》無此煞，當攷。

壬竅卷之七終

壬竅卷之八

清無無野人小蘇郎逸　編纂
新疆伊犁劉　浩　校訂
東海寧波李鏘濤　參訂
東海台州楊　益　校閱

干謁占

總論

干求訪謁，除訪求道術外，大約非名即利，而與出行相類。但出行則專以出行者屬何事類，而占其行止宜忌。干謁則兼以干謁者屬何事類，而占其行藏喜怒。餘則彼此可會通參之。

類不入局而一切不見三六合者，難有會期。

周偏循環二格，占吉凶事皆不脫。若干謁而類人必能見，類事必能成。然類須入局生合方好，若刑剋反糾纏不了。凡事宜守舊，不能動換，動亦始終如此。又云：事類在二格之外者，卻難求也。周偏者，所求只在十干內也。循環者，所求只在課傳內也。

閉口課，須詳閉口神是何屬。如屬類人，必其人機關秘密。如屬類事，必其事暗昧隱藏，訪求無益。

魁度天門，若干支類神被此隔神在中間阻，便不利干謁。

罡貴塞鬼戶，乃陰小退避，干謁無阻。

引從格，當以引從干神為己身，初居干前為引，末居干後為從，主得人助，往不見拒。或引從年命，為拱年拱命，然須日辰年命與類神支神生合比和，或類神引從天干年命，方慶邂逅，否則雖有引從之人，卻不濟事。如引從空，不得力；是凶神，反取咎。

斲輪之申空或卯空者，有虛名而無實德，改圖為是。而言吉凶，當視課體。

剛日昴星，占事稽留于外。柔日昴星，占事伏匿于內。不利舉動，宜守舊。

總看干支三傳

看法

干爲我，支爲彼，欲互相生旺德合，合又不犯煞纔濟事，不然，雖幸會何益？抑或所干謁之人，其類之上下得吉神，更與日干年命生合者喜，刑剋者怒。又或所干謁之事，其類之上下得吉神，更與類人、支神生合者喜，刑剋者怒。大旨要干支無傷，三傳皆吉，方善始終。若彼我刑衝剋害破脫墓空，動必致禍，不利干謁。

看干支與干支上

干加支，要支益干纔好。若被支剋脫墓，而干上益我者反捨之，名不受福德，投奔者切忌之。若干上又有損，爲去就皆不可格。

又見看丁馬魁罡等條。

日爲我，辰爲彼，我剋他畏而不出，他剋我情意難親。日剋用神見，用剋日不見。類臨日辰爲用，必見；類不入課傳或空，不見。出《雜摘》。

《尋源》云：日上空，我必不往；辰上空，彼必不來，往亦不見。辰生日，訪之有益；辰剋日，訪之無益。

不知其人看日德兼陰神

論尋君子良貴，以日德臨處訪之，而兼陰神看。臨處在支之三六合地為近，否則遠；不入課傳者又遠；支臨處亦然。此為訪其人也。知其人者，即以支為彼。且知其宅，即以支為彼宅，故以支臨處為所在之方。倘不知其宅，則以支之宅音責之。苟並不知其人者，則以此德神訪之。且不知人者必不知其宅，故不以德所臨處為宅，而以德之宅音責其宅。其所在之方，可以德所臨處責之方當謂東西南之方，指大段言。宅則其居處也。方與宅宜異。自記。

賢貴高人，則責日德。俯視其所臨衰旺，則伊人之貧富貴賤可知。仰視其所乘衰旺，則伊人之狀貌長短可知。陰神與日干年命生合者喜，刑剋者怒。更合陽神四位參斷，干為頭面為巾帽，官為上體為衣衫，將為下體為裳褌，神為足腿為鞋韈。而各有陰神，看地盤上所得月將是。又云凡皆從旺神言之，干干遁干旺言干，支旺言支。

看德之宅音卜其宅

見上條。

知其人看支為彼

仝上。

看類神正時用神方神年命干支上下之三合六合及五合

三六合最利，要正時、用神與方神或類神上下三六合者得會，或類神與年命及用傳干支上下三六合者，皆得會。三六合外，又有干五合。合中生剋順逆等，須細分其吉凶。

看類神臨處為所在處看類神上下為來去處

以類神臨處為所在。四位中，一上剋下主坐，二上剋下主臥，一下剋上主立，二下剋上主走。臨孟在內，仲在中，季在外。又孟為堂，仲為門，季為路。更參十二支神詳之。類乘丁馬，及支上見丁馬，其人欲動，或自內出，或自外來，以傳詳之。欲知來處，視類之天盤神。欲知去處，視類神下之神加天上，其下即去處（即所謂類神下之神臨處，可細占其住處、到處也）。類離支遠者遠，近者近，此更當通之行人占例。如類與干支年命相加，則以馬詳其為我動彼動。說見後看魁罡丁馬等條。

看魁罡丁神及支馬類馬日馬年馬命馬

類乘丁馬，及支上見丁馬，其人欲動，或自內出，或自外來，以傳詳之。

如類與干支年命相加，則以馬詳其為彼動我動（類本為彼，干與年命為我，相加則兩混矣，故別以馬分）

（詳之自註）。馬為動神，支馬與類馬屬彼，日馬與年命馬屬我。彼我驛馬入課傳年命，或交加生合，主我往彼來，或不期而遇；刑衝剋害，交叉錯過。又魁罡丁神臨處，亦主動。

如支神、類神不動，而其馬卻在我干與年命上下，或我馬在類與支上下，亦當得會。會處即其地詳之。

伏吟任信，類與支不見丁馬魁罡，主藏匿不見；若見丁馬魁罡，必他出，占許允後必更改，乃名無任無信，不利求託。又云不必定云藏匿，而云藏匿者，或干支刑衝剋害墓絕，而不作德合耳。如見尊貴，伏吟亦以干為尊貴，支為卑賤。如平等人，甲子日伏吟，甲往見子卻不見，以子之馬加寅（即干之寄宮）上為外出也。馬復臨馬，再求其動處為申（寅馬在申），申又加申，為動極矣。畢竟干支馬交動而不合，以三傳刑衝間隔也，乃動復歸靜也，故云不見。

干貴看貴人

凡干謁貴人，即貴為類神，與日干年命相合者吉，相害者凶。然合害中皆有輕重，其中又有生剋故也。相剋則合中有凶，為合甚輕；相生則害中有吉，為害亦輕。合中生則合重，害中剋則害重。

凡七處晝夜貴皆現，占訟宜求兩貴，占干謁則貴難見，主貴往見貴，縱在家必會貴。若貴臨貴位，乃官見官也，惟貴人謁貴宜之。忌兩貴受剋，不利干謁。晝占勿剋陽貴，夜占勿剋陰貴，空害亦不利。入獄則貴怒，宜陰屬託之，此名貴人受賄。夜貴加晝貴上，止宜暗求關節。然課傳俱貴，事不歸一，反無依靠。晝用夜貴，名拙目煞，拙目專視，反坐罪累。或遙剋卦，貴受傷，否則課傳中貴被剋害，或年命制貴，或丑上凶將剋丑，皆主貴怒。空主不理事，或不在署，諸事不得貴人力，謁貴不見，干貴先允後被攙越，或報虛喜。然落空得衝反實，旬空乘旺猶有望。若晝臨夜地，夜臨晝地，各違其志，必參差失誤。又日貴在夜，開眼作暗；夜貴在日，自暗而明。貴在干前，事不宜迫，迫則貴怒；貴在干後，事不宜緩，緩則誤事貴在天盤丑上為甲干前也，伏吟卦是。貴在未卻為甲干後，蓋干以在地盤者言。此說不妥。貴順利，貴逆阻。

凡言日辰干支在貴前貴後者，法以天乙前五、後六分之，從天乙之順逆為前後，而不從日辰之前後論。此則日辰干支與天乙俱在天盤看。

庶人占得簾幙加或年命（宜相生。自記），得林下官扶持。謁求禍出格，乃支上作財，反生干上之鬼，大不利干謁求財，必有禍。

看所干求之事成期散期

事之成否，則看類事之陰神，生旺扶助類神者成，刑衝剋害類神者不成。

既有干謁之人，即有干謁之事。課象得成局，以末傳合處上為成期；課傳得散局，以末傳衝處上為散期。衝合即其期，要視上神吉凶各以類應方的。

凶不得散，方取散期；吉不得成，方取成期。若無所用散與成，不必取末傳衝合，而課中已現出吉凶衝合也。蓋宜衝宜合，各以象告矣，而用末傳者，課中衝合神多，或俱動俱靜，全空全實，乃歸決於末傳也。

看饋物受否

辰剋日必受，反此不受。出《尋源》

看投書達否

視朱乘神，與貴乘神相合則達，否則不達。出仝上

類神

干謁當各責其類，如干謁尊長視父母，同類視兄弟，富室女眷視妻財，卑下視子孫。外如官吏視官鬼，其陰神生合我者吉，刑剋者凶。餘類詳各例，隨宜用之。

又如求人財物視支財，則支即與財之人。求人文字視支印，則支即能文之人。俯仰占法，倣此推求。餘雖不必定以支為類，而總歸結于干支無傷為主。

凡四位須兼干支責之。干旺言干，支旺言支。如尊長以父母官鬼為類，卑下以妻財子孫為類，朋友以兄弟為類。類之陰陽神，以責其形貌情性，皆從旺神言之也。

類神下之神臨處，可細占其住處、到處。

《尋源》云：當視所謁之類神，見大貴視天乙，見臺省部院視太常，見二千石視青龍，見將軍視勾，見長吏視雀，見婦人視后陰之類。如類臨日辰發用，必見；落空不入課傳，不見也。

日：與尊長對則日為尊長，否則日為我。

辰：與尊長對則辰為卑幼，否則辰為彼。

諸煞

馬　　德

合　　往亡：正寅五卯九天罡，隔二順行

是往亡。　　丁

魁　　罡

年命占

總論

如初傳是日貴日財，又作命祿命馬，而生起官星，官又生命，而流年又值生合，必凡為利。若初傳是日刑日煞（以日支取之，劫煞之類），又作命刃命絕，而剋制正印，印又剋命，而流年又值剋制，必凡謀不利。餘當觸類推。

《雜摘》云：九宗課體及各課體，關一生之休咎。

又云：帝王係命於太歲，后嬪係命於太歲之陰，公侯伯係命於月建，僚屬係命於月建之陰，工尹士庶係命於行年也。

又云：命上各將測人性情。

看法

總看日辰年命相為表裏

雖占年命，總以日辰為身宅之應。其干支上下俯仰而視，與各占例同。而年命上神，還視其生旺比合干者身吉，生旺比合支者宅吉，刑衝破害干者身凶，刑衝破害支者宅凶。年命上得忌神，而生旺比合干支者，凶不為凶；年命上得喜神，而刑衝破害干支者，吉不為吉。然下神受刑衝剋害，而上神卻彼此生旺比合者，凶中獲吉；下神受生旺比合，而上神卻彼此刑衝破害者，吉中藏凶。或干支年命俱所忌，則凶應之；俱所喜，則吉應之。或干支所忌，年命制之反吉，助之愈凶。干支所喜，而年命助之愈吉，制之反凶。年命所忌，而干支制之則吉，助之凶。年命所喜，而干支助之愈吉，制之凶。所喜者，貴德祿馬財印合官之類；所忌者，刑衝破害劫死墓絕之類。此日、辰、年、命四者之相為表裏也。

至于干支固屬身宅，亦隨事類而變通言之，不可執一。

年命為虛，身宅為實（日為身，辰為宅），占年命者，要不外身宅吉凶。吉凶神立在身宅之路，其生剋固應及年命；立在年命之路，其生剋亦應及身宅。彼此路通者，則互相應，否則身宅年命各歸其路，吉凶亦各有異應。或吉凶神竟立在身宅年命上，則不須以路論，而吉凶皆交相應也。此又四者之相為表裏也。

又見看日為身辰為宅條。

看年命為類神

以年命為類神而俯仰視之。年主一年，逐年而易。命關身命，一定不易。年為用之助，命乃身之本。故年命上神，宜與課傳及所占事類，互相輔助，則凶不為凶，而吉者愈吉；互相剋制，則吉不為吉，而凶者愈凶。至於天上年命，更宜臨四吉地，並日所喜之方，尤吉；臨八凶地，並日所忌之方，尤凶。其下地神而上天官，以不戰為有氣，則年命利，否則無氣而不利。年命上所得之神，其吉凶如太歲遊宮所主之事以應之（遊宮法附在下文），但其所主事，不過言其大畧，若細推各有四位在。

太歲生合年命上，則其吉事應之；刑剋年命上，則其凶事應之。還當合課傳生剋救助而斷。蓋命即生年太歲，年即今之流年，亦如太歲例論之。非年命外，又看太歲上也。

如子加太歲，為太歲遊子宮。遊子吉主婚姻恩澤喜事，凶主欺罔，陰私不明，帷薄不修，及小人走失事，遊丑吉主謁貴喜慶事，凶主貴怒刑罰事，遊寅吉主婚財燕飲喜事，凶主哭病失財壞舟車事，遊卯吉主婚姻和合、交易求財事，凶主先吉、小人女子走失及六畜損傷、後憂事，遊辰吉主殺伐動行官職田宅事，凶主公訟牽連及失財疾病纏事，遊巳吉主文章錢財公信事，凶主驚駭怪夢官司口舌事，遊午吉主文章印綬勅命天庭事，凶主官司口舌財失畜疾虛詐事，遊未吉主文章印綬衣服酒食事，凶主遺失文字衣服哭泣公私牽連事，遊申吉主道路信息遞牒兵戈動眾威權財寶事，凶主孝服哭泣疾病殺伐血光事，遊酉吉主宮帷婦女小人財帛干謁事，凶主陰私損失事，遊戌吉主奴僕公吏小人財帛言約私契事，凶主奴僕口舌脫空虛詐事，遊亥吉主求財干謁事，凶主盜賊奸詐走失陰私事。

凡占主乎日，故作日之凶神者，欲年命剋制之；作日之吉神者，欲年命生合之。乃占斷之大節關，不可不知。夫年命切于日辰者，課傳同而年命獨也。年又切于命者，命遠而年近也。欲知去年事，視去年上與去年太歲上神。欲知來年事，視來年上與來年太歲上神。論年則各兼年干而參斷吉凶。

日年相表裏，日為表，年為裏。裏為私，表為公。故日年各有生合剋制，而喜怒之私，必歸決于好惡之公也。凡吉凶在日者重，在年者輕，而年為日之救助，則又為切矣。命雖遠於年，若臨行年並歲月日時，卻亦主近。

以地盤本屬為命。欲求月建，亦當依地盤月建。歲煞亦依地盤太歲順布十二位。

凡占，凶神喜空，吉神忌空，而行年本命不論空。或命同而年同者，干（命干自記）。有不同也。干又相同者，則於行年宮中起生月，從第幾月順逆（男順女逆）數去，詳流月之吉凶。此當合小限宮，與定位月建（即流行月建）上所主事以應之。月同則於流月宮中起生日，從第幾日順逆數去，推何日之吉凶，當看定位日建（即流行日建）上所主事以應之。日同則以行日宮中起生時，從第幾時順逆數去，推何時之吉凶，當看定位時建（即流行時建）上所主事以應之。例俱如太歲遊宮例。

又見看三傳及早中晚年條。

凡論遠近，則生剋命者吉凶遠，生剋年者吉凶近。論輕重，則生剋命者吉凶重，生剋年者吉凶輕。故生剋干支者，吉凶尤近而輕也。

凡命中有之，必應其年不應現在，必應他年。假如命有吉神而剋年，則善神剋我，凶不為凶此說不妥，自記，或吉中有凶。命有凶神而反生年，則惡神生我，吉不為吉，或凶中有吉。若年上神無制助，則看生剋年神者，旺言現在吉凶，相言未來，休言已過。故當吉而凶，當凶而吉，而命中吉凶，必應在已過未來年也。

凡旺相時凶不發，休囚時吉不發。

命當吉而現在行年反凶，命當凶而現在行年卻吉，畢竟當吉當凶之應，以地盤已過未來之行年照順逆推之。

年坐空亡，吉凶皆躲避不應。或上乘空亡，吉凶無力。年落空亡，吉凶減半前云年命不論空，抑又何說耶？《銀河棹》亦云：不論空，宜從之。自記。

《雜摘》云：欲決終身達與窮，命臨吉曜自興隆。此指地盤本命，乃一身之主，逢吉將吉，逢凶將凶。見官求官吉，見財求財吉。命上神不得與太歲日干相傷。若歲加命，士人吉，常人主官事。命上旺相無傷，吉，如衰弱受制，非貧即夭。得課傳日辰生合，為衰而有助，則因人創立。命上值空亡，或又墓，主終身作事無成。貴人臨命，主貴顯，若傳逆內戰，反凶。祿臨主列爵，若休囚而刑衝者，不免單寒。

又云：以歲干為命主，如甲子年生人，以寅為命主。生日一世之光，剋日諸事不順。若歲支生日，亦主福，蓋歲支即命宮也。

又云：決一年之禍福，在行年上神，以行年為小運也。年上旺相吉將，大利；囚休空亡凶將，或年剋日上，或日剋年上，皆凶。

又云：卯酉為關隔神（乃日月出入之門，謂其動行則可，非關隔也。自記），進退不定之象。行年值此，必主外出。

又云：寅申為吉神（申為虎，謂之吉神，恐未必然。自記），年命逢之，須看與日生剋何如。

又云：年命上臨魁罡，空亡值之，皆凶。

又云：年命上喜日德、日合、貴祿、長生、生氣、財官、印綬、龍常陰合之類，忌刑衝破害、病符、死符、死絕、破碎、勾玄蛇虎之類。

看日為身辰為宅

見總看日辰年命相表裏條。

凡吉凶神，以立在干支三六合及刑衝破害處為應，蓋立其處為外事、內事之門路，若不在其門路不應。且諸占事類，皆有門路，不獨干支為然。門路所在，即應其處，故應此應彼，于是而分。假如七處有鬼剋干，不立在日干門路上，無凶，縱能刑害日上神，亦是他人事也。又上為外，下為內（上下當以課言），或外吉內凶，或外凶內吉，或凶中獲吉，或吉中藏凶。

日辰年命雖相表裏，而以日為主，故曰：日主主其事類（即父兄財官子之類），而入局方為現出。壬課主日，日主無權，決非占法。

夫謂年命日辰相表裏者，吉凶欲有救助也。至于六親事類，或日主不現出，則以辰神年命所有者而參斷之則可，非便以辰年命為主，而又以日干為主也。主多則生剋制化歷亂，吉凶何從？

看三傳及早中晚年

初為早年，中為中年，末為晚年。視其現出日辰年命之何事類（事類者，財官父兄子，一切現出皆是，須日辰年命並看者，即相表裏之謂），其吉凶決于本命，而剋應決于行年（流年也，將來亦是照早中晚推之，）並歲月日時最宜審察。雖以三傳分早中晚，而占斷仍當變通（日辰年命雖相表裏，而以日為主，主其事類而入局者，方為現出。壬課主日，日主無權，決非占法）。

《雜摘》云：三十年為一限，老少休咎，分初中末斷，此為大運也。

看發用

《雜摘》云：發用之神，關一生之運，尤重。

又見看財條。

見看官條。

見看子孫條。

見看死氣條。

見看羊刃飛刃條。

見看歲月建將貴人條。

見看總論。

看歲月建將時貴人

如初傳是歲月建將貴人來生命，其人發達在即；命生之，或主結貴求官，而不言富貴，然或生干支，或生年，猶好。

凡歲月建將時有尊卑，其入七處來生剋一切，從尊者之生剋，不從卑者之生剋。此以歲月建將時生剋相敵而言則然，若非此四者而作生剋者，則從旺而棄衰可也。衰旺等，則從多而棄少可也。然衰而多者，反能勝旺；旺而少者，反不敵衰。故卑者生剋多，卑不從尊；尊者生剋少，尊不制卑。此又五行勝負之變化也。

總看男命六親

男命六親所主圖說，以正印生干者為母；剋母者偏財也，為父，又為妾；生父者傷官也，為祖母；剋祖母者偏印也，為祖父。此就生我者推而上之也。若就我生者推而下之，則以干剋正財為妻；妻生偏官為子；子剋劫敗財為媳，又為兄弟姊妹；媳生食神為子孫；孫剋正官為孫媳。此本族也，若妻家，則以食神生妻者為外母，正印剋外母者為外父，由此而上推之可也。若母族，以偏官生母者為外祖母，傷官剋外祖母者為外祖父，由此而上推之，亦無不可（上所論似參以論四柱諸說，壬占尚有用處，故錄之。下論女命六親亦同。自記）。

餘散見看父母以下五條。

總看女命六親

女命六親所主圖說，以正官剋干者為夫；生夫者偏財也，為姑；剋姑者劫財敗財也，為翁，又為妯娌；生翁者偏印也，為太姑；剋太姑者正財也，為太翁。此就生夫者推而上之也。若就我生者推而下之，則以我生傷官為子；子剋偏官為媳；媳生正印為孫；孫剋食神為孫媳。此夫族也。餘可例推，更詳親疎遠近而用之。

餘散見看父母以下五條。

看父母

父母者，生氣印綬也。何以名印？因煞來剋我，生氣乃煞之子，生氣顯露，煞乃愛子忘仇，非惟不剋，而反化煞為權。有權則貴，貴莫如官矣。故煞見生炁方名為官，生氣見官方名為印，非專見生氣即名印也。印官全而身旺相不犯休囚，必貴；如身弱，雖貴而難免清寒，或不貴而名譽高，若逢幫身運亦可顯榮。大忌財，財多傷印，必主破家，否則當離祖出家易姓，即行財印亦然。若無官而獨見印，名生炁，時見之享子之榮，歲月見之叨父母之蔭而已，未可即作貴斷也。見印綬，當忌比肩，以其能竊我之生氣也。正印吉，而偏印次之。然生炁印綬，宜與日干相等，不可太過。太過則有土重金埋、金多水濁、水大木漂、木盛火熾、火旺土焦之禍，此不妨見比肩而分其氣，或干弱多見生炁猶可。若干旺，豈以生炁印綬多而總言吉乎？

偏印為倒食，謂制我之食神，使食神不能生我之財。凡用財神、食神者，大忌見偏印。

男命六親，以正印為母，大忌暗合而母不正，忌煞多生母而再嫁。最喜臨長生、天月德、貴人之地，主母賢貴仁慈，端莊福壽；大忌臨陽刃死絕之鄉，主母不賢而多疾。若女命，則以偏印為剋子煞，而男女皆以為產業星（自此以下五段俱參子平論，壬占亦可用）。

看兄弟

兄弟，比氣也，我之同類。陽日見陰為敗財，陰日見陽為劫財。陰見陰、陽見陽為比肩，身弱者宜之，身強者忌之。劫敗喜合，合則不劫，行合運亦然。財旺者遇劫敗猶可，身弱者再行劫敗運，必主破家蕩產。

男女六親為兄姊弟妹，同氣之義也。同氣多，則兄弟姊妹必多。若見官煞透露，是又同氣多刑。如劫財遇陽官煞，傷兄姊；敗財遇陰官煞，傷弟妹。官猶可，煞最忌。至于干支多合，弟妹兄姊不正。若富貴窮通，又當以所臨之氣求之。于男命，陽見陰、陰見陽為剋父煞、剋妻煞，偏財正財遇煞氣故也。

看財

如初傳是財，求財吉，為日辰財而為年命生印，尤好。若逢夾剋，當財旺相還可，財弱即無。如干弱而初財太旺，上透日干之鬼，即主破財，或因財致訟。如歲月建將是日干之生印，為弱干得助而轉強，破財者反得財，更利將本求財，亦利以財求官。如財上透見正官，干弱亦主有訟而不至凶也。如干弱見財，而歲月建將為祿為比肩，是弱干得助，亦利求財。如歲月建將剋制弱干，其初財實為不利。如干旺而初得財，求財最利，反忌歲月建將來生，乃極盛必退之徵。又忌逢比肩為劫財，而財反有損失。

凡壬占主乎日，如初傳是財，主日言是己身之財，為辰財乃宅中之財。若辰財剋日為鬼，其財卻不利，是則吉凶仍主日而言也。又若其財卻為年命生印，是宅財為祖業，若發動剋日，雖得之不穩妥。蓋鬼生命則一生不安，生年則一年不利，是吉凶仍主日而言也。又若日財為年命生印，是父蔭之財，以年命之六親參論之。故言父而財仍主日干，非便作日之父屬論也。然年命六親，不過參論如此，欲知其的，則尚有財上之陰神，主日之六親言之。又有財上之建干，亦主日之六親而言，陰神與建干，從旺從多者為定，故凡占當看干支。

如初傳是財帶馬而生命，主其人外籍發財，以所臨方斷之。若財帶喝散，必揮霍起家，而性多慷慨，不生命則主破敗。尤防帶馬無合，一生乍南乍北；帶祿無生，一世乍有乍無（馬要七處有合神，祿要七處有生神）。

剋氣為財神，我剋之謂也。陰陽配合為正財，兩情眷戀，為我之財。陰陰陽陽為偏財，氣不交連，而為他人之財。故正財為貴，偏財次之。用財宜身旺，忌身弱，身旺我能剋彼，身弱彼反欺我。如木本剋土，土重則木折；土本剋水，水多則土沈；水本剋火，火旺則水沸；火本剋金，金多則火熄；金本剋木，木堅則金缺。所謂身弱財多為剋氣也，惟身強者，雖財旺無害。歲月見財，受祖父之祿；時見之，享兒女之榮。身弱喜幫身運，正印是也，亦不忌比肩。若再行煞運而洩財氣，家資耗散。惟身強而官印全者，喜財生官而貴顯。大要官印宜顯露，財庫宜隱藏，藏則富厚。用財，喜傷官食神，以其能生財故也。忌七煞（即偏官）官星，以其能洩氣故也。又忌見偏印。

男命六親，以正財為妻，偏財為妾。大忌暗合而不正，喜臨貴德之鄉，賢淑秀美。若臨煞刃空亡，貧夭殘疾。又為父，偏財尅正印者也，故亦為尅母煞。偏財喜臨貴德長生地，主父貴而福壽；若犯休囚衰敗受制墓絕之處，主出身清苦，一生不得父力也。男女命同。

看官

如初傳正官，三傳四課以及遁干，俱無官星，並無傷官，如有一傷官之神，而又有一生官之神，卻不妨。其官來生年命者，必貴。如干弱而官旺，歲月建將又有生干之神，為官干兩旺，亦主貴。或無生者，雖貴而不能顯達耳。官弱干旺亦同。如官干兩旺，官又生年命，有一處見傷官以及子孫，亦不貴，臨年則年中不發，臨命則命中不達。偏官如正官例，亦主小貴。若帶破碎月厭，反致官非口舌。

如歲月建將生干與年命，或官鬼作年命生印，最利求名。

煞氣者，官鬼也。尅我而亦有時云吉者，以官能生印也。印為我之父母，而官生之，正猶吾之祖父母也，我亦得受其庇。故有印為官星，官則當作貴斷；無印為煞曜，煞則氣不連屬而為他人尅我。有官無印，壽命多艱，此之謂矣。正官得印，吉而又吉；偏官得印，吉得其半。正官無印，凶而又凶；偏官無印，凶得其半。如太歲露官星，而月令印綬，此為官印顯達，大貴之命。反是次之。如無印綬而官星獨透者，在有傷官制伏，子復母仇，則可免刑傷之應。蓋有制伏，反為我用，以財求貴之類是也。然有官無印而身強者，流年值印綬之鄉亦發，歲運亦然。官多印少而身弱者，再行官旺之地必亡，歲運亦然。如官印全而帶刃者，貴必武職，威重權高。官刃全而無印者，性多強暴，好殺橫亡。

正官乃貴氣之物，喜行財運，能生官故也，亦喜行官運。然官不宜多，官雖生印，如身弱亦難免刑傷，大忌刑衝破害。忌見偏官為奪愛，而福反減；大忌盜氣（當指子孫），則傷官而不貴。若偏官亦喜忌同論。總是有印為正官偏官，無印為正煞偏煞，即所謂七煞也。七煞有制伏而身強，大貴之品。如身弱而帶刃，為夭暴之徒。忌財，財能生煞故也；喜合，合則不剋故也。

男命以偏官為子，正官為女，取妻生者也。喜財神，主多子；喜偏印，則能成偏官；更臨祿貴地，主生貴子。忌傷官，主剋子。傷官見煞，子孫夭滑。若臨煞刃死絕之鄉，及時上（時主子孫）傷官與空亡，更主艱于子息，運行傷官亦然。此言乎偏官為子也。若正官為女，亦喜有印則主貴，更臨貴德則而賢而美，犯暗合則邪淫。

女命不取正偏官為子女，而以為夫星也。

看子孫

如初傳是子孫來生命，或帶祿神合年命，其子孫必賢孝。中末傳年命上不宜見傷子孫之神，如見，子孫雖好，而不能享其福，最忌帶絕神剋日辰年命。然凡課中，不免見傷剋之處，要在流年上有救而已。

子孫為洩氣、傷官、食神是也。傷官者，以其能傷我之官也，官印全而遇此者不貴，官星強者，雖貴而多刑。故曰：官星見傷，凡百其殃。不忌七煞，以傷官能制伏之，而反為我用。故曰：傷官制煞，身強必發。為食神者，以其能生我之財神，為我之食祿也。要之傷官亦能生財，而食神亦能生傷官也。傷官食神皆喜身強，身強不妨洩，喜入財局，所謂傷官身強，財穀盈倉。忌官印全及行官星運。

男命以為祖母，以洩氣能生偏財為父也，故為祖母，忌暗合。女命以為子息，見陽為男，陰為女。如坐貴人祿馬天德月德者，男女必貴；

若犯煞刃死絕休囚墓地，必產凶惡貧夭。

餘見前看官條後幅。

看合刑

合刑者，合中帶刑之類，犯之主酒色成疾，樂裏生悲。凡巳申為刑合，寅亥為破合，于六親則先仇後合，或合而不合、不合而合之意。

看馬

財帶馬無合，一生乍南乍北。馬要七處有合神。

看祿

財帶祿無生，一世乍有乍無。祿要七處有生神。

看長生

《雜摘》云：日干長生地，乃我之所依賴者，逢魁罡或空亡皆凶。

看死炁

如初傳是日干死氣而來剋年命，上見神將是生死氣者，必死；若中末有剋死炁者，解凶。

看羊刃飛刃

如初傳是羊刃，為命所生或生命，而命上作月厭、破碎，其人必凶暴。若刃剋命，命上又生羊刃，其人之父必死非命。蓋生羊刃者，即日之印爻故也。又或飛刃帶驛馬玄武生命，及命生刃，皆主其人詭譎凶惡；剋命，主即飛橫以致死，縱中末干支上救，亦不免破敗。

夫刃者，凶物也。五陽干復遇子午卯酉之旺氣，旺極則剛而鋒利矣，故陽日有刃，而陰日無之。凡得陽刃者，身強則頑劣，更煞多則好鬬訟，以煞剋我，我又帶刃而氣旺，則不受制而兩相擊，故其主應如之；若官印全，則權要威武，再運逢之亦好。身弱則殘疾，更煞多則刑戮貧夭。最喜傷官，以洩我刃而不過旺，以制我煞而不敢侵，運行亦然。

飛刃之凶，甚于陽刃，六親犯之，靡不罹禍。如遇甲，以卯為陽刃，酉為飛刃，飛刃實為我所中傷者。酉內有庚金為甲之子（此不解），必主剋子。又云：縱官印全而帶刃，亦我吉而六親凶（此條似參子平論）。

看宅位田莊

命前五位為宅位，如子命以巳為宅位。命後三辰為田莊，如子命，酉也。若與日干或命上刑衝破害，主祖業飄零（出《雜摘》，錄以備用）。

類神

《雜摘》云：如甲乙日，以子為父，亥為母；又日德為父，天后為母；又日之長生及太常為父母。寅為伯為兄為姊，卯為叔為弟為妹。又太陰為姊妹兄弟。午為男，巳為女。又六合、太衝、登明為子孫，青龍、六合為朋友。辰戌為妻，丑未為妾。又天后、神后為妻妾。又支上神為妻。河魁、天空為奴，太陰為婢。申酉為丈夫，又青龍為夫，干上神亦為夫。凡類神，以入課及傳臨命垣者為用，若二神加臨，不取兼神，止憑乎天將（指天官），如妻妾只用天后之類。

干：為身

支：為宅，《經緯》云為業。

三傳：初為早年，中為中年，末為晚年。

印：為父母

劫：為兄弟

財：為財帛，為妻。

鬼：為官，為夫。

盜：爲子孫
臨官：爲祿
長生：《雜摘》云爲壽
病：又云爲病
死：又云爲死

諸煞

歲煞十二：一太歲　二陽逿　三喪門　四六合　五官符　六歲宅
小耗　七歲破　迫煞　大耗　八歲墓　龍德　朱雀　九歲虎　十福德
十一太陰　吊客　十二病符

又十二：一歲驛　二六害　三華蓋　黃幡　四劫煞　五災煞　六天
煞　歲煞　七地煞　八桃花　九豹尾　十亡神　十一將星　十二攀鞍

生炁　死炁
死符：甲歲起申申亥亥寅寅巳巳辰辰
死神　羊刃

飛刃　馬
日德　天德
日合　祿神
破碎　月厭：正戌逆十二
喝散：同孤神，下季之孟

來意占

總論

無論時臨八占、不臨八占，而總不能舍初傳以知來意。
日主外，辰主內，時主事，此倉卒一字訣法。

看法

看正時為類與日辰相較
以正時為類，而俯仰視之。
時與日同（與干同也，下倣此），主外事阻滯，或外人干涉；與辰同（與支同也，下倣此），應在內。如甲日寅時（甲課在寅）、乙日辰時之類，為時與日同。如寅日寅時，為時與辰同。

時與日合，如甲日未時（甲與己合，己在未）、乙日申時（乙與庚合，庚在申）之類，主外事和合，或出外求財，或托人幹事，有氣則成，有制難求。與辰合，如寅日亥時（六合），或寅日午戌時（三合）之類，應在內，或婚姻產孕喜慶事。

時與日刑，如寅日巳時之類，主刑責傷害惡意緊急事。與辰刑，主內起。

時與日衝，如甲日申時（甲課在寅，寅申相衝）之類，主外事動搖，或反覆不安，外人擾脫。與辰衝，主內有動搖走失，或宅舍動用。

時為日祿，如甲日寅時之類，為財福，主求祿位，主外來動用進身事。為辰祿，主內起。或為日祿而又與辰同，為辰祿而又與辰同，則不以祿論，而以同類斷。

時為日馬，如寅午戌日申時之類，為福慶，能消災致福，主遠行搖動之事，自外來。為辰馬，自內起。

時為日貴，為貴人臨局，君子主陞官干貴，常人主官貴騷擾，事自外來。為辰貴，自內起（《雜摘》云：亦當分晝夜）。

時為日德（干德），主外人賞賜惠送事。為辰德（支德），應在內。

時與日生，時生日得他人惠，日生時我惠他人。與辰生，應在內。

時為日害，主外來損害不測之災。為辰害，應在內。縱是日害，既是時支，便為辰害，蓋支與支應也。

時為日墓，主田土不明事。為辰墓，應家宅事。《雜摘》云：生氣田土庫藏，死氣墳墓事。

時為日煞（劫煞），主急速事，或劫盜事，如寅午戌日亥時之類。為辰煞，主內起。

時為日鬼（官鬼似宜分。自記），主盜賊、官災、失物、病患事。為辰鬼，主內起。

時為日財，主財帛或動用，或求財事。為辰財，自內起。

時為日空，主事不成，脫騙、財物失陷、欺詐事，官災無事。為辰空，應在內。夫日空即辰空，似不當分言之。然或以寄宮及日同類空為日空也。

《雜摘》云：時為日比和，凡事皆吉，如甲乙日寅卯時。

時為日破，主被人破敗已成之事，或走失物件，或破災患。

總之，時干應外，時支應內。

蓋天上正時為先鋒門，其所乘天官為值事門，吉則欲不戰有氣，凶則欲戰而無氣。是故旺相休囚死之氣存乎時，而亦存乎地。四吉，正時之有氣地也，又須是日之貴德祿馬財印合地，尤為我所喜之方，而吉者愈吉。反此而八凶，又是日之刑衝鬼墓死破害地，尤為我所忌之方，而凶者愈凶。此則俯察地利也。

正時上所加之陰神，生旺比合陽神（即天上正時）及干支神者吉，而欲納音無傷為的。陰神刑剋破害陽神及干支神者凶，而納音欲其有救猶可。欲知事因，更視陰神上所乘之天官。此則仰察天運也。又云：納音有救重陽神，不重陰神。然亦不論納音，惟天官以納音為救。

凡夜占得日時猶吉，日占得夜時不利。然夜時局中得太陰有炁，猶為吉兆；若得太陽，必有奇緣異遇。又時為歲月，其應遠而大；時為日辰，其應近而小。時亦為救神，三傳日辰年命不吉，得吉時救之，猶可化凶為吉，而事應急速。尤忌與用神同剋日，為天網卦。

凡占七處，各有三六合及刑衝破害地為路，吉凶神立其上，則生剋應之，否則他應也。如占時立日之路上為外事，立辰之路上為內事。三傳立時之路上，為因何發端，因何歸結，因何移易。年命立其路上，或占時立年命路上，為因何變體。俯察其地，即知八門事因也。又云：路交相通，則生剋交相應，否則異路而不能為吉凶，或各有應耳。然在日辰年命上，則吉凶最為切近，而生剋亦交相應也。此占身宅年命者則然，若占他事，則辰神年命上或屬他人，惟日為己身也。且日又為外事門，故生剋其上神者，或主他人言之。

時有五子遁干，占者仍用旬干。干旺，以干定其事神。事神者，五行是也。如春占丙丁日，亥子時為日鬼，若亥子上旬干是甲乙，則不以日鬼論，而以日生言；亥是貴人，則以貴人、官人生我言，蓋以甲乙旺神定生剋也。若子亥上旬干是戊己，則不旺矣，而五子遁干卻又得戊己，此則土多，取多者為旺神也，仍不以日鬼論，而以日生言；亥是貴人，而以我結官貴言。若時（指時支）干（時上之干）皆不旺，又不多，則看發用三傳及日辰年命上從旺從多者定之。時空亦然，但空亡亦須看所空者是何事，即上同合刑衝祿馬之類是也。旺氣逢空，亦仍即其事而言之，若得七處生合扶助，終有吉慶；刑衝破害，終歸虛無。

又云：無論時臨八占、不臨八占，而總不能舍初傳以知來意。

同一時也，而分日辰內外者，以時干屬陽從外事門，時支屬陰從內事門。時干兼旬干看，干旺則言干而應日，支旺則言支而應辰，俱不旺則從多為旺，或有生無剋為旺。如夏占甲子日辰，得甲子時。甲即寅也，為日祿，然與日同，即以同類斷，子同支卻不論。時得丙寅，丙即午為日生，其寅為辰馬及為德祿，卻不論。時得己巳，己即丑未為日貴（未又甲木之墓，故己為日墓，若夜占卻以貴論。日占得夜時以貴論，得日時卻以墓論。夜占亦然。蓋日貴丑，夜貴未也。凡甲日占，其墓貴依此辨之。），己土旺于夏，又旬干亦己也，己當令為辰財德，己又與日合，故並應內事外事門。時得辛未，辛即酉為日官鬼，其未剋害支及作墓貴不論。時得甲戌，甲為日空，旬干不到也，戌為辰空，時干剋之，故不論。然時干止一甲，戌旺不畏剋，當以戌言之。餘倣此。

然則時為日辰及與日辰云云者，日辰當作干支解。時干從日干，時支從日支，以分陰陽而屬內外者也。時解紛紛，俱不可從。

凡得其時，以日辰推之，須不離五鄉決之。假如時為日財，則為己身之妻財；為辰財（不必定屬支財，縱是日財亦云然。餘倣此），則外戚及妻外家，或日支屬何六親經手之財。又有偏正財之分以辨之，然後依八門占斷，或八門上遇時干支之神，俱宜察。寅同甲，卯同乙，丙同午，丁同巳，辰戌同戊，丑未同己，申同庚，酉同辛，壬同子，癸同亥。若七處旺神又生財神者吉，剋財神者凶；生日辰年命者吉，剋日辰年命者凶。倣此。

看正時兼發用

時雖有內外，而發用又有上剋為外來，下賊為內起。蓋外事或從內起，內事或從外來，正不妨合占時而以發用決之也。

又見前條。

看日辰

又見看日辰。

以日干為外事，日支為內事，而俯仰視之。蓋干為陽主動主外事，支為陰主靜主內事。時臨之亦然，推此而臨干吉凶，則應己應人（與物對）應身應天；臨支吉凶，則應人（與己對）應物應宅應地。而所應之遠近大小，還兼發用決之。

假令干之兩課上下有剋賊為發動，視正時與日之兩課上生合者外事吉，剋害者外事凶之類，不必定是時臨之為外事也。倣此。日雖為外事門，其實為占人之身。若占時吉，而發用又生合之則吉，刑剋之則凶。生合刑剋日干者，吉凶應己身也；生合刑剋占時者，吉凶應其事也。

支為內事門，亦與三傳年命俱為他人，若生合刑剋日支者，吉凶應宅內也。若其事應之內外吉凶，仍看占時言之。

看三傳兼看天地人

初發端，中移易，末歸計，乃八占之三也。八占即八門，無論時臨八占、不臨八占，而總不能舍初傳以知來意。初實為主事神，吉凶見于初應天，中應人，末應地，而地盤又各以類應。吉凶見于巳午未申上應天，見于亥子丑寅上應地見于酉戌卯辰當應人。自補，見于年命上應己應身，見于門戶宅神上應宅，見于道路墓神上應人應物。又六合、太陰為門戶神，傳送、白虎為道路神，合亦為門，衝亦為路。凡事凡物，吉凶之應，各有門路，要不外地盤三六合及刑衝破害而已。

看七處十二支

歌曰：

寅亥遇時疾病侵，寅辰辰戌獄囚爭。
子卯當逢占盜賊，巳亥來去遠行人。
未酉孤離卯酉隔，午酉午申疑畏心。
午主市易申買賣，丑午加臨咒咀真。

凡寅亥見于七處上，主疾病事，仍要看虎鬼剋日，或年命隨鬼入墓之類方準。七處者，三傳年命日辰正時也。

凡寅辰見於七處上，主獄囚事，仍要看官貴勾雀剋日及年命方應。見辰戌，主爭訟牢獄，倣此。

凡子卯見于七處上，主盜賊事，仍要看玄武鬼賊脫盜到方應。或武自剋宅，及財落空，下受賊制，亦是。否則看財所乘是武，為財去從賊，及下生武之陰陽神，亦是（下生武之陽神者，財作武之陰神也。下生武之陰神者，財坐其陰神上也）。或武陰剋日剋財，必見損失事。

凡巳亥見于七處上，主遠行及行人事，仍要看虎玄到，或丁馬遊神衝動之類，即應。須察傳之進退，及入門出門，在路不在路，以占其來去行止。若書信，再看朱雀、天雞、信神等應之。見未酉主別離，見卯酉主分離，相加亦然。占法如巳亥而推。

凡午酉見于七處，主疑畏事，仍要看螣蛇到，或刑衝破害，即應。

見午申相加，主猶豫，倣此。

凡午申見于七處，主市易買賣事，仍要看六合到，與日生和剋比及破害刑衝，以占吉凶成否，并合陰神而占其事之實體。餘倣此。

凡丑午見于七處，主咒詛口舌事，仍要看朱雀刑衝剋破害應之。

以上敘次雖如此，然皆成法而不可泥者也，最妙正時值事先逢類。類者，在隨機以迎來意者也。如有來人占，便以正時詳其占為何類也。

看十二時來意吉凶大畧

子時課，途中暗昧事。冬至一陽生，五陰在上，難以辨明。又為道路，有半夜不明之象。

丑時課，主爭鬥、田土、關防、橋梁、隔阻、寺廟、口頤、咒咀。

丑者，田也。勾雀同傳為橋。

寅時課，主官吏勾呼動責之事。寅為功曹吏人，同朱勾主見官，寅為天吏也。

卯時課，主門戶之事，蓋卯酉為日月之門。卯者，日出之光，生于東方。出則動搖，君子不安其位，常人不安其居，或遷移，或建築。

辰時課，主爭訟官司之事。辰為地網，又為地戶。辰巳乃陰竭之地（陽盛則陰竭）。

巳時課，主横禍、火燭、驚恐事。

午時課，主道路之事。午者，離也，明白之象。南方正旺之火，明發于天，五陽纔一陰生，陰陽之路也。

未時課，主和同婚姻之事，或酒食事。未者，味也。萬物感滋味而實。未乃天廚。

申時課，望行人之信，占其道路、動搖、死喪之事。

酉時課，亦主門戶，其事暗昧不明。酉為日月之門，酉屬陰，火滅之地，日入而不光明，故為暗昧。

戌時課，主虛詐，防奴僕小人之事。戌為天羅，陽極之地。

亥時課，主盜賊、損財、貴人徵召事（出《雜摘》。此段不過大畧耳，不可泥煞。自記）。

看六情

寅午廉貞，申子貪狼，亥卯陰賊，巳酉寬大，辰未奸邪，丑戌公正。

此為六情應期，視時上并合支上，而占來人是何情事。但六情以十干而異，甲乙以支本處言，丙丁以支合處言，戊己以支刑處言，庚辛以支衝處言，壬癸以支破處言。如甲子日得申時，為貪狼。如丁未日得寅時，為廉貞。未與午合，故以合處言。凡課欲知其情事，宜以此參斷。

類神

干：為己，為人（對物之），為天，為身。

支：為人（對己之），為物，為地，為宅。

干上：干為己，亦為外，干上外而又外，故亦為外人。

支上：支為內，非占家宅亦為他人，支上為內之外，故亦為外人。

諸煞

生炁　死炁

劫煞　祿

德　丁

馬　遊神：春起丑子亥戌

天雞：正戌逆十二

信神：正起申戌寅丑亥辰巳未巳未申戌

壬竅卷之八終

壬竅卷之九

清無無野人小蘇郎逸　編纂
新疆伊犁劉　浩　校訂
東海寧波李鏘濤　參訂
東海台州楊　益　校閱

財物占

總論

占財以財星現出為美，此求分外之財也。若將本求利，宜見子孫或官鬼。說見看法中看日財等條。

三傳全脫，生起干上或支上財神者，名取還魂債格，宜索債，乃去而復來之象。又如財空而神將生起或衝起，亦宜索債，支上生起衝起尤妙。若逢支財為利，須生合干神年命纔是。逢支之比劫，卻為我用，反吉。

日干或干上剋初，初剋中，中剋末，名求財大獲格。又有初是財，而遞生至末作日之印爻，又有干之德祿或同類作末傳，而遞生至初作日財，皆為吉課。

末助初作財，必暗地有人生扶我。所忌初財反剋干上神，為因財致禍格。其生助我之財神者，卻為好不好。若年命自助初財剋干上者，乃自招其禍。

《畢法》云：傳財化鬼財休覔。謂三傳作日財，而生起干上之鬼而傷干者，必因取財致禍，不取為妙。若三傳全財，而生起支上鬼來剋干者，亦名傳財化鬼格，此禍必自宅中發。惟年命上剋制其鬼，庶無深害。

《畢法》云：傳鬼化財財險危。謂傳三合為鬼，而兩傳空，獨留一傳不空而為財，名全鬼變為財。其財自危險中出，不急取之，恐出旬仍合為鬼局。若日辰年命上制鬼，無妨；日辰年命上乘鬼，其禍仍發，任以不取為妙。

財忌乘元武，防有失脫。財忌內戰，如臨剋地，怕有爭奪。

奇儀作財神，或周偏見財星，必得發跡。

旬尾為財，財盡則亡，故曰閉口。昴星發用是財，乃不入之財，皆無所收成。

干支遇羅網，不衝破，弄巧成拙。剛柔伏吟，名自任自信；見丁馬，名無任無信，空費力而已。

《大全》云：求財不宜坐財墓，亦不宜財加鬼墓。

又云：財神空亡，求財反費己財。

《畢法》云：交車相合交關利。有十等，內交車長生，大宜合本營生。交車財，交關取財最好。

財遁鬼格，乃干上為干財，而干上旬遁之干反來剋日，必因財致禍。

借錢還債格，乃干支之五行同，如壬子、丙午之類，而干支上俱是財爻也，不宜求財。

求財急取格，如乙未日干上未，乃財就人，速取之利，緩則反被未來墓乙，恐為禍。

危中取財格，乃干剋支，而支上卻為干鬼，不免自驚危中取財。

將生財神格，乃三傳作財，其天官又生財神者，大宜取財。

末生初剋干，則末為干之財矣。此財不宜取，反為禍。

支上神為干之財，反生干上之為干鬼者，求財即有禍，名謁求禍出格。

《雜摘》云：借貸求財，則日為借貸之人，辰為財主。

又云：空手求財，三傳內無財爻，卻有三六合旺相相生，吉。如傳中有財爻，更易得。財是遊行空亡，帶旺相氣，亦可；若值旬空天空，或相刑剋，亦無財也。

又云：不正求財，視三傳，或先鬼後財，或傳財化鬼，或元武乘財者，利，反此不利。

又云：日上財為外財，辰上財為內財。財臨伏吟則近，財臨丁馬則遠。又伏吟安坐營生，反吟遠圖吉慶，連茹交涉眾人。

又云：財爻有正、有遁、有暗。甲日見四季為正財，甲子旬見太乙巳為遁財。暗財者，如酉辛以寅為財，而初傳是亥，亥雖水，而寅木生於亥（此是以財之長生地為暗財。自記）；或初傳是未，未雖土，而寅木墓於未（此以日干財爻之墓為暗財。自記）。又如丁以金為財，而課傳無申酉，然三傳是丑戌未土局，為丁之傷官食神，土能生金，酉申之財從此出矣（此以子孫為暗財。自記）。皆所謂暗財也。

又訣：且如甲以土為財，一土平安可取來。若令此土居金上，不但難求反變災。再如土在空亡上，縱得財時不見財。

占索債，苗公云：當以日為財，辰為債主，時為欠債人。時吉，索得；若囚死剋，不得；時反剋日辰者，負債必無還心。干吉辰傷，不能全得；干支俱吉，終久必得。

《尋源》云：何以知其財之有？或課傳俱有財見，或日上或支上或命上，俱以下剋上為財，所謂緊切視三財也。或發用是暗財（初財長生，或是財之墓，如上所云，皆為暗財。自記），而貴人作青龍，或課傳無一財，而三傳為傷食（此以子孫局為暗財。自記），或青龍之陰即日財，或青龍乘干支上為干支之長生地，或得求財大獲格，以上可必其有矣。若有前項吉神將而落空亡，或三傳財化鬼，或發用是財而神乘天空（奴僕之財非所論），或課傳無財而青龍入廟（在寅）入墓（在未），或龍空而日辰比劫，以上皆無財矣。

看法

看青龍為類神

先視七處得青龍為類，其乘神即為類神。不戰龍得氣可求，戰而龍無氣難求。外戰輕于內戰，輕猶可求。戰以納音救。此論四位占法。

不戰而類臨四吉，則有財；戰而臨八凶，與不戰而臨八凶，皆不吉。尤忌空，惟神將和而神自空，尚有出旬可望。此俯察地利也。

陰神生旺比合類神者，進財；刑衝剋害類神者，退財。陰神生合干支及上神者，取之無咎；剋制干支及上神者，取之有殃。欲知何殃，即視陰神上之天官。陰神乘四時旺相氣者，吉神速，凶神遲；陰神乘休囚死氣者，凶神速，吉神遲。此仰視天心也。

雖然龍神龍陰不必定屬財龍乘神雖不必盡財神，但各有以剋制之，則皆為我之財。如作官鬼，我以子孫制之；作劫氣，我以官鬼制之；作脫盜，我以生印制之。所謂日剋青龍、年剋青龍者，在日年上制之而得旺神，並日亦旺為美。至若龍作財，我不可見劫氣而反破財；龍作印，我不可見財而反破印。此又不可不知。餘凡責類者倣此，亦不必定屬財之生旺墓，更或不入七處，非課之虛無乎？經云：所筮不入仍憑類。如傳課不見財，而于課傳外責龍，所謂財不入傳，而責龍于閒處也。以青龍臨處成四位占之，以納音取五行生剋為救，故七處占法，不必定要青龍也。

又《金繩》云：求財專視青龍則失之拘，徧推尋而無主則失之蕩。大約當從財屬何類而求之，所求是官貴上人財視天乙，爐冶小人財視螣蛇，文書財視朱雀，交易財視六合，爭訟財視勾陳，欺詐財視天空（奴僕財亦當視此。自記。），疾病死喪財視白虎，衣服飲食財視太常，耗費財視元武，陰私財視太陰，婦女財視天后，將本求利之財惟視青龍可耳。以青龍為主，諸將為客，一切如龍神、龍陰而俯仰視之。

要而言之，不拘明暗財神（說見看日財等條），須離不得青龍。日剋青龍為財，年剋青龍亦為財。日剋龍神建干為財，年剋龍神建干亦為財。所謂求財視龍，旺相相逢，若夫財現而龍不現，龍現而財不現，氣散不聚，財有亦薄。然幸而逢他類將為財，還可。如是文書之財，而朱雀卻發用，即非發用，而居有氣之鄉，不傷日年，是雀既吉，又雀陰不傷雀陽、不傷日干行年，是陰陽和合，身與類和，文書之財可取。更遁生雀神，而雀神恰為日年之財，則主眾力相扶，財必豐厚。若雀雖能生旺日年，雖能為日年之明暗財，而其陰神反傷日年者，其財必不可取，取之必有他殃。欲知殃于何事，視其天官。然陰神有制不妨，占例一如青龍。

夫責青龍者，不徒責天官之乘神也。青龍寅而功曹亦寅（指天盤寅。自記），其遁干與支隨衰旺而用之，看其上得天官，下得地神何如。是寅又即青龍之陰神也。陰神上天官生助龍神者吉，陰神寅與龍乘神生比者吉，其理一也。若寅與龍乘神剋戰，便不吉；或寅之天官地神剋戰，亦不吉，何財之有？至于地盤寅亦防外戰，亦為剋龍也。並剋日干也，既無財，又傷身矣。

龍乘生干之神，又作月內之生氣，或值龍乘天喜，作日辰行年之明暗財，主徐徐發福。

財乘生炁天喜皆可，而龍為財神，乘之尤吉。

又見看日財等條。

又見看三傳。

看太常

太常為喜神，故乘財印為利，所謂求財看旺相龍常也。

《大全》云：太常乘長生臨日干者，或有錫賜物帛之事。

總看干支

凡占，干動為客，支靜為主。人求于我，則干為彼，支為我。我求于人，則干為我，支為彼。以其上神將而求之旺衰，則伊人之親疎遠近職業邪正及狀貌衣冠，無不可知。更當合陰神參論。忌害，所謂彼我猜忌害相隨，交關有隙。宜合，所謂上下皆合兩心齊，往來無礙。

以干加支論，受支剋者為亂首格，受支生者為俯就格，生支者為歷虛格《大全》作偃蹇，同支者為培本格，剋支者為求受格。以支加干論，受干剋者為贅壻格，受干生者為偃蹇《大全》作求受格，生干者為自在格，同干者亦名培植格，剋干者亦為亂首格。以上若止為己身占財，則相加吉凶，皆應乎己。如為人己而占，則各依主客動靜而分應之，以知其益彼益我也。

日辰同類如甲寅乙卯日難求財。

上論干加支、支加干之生剋脫盜，亦須看多少衰旺言之。

看附占買賣條。

財帶鬼劫，或被干支剋脫墓，為索欠償債之類。

看日干為求財之人兼看日陰

以日干為求財之人，而俯仰視之。日雖外事門，其實為占人之身，宜上見貴德祿馬財印合，以助其旺相則身強，否則弱。欲知強弱于吾身為何事，視日上所乘之天官。

日陰所主，即己之懷私心腹。與日上交相生旺，或生合日干，則心腹可憑，懷私必遂，否則謀左心違。欲知順逆于吾心為何事，即視日陰上所乘之天官。至于神煞，亦須搜討。神煞者，天神所乘之煞也，吉凶可否之實，惟煞主之。故曰：將無神不靈，神無煞不顯。又地神亦論煞。日干所臨，乃吾身遊行之地。凡占動作，須視之下臨吉地，及貴德祿馬財印合，則身強。遊身得氣，無往非宜，更得年命生合日干尤吉，反此不利動謀。

干為上神所制，或上神為陰神所制，皆為有傷（然生剋亦須看衰旺），干傷則我不敢取。

看日支為求財之處兼看支陰

以日支為求財之處，而俯仰視之。支雖為內事門，其實為占人之向處。或開張店市，或圖幹遠鄉，或求浼親知，或買賣貨物，皆以支辰推之。宜上見貴德祿馬財，又與干生合，則凡謀利益，反此不吉。欲知衰旺于事業者為何因，即視上神所乘之天官。若支陰所主，亦即事業之根本情實，要當隨所屬而言之，則其地其人其物之損益可知。倣日陰例推之。

日支所臨，乃事業動行之地，下臨貴德祿馬財印合及四吉地為美，反此不利。

支為上神所制，支上為陰神所制，皆為有傷（然生剋亦須看衰旺）。

《雜摘》云：居家求財，只視用神。如發用是支之財、干之鬼者，得財之象也，反此則被破矣。

支傷則彼不肯與。

看三傳

財臨八門，可占得失遲速。若不逢此，則責用傳。

凡財神得氣無傷，見初者速，得時令旺氣更速，相少緩，休囚遲；中則財見而旺亦緩；末則現而旺亦遲。若歸干支門戶上，反速。

龍乘日年之明暗財，入傳固好，否則初龍而中末財，初財而中末龍，亦可。又否則龍入傳而財居干支年命相生合，或財入傳而龍居干支年命相生合，猶可望。若逢他類將作日年之明暗財，亦如此看。又見看成期散期條。

占買賣，三傳即物之早中晚也。物之贏絀，價之低昂，一切依次占斷。要之類見則買賣易，藏則難。

又初為客，末為主，中為中人。說見附占買賣。

《雜摘》云：初傳財爻，中傳財庫，財利十倍。若末傳又不剋中傳，更可永守。財臨太歲月建，宜求大財。財附二馬，宜求遠方之財。然必行年旺相剋龍常，乃得。若求小財，只視發用（即支財干鬼，如上所云），或占時或財神臨命即得矣。喜財歸本庫，則財豐，如戊辰日子加辰，三傳水局歸庫。忌自墓傳生，如辛亥日未加亥，三傳木局，全作日財，然自庫傳出，先聚後散。忌財入鬼墓，主財消鑠，如丁巳日千上申，末傳戌作火庫，灼耗金財，財不能聚。更察墓上天將，決其破財之因。墓乘退悔煞（春未夏丑秋辰冬戌）不利。

看日財及行年財暗財又支之明暗財命財正財偏財內財外財

且夫天將既可活變求之，而不責及財神何益（天將說見看青龍條）？要之財現則易，財藏則難。財旺者，必須身強。身弱財強，有財而無力量。身強財弱，有志而無機會。身弱，須待生旺吾身之時；財弱，須待生旺財神之候。對待之象，不可不知，應期亦然。

又有年財，年上所見之神，為年所剋也，蓋即年中所應得之財。然須乘青龍得氣旺相不空者，方成財象，故曰：求財視龍，旺相相逢。日年傳用，此外難同。言日年傳用逢之方是。又日與行年互相表裏，日剋青龍為利，年剋青龍為尤利者，以此。

暗財者，龍神所建之干，卻為日年剋者，為暗財，而《中黃》反以真財目之。又財有生旺墓，旺為明財，生墓為暗財，而龍有到有不到，縱使龍到，而龍與乘神，神與日干，各有刑衝剋害破脫墓，及外內戰之不齊，不得槩以暗財論。

要而言之，不拘明暗財神，須離不得青龍。日剋青龍為財，年剋青龍亦為財；日剋龍神建干為財，年剋龍神建干亦為財。若財現而龍不現，龍現而財不現，氣散不聚，財有亦薄。然幸而逢他類將還可，說見前看青龍為類神條。

又有支之明暗財，與日財分內外。內財出外，主退財；外財入內，主進財。是財類有六，而皆可用。

又有命財，《百問》云：占財切緊視三財，日與辰兮命上推。見者咸宜乘旺相，應知所欲定和諧。是命財亦可用，但命較年為遠耳。

占財以財星現出為美，此求分外之財也。若將本求利，其財宜見子孫，為生財之神。若不見生財爻，或官鬼爻而生起印綬，亦吉。或見官鬼而更見子孫，亦吉。單見官鬼或子孫，最要干旺，不畏鬼脫，而財爻生合日辰年命亦吉。若干不旺，則鬼脫宜有制無妨。倣此。

物即財，財即物，而買賣不可不辨類，而類又不勝窮，須通用。占財者，視財屬何類；占物者，視物屬何類。財乘青龍，或他類將亦可；物乘青龍，或帶財神亦妙。占法同。

又見看三傳。

日財弱雖身強無厚償，財強值身弱而徒費力。更防財旺，反生起官鬼來，諸多不美，大忌之。

我往借貸，及人來借貸，俱視支財。終始皆以初中末詳之，而末為尤要。

借人財物視支財，則支即與財之人，支上天官乃其職業。俯視其所臨之衰旺，則其人之貧賤富貴可知；仰視其所乘之衰旺，則其人之狀貌性情可知。所乘者，陰神也，仍合陽神四位參斷，干為頭面為巾帽，官為上體為衣衫，將為下體為裳褌，神為腿足為鞋韈。而各有陰神，看地盤上所得月建是。若支上乘神與干神年命生合者喜，刑剋者怒。欲知事因，視支上所乘之天官。而支又有陰課，乃彼之懷私心腹。與支神交相生旺比合，則心腹可憑，懷私困疚；刑衝破害，為猜忌牴牾。而有無要之以財為主，財陰與干年命生合者，終有；刑剋者，終無。其財亦有別，正財為其人自己之財，偏財非其人自己之財。欲知其細，視財屬何類之正財即其人。如甲子日，子剋午火為偏財，其財乃亥水之正財，亥即其人也，仍以財神陰陽上下，察其來因。倣此。

財多反生不足（傷印故），見印爻則傷生計，有鬼助印不妨。然不見印，而傳財生起干支上之鬼，即因財致禍之例，年命上制鬼解輕。占買賣，各分主客看。客視干鬼，以干財為本，支財為利；主視支鬼，以支財為本，干財為利。若一人占，即外財內財也。求內財而外財動，求之何益？求外財而內財動，反而有損，諸宜類推。又正財屬己，偏財屬人。

財多亦只要印多，印多便不畏財剋，而反助我身強也。否則不見印爻，須要比肩多，生合日辰年命上，亦為助我身強也。

又論正財遁財暗財，見總論。

看財神所帶之神斷是何財

《雜摘》云：凡財帶天驛二馬，是遠方之財，否則自己出入求財也。在太歲月建上，必是經年隔月之財。三傳無氣，財遲滯；三傳比和，眾人之財；三傳刑剋破害，為爭鬥之財。帶空亡六虛，指空話空之財。帶六合，買賣變易婚姻和合財。帶貴人，必是尊長之財。帶青龍螣蛇，必是生類之財，或金銀珠玉之財。帶太陰，必是婦人暗昧之財。帶元武，必是盜賊之財。帶白虎，為道路搖動之財。帶太常，為衣服布帛借貸之財。帶天空，僧道及奴婢財，亦虛詐財。大抵旺相有氣則吉，無炁則凶也。

又云：虎發用作財，虎陰能制之，必得權貴之財，或勇將或凶人或病人之財。

看官鬼

若鬼有制，亦作利看，蓋鬼者，財之主。故占宅無鬼，謂之財無氣；占身無之，便非財主。財主必有官鬼，故有勢要。

劫比多，亦只要有鬼靜以制之，故占身無鬼，資財聚散不常，多招兄弟嫉妬。占求財無鬼，兄弟必專權，主在他人手下趁錢，財亦不足。

又見總論。

看劫財

劫財固是損耗神，日辰旺，當忌之，衰則卻喜他為扶助，亦賴有子孫爻臨日辰年命，生財爻而竊比肩，則財仍無損。然劫財各有用處，客以支之劫財生合我者，利客；主以干之劫財生合我者，利主。若刑剋我，反為彼之幫助矣。

劫比多，亦只要有鬼靜以制之。

又見附占買賣。

看子孫

見附占買賣。

又見總論。

看祿

祿乃財福，旺祿臨身，止宜守舊。若空亡閉口（凡閉口，逢歲月日時四建衝破，及四建上衝破者，不為閉口。墓神及一切逢四建衝破者，吉凶皆變易言之，及被元白奪之，則得不償失，須循三傳而改業。傳皆不吉，方尋父母之鄉，又無此，則危矣。

旺祿臨身，近守獲利，切莫舍課而就傳。

《雜摘》云：德祿加日干年命者，一祿勝千財。旺相相生，無求不利。

看魁罡丁馬

財乘丁馬，必宜出入求財。如丁馬交加，則因財而有非細之動。若金日逢丁凶禍動，卻忌之。日財上及支辰行年之明暗財，見丁神，皆以剋日為凶。水日逢丁，則為財動，亦須詳支神（此或指遁丁所乘之支）屬何事類，而言其凶吉。

凡丁馬動神也，無論旺不旺，皆主動。若不旺時，仍以支論生剋。故剋其乘神，則丁神不動，指帶丁神者言也。或丁神旺，雖剋其乘神無畏，或水神旺則剋之，或丁與乘神俱不旺，則看旺神生起亦可用。

如丁神臨日干，吉凶在己身。若立在支上，除占人宅則以宅上言之，否則支亦為他人。若支是干之三六合及刑衝破害處發用，見丁來作財鬼，則己身有凶，看干有剋其乘神者為救。蓋乘神旺而帶丁，故與乘神論生剋也。若非支之三六合等，則與己無與。其丁或作支神財鬼，或作七處神財鬼，俱他人當之。若七處是丁，立在干之三六合及刑衝破害處發用，則為他人益損我。其丁立處之神，即恩仇之類神也，干旺以干言之，支旺以支言之。其立處地盤，即知何處人何處事何處物也。在三傳為疎，在年命為親，六親以生旺墓推之。

《百問》云：魁罡丁馬經商客。蓋魁罡丁馬，主動中求財，亦求財在動處，宜分我動彼動而言之，如動在日干年命為我動，在他處為彼。馬有七，歲、月、日、時、年、命、天也。若財遁旬鬼，即為因財致禍格。

又見附占買賣。

《畢法》云：水日逢丁財動之。謂壬癸日三傳年命日辰上逢旬丁，主財動，及遠方封寄財物來之象。忌占人行年上神剋去六丁乘神，財不動矣。

看病符

病符生干支，或作干支財，或作物類生旺比合干支，主舊事重新，及舊財將來，舊貨宜買賣之類，一切依舊去做理會皆是。蓋此則去年太歲，主去年事；若來年太歲，主來年事；太歲加之亦然。又太歲加過去月建為過去事，加未來月建為未來事，正值建辰事在當歲。又歲破主半年，歲墓主去年，歲宅主來年。或歲在初傳及行年，為主今年事；在中末傳，為主隔年事。或初見歲而中末見月建日辰，為移遠就近，以緩為速。見月建則論月建，見日辰則論日辰。以神將決人事，以旺相休囚定損益買賣。

以歲衝破處分界，從歲逆行六位地為前，為已過；從歲順行六位地為後，為將來。此以歲之已過將來言也。若既云加月建，便當以月建衝破處分前後，以占太歲加處為已過、將來也。

看空墓絕

財作空墓，財坐空墓，求財最難。空則虛耗無實，墓主暗昧不明。或墓神建干為財亦同，否則作墓田之財斷。然墓猶可衝，空待出旬。若乘墓落空，亦要衝。

旺相為財入庫（不作墓看）反吉，蓋旺相為庫，休囚為墓。如水土墓于辰，春占則辰為庫。財入庫，財穩可得，入墓則求無望，然得衝出其財神，亦利。

辰雖生木而旺于春，然非木之墓也，乃水之墓。如子水為財，立辰地為入墓。冬占申子辰為旺，辰旺為庫也。

財乘空落空，乘絕入絕，象為蹉跎機會，坐失事宜。縱物類吉旺，必錯過買賣。然當看財爻，在目前為過去事，在日後為未來事，在日上為現在事。

空絕亦看是何神，若是財爻物類，乃交易市罷，買賣不當時也。若凶神鬼劫之類作空絕，反幸。

絕神作財，為了結之緣。臨財于何處，即其了結處。陰神乃其實情，皆以天官詳事因。

又見附占買賣。

又見三傳。

《大全》云：求財不宜坐財墓，亦不宜財加鬼墓。

又云：空財格，謂財爻空，亦宜索債。

空手求財，財空不忌，只要神將生起或衝起。

看鑒將

七處有鑒將，與諸將論生剋。如甲日，青龍值事為鑒將，與太陰乘己亥為財，而龍乘甲午剋之，甲木傷己土，而財為不利矣，此從甲木旺而言之。若午火旺，還以午火生己土為財言之。此以青龍之干支衰旺分看，即就其本屬言（指青龍四位），亦看干支衰旺，看與乘神剋比何如。比則三才吉，剋則取納音為救，有救則反凶為吉。而後以其乘神與日干或占財與財神論吉凶。假令龍乘丙申，火旺則生財（仍以上己亥為財神論，火生己土也。自記），金旺亦為財長生（當謂己土長生在申。自記）。又如乘庚子，庚金旺亦為財長生，但庚金即日鬼（庚剋甲），不可立干之三六合及刑衝破害處發用耳，則為鬼來無路，雖能為害，不能及我也。其子（即上乘庚之子也。自記）為財旺神（或以財神之支是亥，亥是生，子是旺矣。自記）。至若乘壬寅（乘庚子，乘壬寅，仍以青龍言。自記），壬同子論，亦即印爻（子水生甲木。自記），龍神生助日干也。寅乃龍之本屬，于甲日為劫財，卻不吉。然臨身亦可幫助，否則生助子孫亦吉。

看成期散期

凡財不入傳，而責青龍於閒處，則當專視發用。用歲則從歲取期，用月則從月取期，時日氣候旬皆然。然以歲期者，尚有所應之月；以月期者，尚有所應之日；以日期者，尚有所應之時。其所剋應者，財弱當取生旺財神之月日時，身弱當取生旺吾身之月日時為準。

歲月日時並者，則從近而速者言之。若初中歲月末日時者，亦然，反此則緩而遠也，還以衰旺定之。

財之成期，以末傳合處上詳之。若散期，以末傳衝處上詳之。衝合上吉凶，各以類應方的。然皆宜以初中末詳之，而末為尤要（凡剋制其傳者，主難成，依初中末，即以剋制之神言其事。末傳衝處上亦然，以其干支之旺神定散期。凡生和其傳者，主易成，亦依初中末，即以生和之神言其事。末傳合處上亦然，以其干支之旺神定成期）。蓋如合處上見期，或見財之生旺墓，更乘龍常之吉官，尤妙（假令土旺為財，末傳合處上見火旺，以火為歲月日時之期；見金旺，以金為期。干旺應干，支旺應支。若逢剋制之類，與財刑衝破害而入課傳年命者，仍主不成。或與財作干五合、支三六合入七處者，亦依五行應期言之）。如衝處上見財，或見財之刑衝墓破敗絕之類，則不成。課吉者以合處推，課凶者以衝處推，所謂吉凶取衝合也。

《雜摘》云：得財之期，當視財爻所臨神以決之。財臨年上，年中得；臨月，月中得；臨日辰，日中得；臨時上，時中得。

看求財方

《尋源》云：求財之方向，則視青龍所乘之地，如龍居午，南方求之。

看得財數目

以類上之神，與類臨之地（地盤地也），棄衰從旺而斷之，天干亦然。如類上神支旺從支數，與類之支數合斷；干旺從干數，與類之干數合斷。

又旺相相生為衆多，休囚死逢死神死炁為寡少。旺相用因數，而或進之，或倍之；休言本數，囚死減半。此財神財地之數也，而又合旬建天干之數以計之。然類數雖如此論，而還當視發用之旺相休囚死參決。

看得財之新舊

財之新舊，以孟仲季言。如旺孟為事初起，旺仲為事正發，旺季為事來速；相孟仲主新事，亦為將來事，相季主舊事，亦為將來事。大抵孟仲新而季舊。又孟為未來，仲為現在，季為過去。又旺相相生為新，休囚死逢死神死炁為舊。下臨孟仲季，依此較論。已上俱以類神與所臨之地相較而求，蓋新舊者，財之新舊，故不必他求，而惟求之類神。地即財之著落處，故須與相較。

又可與看病符參看。

類神

占財者，視財屬何類；占物者，視物屬何類。類失地利，物惡價廉；得地利，物美價高。其陰神得吉神將等，生合類神及日辰者，買賣皆利，旺相則物美價高。陰神得凶神將等，尅制類神及日辰者，買賣皆不利，休囚死則物惡價廉。要之物即財，故云財物，利不利仍以財爻為主。

物類在天盤上為陽神，為物類現出之形狀，四位占之便是。若欲決物類之全，則看陰神，始見其美惡。其陰陽神宜相生而不相尅，蓋陰神為物類出見之根本，故尤重也，宜更看此四位。

或類不入局，及兩失天時地利，休囚無氣，買賣不利。但七處得月建輔扶同類，或生合月合也其類，則為引出物類，買賣亦利。

凡類不入局者，所筮不入仍憑類，則于課傳外責之。以類在天盤成四位，兼以類在地盤成四位，而占其吉凶。若得月建生合輔扶引出，妙矣。如月建寅，亥六合與午戌三合為類神，即合也；巳午為類神，即生也。然巳為月刑，未吉。

干：為求財人

支：為求財地，又為業。
三傳：為早中晚，又初為客，中為中人，末為主。
六合：《經緯》云：為經紀。為夥伴。
青龍：為財
太常：為財
官鬼：為牙儈
子孫：為主顧，為財源。
印：《經緯》云：為利。
馬：為行程（出仝上）
卯：為驢騾舟車（出仝上）

諸煞

丁　　　馬
魁　　　罡
祿　　　劫

死神：正起巳順十二　　死炁

占法大段，與財物可通，故占法已散見于財物中。此再錄其大畧，以便查閱。

財物附買賣

交易之財視六合。又云：將本求利之財，惟視青龍。

將本求利之財，宜見子孫官鬼。說見財物占看日財等條。

物即財也，既以財物統之，而買賣必辨其類。類不勝窮，須活變而通用。占財者，視財屬何類；占物者，視物屬何類。類得地利而臨四吉地，及貴德祿馬財印合，又上得吉官不戰，更遁干四位相生，而知其物美，其價高。反此而八凶地，及刑衝剋害破脫空，又凶官內外戰，更遁干四位相剋，而知其物惡，其價廉。又看類之天時（陰神即神），得吉神將，生合類神及日辰者，買賣皆利，旺相則物美價高。陰神得凶神將，剋制類神及日辰者，買賣皆不利，休囚死則物惡價廉。要之物即財，故曰財物，利不利仍以財爻為主。

又見類神。

買賣者，即財物之交也。干支大畧相同，干動為客，主外主出；支靜為主，主內主入。干支上剋比類，類上生合干支，宜買；干支上生類，類上刑剋比干支，宜賣。與干神刑剋生合比者，買賣利為客。更日干年命見丁馬魁罡，宜動而外幹，遠鄉買賣。又上剋下，利客利先。與支神刑剋生合比者，買賣利為主。更日支年命見丁馬魁罡，宜動而內營，近鄉買賣。又下賊上，利主利後。不見丁馬魁罡，宜靜中經營。又不利，則安分待時。

凡買賣，宜視類神上，生合我之財神者，亦吉，反此不利。類上作劫剋比，忌之。類上作財，尤妙。

又干支之陰神與類神，亦如干支上看。若干陰與干神同者，買客賣客多；與干神反者，有買有賣，或買客賣客三心二意。若支陰與支神同者，買主賣主多；與支神反者，有買有賣，或買主賣主三心二意，心意相違，或隨買隨賣，隨賣隨買，反覆出入之類，皆是。然買賣成否，總在干支生合刑剋為主，和則成，不和則否，以末傳衝合處驗成期散期。

買賣，類上旺為貴，衰為賤，而貴賤還當以歲時占決。歲神上下生旺德合，又與類神比和者，主其物多而賤；歲神上下刑衝剋害，又與類神相傷者，主其物少而貴（旺相多，休囚死少，時令旺相貴，休囚死賤，此時價也。若不當時令，或已過未來時之貴賤耳）。若三傳初中末，即物之早中晚也。物之贏絀，價之低昂，一切依次占斷。要之類見則買賣易，類藏則買賣難。

又初為客，末為主。初生剋末者，客求主；末生剋初者，主求客。而以中傳為中人，又六合元武為牙行販儈人，又以官鬼為牙儈，以其因財而來也，皆俗所謂主人也。生合初與干者利客，生合末與支者利主；刑剋者為被欺，或主客買賣不成。

又子孫為主顧，為財源，以其為生財之人也。

譬如甲子日傳得水局，干上午卻被剋，不能生財，支上辰又墓發用，末又日敗，還防折本。

凡干支彼此生合，我為客，要生合干神年命；我為主，要生合支神年命，則買賣如意。

鬼乃牙行主人，宜子孫靜以制之。若無鬼及落空，必無人說合。

三傳遞生干支固好，遞生起類神，亦利買賣。干支上逢死氣不吉，墓神尤甚，更忌墓併關神春起丑辰未戌，即寡宿。臨干上不利客，臨支上不利主。主客分干支墓看，若支墓併日財，不利客，販商折本，在路阻程；若干墓併支財，不利主，交關失約，坐守困窮。

論病符見看法中。

二貴拱物類，主價騰貴，利居積。蓋引從即拱物類，買賣皆有指引扶從之類，即以引從者占之為何路、為何人也。

財德生印物類，內戰憂重，外戰憂輕。或遇三上、四上剋下，象為客欺主；三下、四下賊上，象為主欺客。不利買賣，否則競相買賣之類。

獨足格，主難動移，買賣宜在水路，不利行走。如己未日，辰上見酉一課，金旺作脫氣，不利，然或年命上見亥，乃脫氣生財也。秋冬占，見壬戌，亦可作水路生涯。又五子遁是壬申癸酉，午未上見之，俱吉。

九醜課，百事忌，買賣求利，最難而險。外如涉害艱難，昴星蹇滯，遙剋淺薄，別責改圖，從革阻隔，斲輪費力，伏吟靜多遲退，返吟動多出入。

財神閉口，難問買賣。若閉口發用，不作財神，亦忌。德祿生印逢閉口，亦忌。源消根斷格，折耗到底。

傳順而進，宜行商走客，視龍馬財星臨處，作日之生旺方，尤吉。傳逆而退，及間進間退，主有阻，不如近守。

又見看法中看日財等條。

劫財亦有用處，客以支之劫財生合我者利客，主以干之劫財生合我者利主。若刑剋我，反為彼之助矣。

財乘空落空，乘絕入絕，象為蹉跎機會，縱物類吉旺，必錯過交易。然當看財爻，在日前為過去事，在日後為未來事，在日上為現在事。落空要衝，旬空改旬可望。又絕主了結，但空絕亦看是何神。若是財爻物類，乃交易市罷，買賣不當時也。若凶神鬼劫之類作空絕，反幸。

《雜摘》云：如他人以物至我家來賣，以支為我，干為賣物之人。

又云：合夥重六合，經營重青龍。

將本求財者，視日財，又可視正財。借本求財者，視支財，又可視偏財。又正為本，偏為利。

奴婢占

總論

天空加酉，婢與奴奸。

大要，辰上神生日上神，又或辰生日，又乘吉將，三傳發用，不空不刑剋者，主奴婢忠良，反此凶。

戌奴，酉婢。天空奴，太陰婢。干為家主，支為奴婢。

先看酉戌，次看陰空，理須並參。（以上俱出《雜摘》）

看法

看酉戌

《雜摘》云：酉戌乘神生日干吉，剋日干凶。

又云：酉戌臨干剋日，必犯主，不可留。

《尋源》云：酉戌乘龍，奴婢可托；乘六合，奴婢將逃；加太歲，

奴婢災刑；作空亡，奴婢不久。

《雜摘》又云：類（即酉戌之類。自記）生日益主，生辰益家；剋日犯主，剋辰惰

懶；遙剋日漸生不仁，遙剋辰二心不定。

分看生剋干支

見上條。

看德刑

凡占奴婢，宜以德勝刑，不可刑勝德。又不可德刑同位。

看太歲

《雜摘》云：太歲臨酉戌，酉戌加太歲，大不利，非多病，即遭刑。

占奴婢走失

《雜摘》云：戌奴酉婢，皆以天上所臨方為地分。蓋類神落地，是其走處方位。若酉戌臨支，自歸；酉戌臨干，主外獲。若酉戌在辰之陰，即藏于親戚之家；在日之陰，藏于鄰里之家。若四課不見類神，已出境。三傳再不見，遠去難獲。

大抵課傳中有長生，目下難尋，終于得見。課傳中有天耳天目，必有人見聞。惟坐長生，恐不肯歸；坐刑剋，彼不得意；坐空亡死絕，或竟死不來矣。

又散見逃亡、脫盜等門。

類神

干：為家主

支：為奴婢

酉：為婢

戌：為奴

太陰：為婢

天空：為奴

諸煞

德　合

丁　馬

畜產占

總論

凡畜類陰神上，喜生而惡剋。如丑牛未羊，得龍乘神生之則喜，剋之有憂。卯騾亥豬，得虎乘神剋之則忌，生之卻無妨。陽神下臨旺相等吉地則吉，臨絕墓（類之絕墓也）等凶地則凶。陰神亦如此看，然要各隨喜忌而言。如酉雞，忌見子鼠寅貓巳蛇戌犬，視日辰又受刑剋則傷，否則類之陰陽刑剋之，或類之乘神遁干剋之，皆主傷。倣此。

凡生剋須從旺神言之。假如旺剋物類，而旺卻生起救神，七處有救神者吉，無救神者凶。

虎乘午，為馬病。

寅加子，是貓傷鼠。

看法

看干支及干支上

《尋源》云：以日為主，辰為畜。辰上生日，則畜易長；日上生辰，則人多勞苦。辰上剋日，則喂養有傷；日上剋辰，則百物難養。

看畜類美惡及走失

先視七處上下，得其類爲入局。或不入局，及失天時地利，但得月建生合輔扶，則爲引出物類，其事又當利矣。然物類在局中，而月建在局外，亦難爲力，則看納音有救，而類上下比和者猶可，否則剋戰不和，多凶少吉。其陰神亦宜上得天時，乘吉官不戰，與日辰年命及類神生旺比合爲吉；陽神又須乘吉官，下得地利，不內外戰，方爲全美。欲知其物美惡，即從陽神上下所得四位，以生剋衰旺定之。欲知其物來處，視類下神何處來。欲知其物去處，類下神再加天上爲去處。

《雜摘》云：走失專責類。如失牛，所占丑加申，牛在西南。丑去申隔六位，爲六里，旺主六十里，相三十六里。若臨日辰，自歸。其鄉在所勝之地當謂上剋下。自記爲縱，在所畏之地當謂下賊上。自記爲拘。

《尋源》云：走失者，若本屬如牛以丑爲本屬之類。自記乘元武或天空，主賊偷去；乘陰合，主人藏匿；乘天乙，在貴宅。倣推。

看買貨宜何物類

凡占買貨宜何物類，先看日支上以及七處，旺助財神者宜買，要與日辰年命比和者吉。即以其旺類言其物，與射覆法大畧相似。若日辰及發用旺相相生，兼帶生炁及丁馬等，必動物也。

看走失里數

見看畜類美惡及走失條。

《雜摘》云：各視類神所臨地為方向，離辰遠者路亦遠，離辰近者路亦近。旺相為尤遠，囚死為尤近。

看丁馬生炁

見看買貨宜何物類條。

忌子午（一本作巳）**卯酉蛇虎魁罡**

物類忌上逢刀屠蛇虎，下逢砧灶魁罡，犯之非病即死。酉為刀，子為屠，卯為砧，巳（亦作午）為灶。或屠至灶邊、刀臨砧上者，死。魁罡為宰殺神，為牢獄煞，為羅網神。外有陽刃刀砧煞，皆忌。

忌羊刃

見上。

忌刀砧煞

仝上。

類神

支神屬昆蟲鳥獸歌

子蝠燕鼠（蛄蟹螺蚌蝦亦屬焉）丑獬牛（龜鼈蟹屬焉），虎豹狸貓寅上求。

卯兔驢騾狐貉取，魚龍蛟蜃鰲辰遊。

蛇蟬蚓蟮虺鰻巳，馬鹿獐鼇雀午頭（午屬離象中虛，故螺蚌蛄蟹亦屬焉）。

鴈鵲鳩鷹羊鴿未，申為鵝鴨及猿猴。

雞烏雀鶴鴉雉酉，獒犬豺狼戌內留。

豬豕熊羆皆入亥，十二宮中各類收。

類與元併防走失，與虎併主疾病，與蛇併常驚擾，與雀併惹口舌，與勾併招爭競，與空併主虛耗不長進，或不孳生。

干：《尋源》云為主

支：又云為畜

子：為屠

午：巳亦作為灶
卯：為砧
酉：為刀

諸煞
生炁　　　　　　　　死炁
死神　　　　　　　　血支
血忌　　　　　　　　丁
馬　　　　　　　　　陽刃
刀砧煞：春亥子夏寅卯秋巳午冬申酉
破碎

壬竅卷之九終

壬竅卷之十

清無無野人小蘇郎逸　編纂
新疆伊犂劉　浩　校訂
東海寧波李鏘濤　參訂
東海台州楊　益　校閱

蠶桑占

總論

五行不必定要生剋類神為吉凶，舍日辰年命之重，而僅求之類神之生剋，抑亦末矣。蓋日即蠶體，辰即蠶室，年命為蠶母。若得生旺神，再看蠶類上神吉，而七處又生旺財神，與日辰年命類神生比，便是吉課。若有剋日之神，即主五行之凶應在蠶，再類神上凶者的，或類神下凶者亦的，或有來剋類之神亦的，以六親推之。

午為蠶類，即蠶之命。太歲之長生位，亦為蠶命。歲之養位為蠶官，實象蠶母而應干。隨歲方順行（看見法）為蠶室，實象蠶房而應支。皆宜隨見而用，一切俯仰視之。

占乎蠶之歲收者，視歲神上下，生旺比合蠶桑之類，則主其年蠶熟；刑衝剋害蠶桑之類，主其年荒。此法則以大勢占之，若就各家而占，則各視年命上與下所得，而豐歉不同。所謂年命為變體門者，以此也。

大約合日辰年命七處，欲得貴德祿馬財生印合及四吉地，以助扶干支，而蠶類上下又見乎吉神，則蠶吉；若為刑衝剋害破脫空及衰病死與墓絕，以制傷干支，而蠶類上下又見凶神，則蠶必凶。然凶則欲其有救，吉則欲其無傷。如干剋，蠶之類旺相，則不畏鬼脫，否則見鬼脫為凶；而凶神或有制無妨，否則生干支蠶類者多，而凶神卻亦不能為凶，此為救。干支蠶類休囚，則尤忌鬼脫，不然則見生印為吉；而吉神受剋制無益，否則剋乎干支蠶類者多，而吉神卻不能為吉，此為傷。

以上占類紛紛，大要照顧財神為主。傷財者，雖吉不吉；而助財者，雖凶不凶。

凡占畜植買賣物類，總以有財氣為主，而畧與占財有別。蓋占財宜現不宜藏，占蠶亦然。現在天盤，藏在地盤也。或財蠶並現，亦得。然或七處旺神生類而剋財，其財別無生神，或生神多，現亦不妨；而或少且無者，則宜藏，而上見救助為妙。或七處上神生財剋類，亦然。

類既不現，則于課傳外責天上勝光，看四位生剋衰旺以決吉凶。

看法

看勝光午為蠶類神

先視七處，得午火為蠶種。然午生于寅，是寅又為蠶種之出處。又螣蛇巳亦為蠶象。又太歲之長生位為蠶命（如木長生在亥，寅卯年則亥為蠶命），皆可作蠶類占。凡一類入局，而天上地下之干支神煞，皆可類推其吉凶。當以午為主，見丙（勝光屬丙午）及丁巳（即螣蛇）亦可用。然除勝光外，皆不過參看耳。

類神之氣存乎地（此類神即蠶種，加地盤即其出處，似未可決吉凶，疑當以蛇（丁巳）雀（丙午）臨處，其乘神所加地盤決之。然上所云蠶種亦多，不必定是午神加處也。如午入局，即不妨以午加處決吉凶），或臨四吉地，或臨八凶地。然敗地而相生，當云沐浴。沐浴胎養乃蠶之始事，未可言凶。大要不論吉地凶地，受生吉，受剋凶。臨干支所喜之地，則吉者愈吉；臨干支所忌之地，則凶者愈凶。若類神落空入墓，得衝神為救。夫三才既具，其官將神又須不內外戰。內戰憂重，外戰憂輕。于是納音之生剋，與鑿將之生剋必察焉。此則俯視之以占其地利也。

又類陰神生旺類神者吉，剋制類神者凶。類陰生日干及生合日上神者吉，剋日干及刑害日上神者凶；生日支及生合支上神者吉，剋日支及刑害支上神者凶。吉凶係于人宅，欲知事因，即視陰神上所乘之天官。而蠶種出處，以類陰決判。旺相休囚，于是推求（一云：視蠶種加處為出處，其吉凶則以類上神決判耳。一云：種類之長生加何處，即出處也。此說近是）。此則仰視之以占其天運也。

又見總論。

又見看買賣桑葉條。

陰陽神入局不入局，及論月將輔扶引出，說見凡占總論。

總看三傳干支

傳脫支生干，主屋少人多。傳脫干生支，主人少屋多。若干支會成三合局者，人屋相稱。傳生干剋支，無正屋而寄住。

又見總論。

看日干為蠶人為蠶體兼看日陰

日干為蠶人，既占蠶則日干即蠶體。上下乘吉氣，更與蠶類之陰生旺比合，則人蠶皆吉；上下乘凶氣，更與蠶類之陰刑衝剋害，則人蠶皆凶。然須以年命吉凶應乎人，以蠶命吉凶應乎蠶。或人吉蠶凶，或人凶蠶吉，當分斷。欲知吉凶事因，視日上神所乘之天官。

日陰為干之輔助，亦即其人之懷私心腹。與日上交相生旺，或生合日干，則其人能事；否則，或干為上所制，或干上為陰所制者，皆為有傷。傷則非人不利，即蠶不利矣。

凡日干與蠶類吉者，宜自育；不吉，則遣人代育。須看日陰吉凶，如第一課例。欲知吉凶事因，視日陰上所乘之天官。又不吉，則看日干年命或在他處生旺比合蠶神者，宜代人育；生合葉神者，宜販葉。此乃究其極而言之。

看日支為蠶室兼看支陰

日支為宅，而既占蠶則又即蠶室。上下乘吉氣，更與蠶之類陰生旺比合，則蠶宅皆宜；上下乘凶氣，更與蠶類陰刑衝破害，則蠶宅不宜。然須以宅音吉凶應乎宅，以蠶室（本作命，疑誤。當指太歲之長生養位也，自記）吉凶應乎蠶。或宅吉而蠶凶，或蠶吉而宅凶，當分斷。欲知吉凶事因，視辰上所乘之天官。

支陰為宅之旁連，與支上交相生旺，或生合支，則其宅興旺；否則或支為上所制，或支上為陰所制者，皆為有傷。傷則非宅不利，即蠶不利矣。

凡宅支與蠶神吉者，宜正屋；不吉，則旁屋。須看支陰吉凶，如第三課例。然支之左右為旁鄰（支課左右為旁鄰為遠鄰，支神左右為本家為近鄰），與人宅上有關吉凶處，宜詳察。如無旁屋，或借鄰屋。又不可，則擇支臨處與蠶類生合者，為眷屬家可育。此當兼視日干驛馬所臨吉凶以決之。若干支相加，而支被脫剋者，無正屋。宅上吉而逢衝則凶，凶而逢衝反吉。以旺相休囚，決其過去、現在、未來。欲知吉凶事因，視支陰上所乘之天官。此為宅不利而究言之。

看三傳

三傳之初中末，為蠶之早中晚，依次與蠶類辨吉凶。亦為三眠應候。

又見看買賣桑葉條。

又見看寅卯辰巳午未申條。

又三傳見酉戌亥子丑不利。

看太歲長生位為蠶命

如木長生在亥，寅卯年則亥為蠶命。說見看勝光午為蠶類神條。蠶命取蠶得生，占種尤宜。又見看太歲養位長生位為蠶室條。

看太歲之養神為蠶官象蠶人

蠶官亦主蠶婦，吉凶可與日干參看。歲方養位為蠶官如寅年，寅之長生在亥，順數至戌是養位，為蠶官。自記，取蠶得養，于象為養蠶人。故犯蠶官者，蠶母多病。蠶官上見凶神，或作日干凶神，則人不利，吉則人利。此則蠶官與日干應也。又見看太歲養位長生位為蠶室條。

看太歲養位長生位為蠶室象蠶房

蠶室象蠶房，可與支神參看。日支為蠶室固已，此則隨歲方順行。亥子丑年在坤水長生在申，水之養在未，未坤申同一宮，其丑年亦作水論，下倣此。自記，寅卯辰年在乾，巳午未年在艮，申酉戌年在巽。如巽為蠶室，逢辰巳即是（辰巽巳同一宮）。其辰又即蠶官，其巳又即蠶命。餘倣此。犯主絲繭不收，而犯蠶官主蠶婦多病。蠶官在歲方養位，蠶命居歲方生位。蠶室取象于太歲後隅，有後宮親蠶之義，皆當必用。

看鑒將

如甲日青龍值事為鑒將，遇白虎則戰，以其乘神較生剋。若類神乘龍，而虎剋之，則不利矣。或勾乘類神，而鑒將剋之，亦不利。

看螣蛇巳為蠶象

見看勝光午為蠶類神條。

看寅午戌

午（即蠶類神）生于寅，墓于戌，寅午戌即蠶之生旺墓，墓凶而生吉也。

又論寅為蠶種，見看勝光午為蠶類神條。

忌酉戌亥子丑

《尋源》云：酉為蠶僵，戌為蠶黃，亥為蠶死，子為鼠耗，丑為眠化。

又見看損蠶事因及蠶病條。

看寅卯辰巳午未申

寅為午火長生，生火，故為繭；卯為火敗，為絮；辰為火冠帶，為箔；申為火病，為絲。且寅艮為山，巳為筐，而巳加午卻不吉，餘則加午相生為吉。未為葉，加之為相生合也。或午加寅卯辰未上，亦吉。三傳見寅卯辰巳午未申，亦吉。然而上下加臨，更要七處生合吉神為得助。若蠶婦命上衝剋其凶神還可，衝剋其吉神則傷。年上亦如此看。

看遣人代育

見看勝光午為類神條。

看代人育

仝上。

看蠶種

類（指前勝光午下諸類）陰與日辰年命上生旺比合，更乘吉神將，其種宜收。若與日辰年命上刑衝破害，更乘凶神將，為其種不宜收。

午為蠶命，而又有太歲長生位為蠶命，取蠶得生，占種尤宜。

又寅為蠶種，見前勝光條。

又看勝光條中數語。

占蠶之歲收法

見總論。

看損蠶事因及蠶病

不利于蠶者，如水剋濕爛而烏，火剋焦退而稀，金剋亮白而僵，土剋瘻黃而死，木剋風雷而損。假如午為蠶命上見子，若午火旺不妨，而七處土來剋子水，宜有瘻黃而死之應，幸土為火救神不妨。又或甲子加午上，春占甲木旺，論甲而不論子水矣，甲木能生午火為吉，又或七處金來剋甲木，便主亮白而殭之應，餘倣此。更以天官決其事因，貴因官事，勾因爭鬥，空因虛驚，常因酒食，蛇因火燭驚恐，雀因口舌喧爭，龍合喜事鼓吹，陰虎喪孝舉動，武后淫穢褻瀆，還兼神煞而言。

又子為鼠耗，巳為蛇驚，丑為眠化。凡日將人損，夜將鬼禍。後倣此。

又如水剋濕漏淋漓，木剋風雷震動，火剋煙熏熱燥，金剋響動聲喊，土剋陰濕潮悶。罡加子卯，事必阻于天，如陰雨風雷之累。罡加午酉，事必阻于地，如燥濕蛇鼠之傷，仍視干支應之。

午上忌見子水，衝剋不利。巳本蠶象，亦為火之臨官，而加午則火重疊太過，故憂自殭，推此則伏吟尤非所宜。戌為火墓，加之則墓脫其午，故黃。亥為火絕，加之則剋絕其午，故死。丑為火養，而中藏癸水為害，故加之則危。酉為火死神，故有以酉為赤殭。要之，酉戌亥子丑皆為午火死墓絕胎養之鄉，乃無炁之神，或午加其上亦不利，三傳見五者亦不利。然上下加臨，只要七處衝剋凶神為有救。

看小吉未為桑葉類神

占例一如蠶類。俯視其地，三才須不戰；仰視其天，生旺比合類神為吉。

看桑地

支固蠶室，亦即桑地。上得吉氣，與類之天地生合德比者，葉多而肥。上得凶氣，與類之天地刑衝剋害者，葉少而瘦。更以類上衰旺決之。支上衰旺，則主本鄉買賣貴賤。而守本鄉，亦兼看支辰臨處吉凶參斷。

支陰與支上及類神生旺比合者，葉地多；與支上及類神刑衝剋害者，葉地少。若傳脫支地窄，生支地寬，剋支或假地。支加干受干剋，而支上又脫剋者，亦然。餘如宅支占例看。

外又丑酉為桑園（未亦為桑園。自記）。若值甲辰旬中，則壬子癸丑為桑柘木，亦可用。

看買賣桑葉

販葉，見看日干為蠶人條。

寄干為己身，亦為客人。上得吉氣，與類之天地交相生合德比者，有利，或利買不利賣；上得凶氣，與類之天地交相刑衝剋害者，無利，或利賣不利買。類上旺為貴，衰為賤。干上衰旺，則主外鄉買賣貴賤。然往外鄉，宜兼看日干臨處吉凶參決。

支辰為桑地，上得吉氣，與類之天地生合比德者，葉多而肥；上得凶氣，與類之天地刑衝剋害者，葉少而瘦。更以類上衰旺決，則主本鄉買賣貴賤。而守本鄉，亦兼看支辰臨處吉凶參斷。

假如占買賣，不外求財而已，須助財而不傷財為主。其類神來生日上神，日上卻為財神，是助我財氣也。然財氣，我剋者也，豈非財神與我不和乎，而烏能為我財？倘財與天官又不和，非夾剋即內戰矣。然賴有救神，救神者，非月建引出，即納音相生。此為三才比和，反凶為吉。

如甲申日占，辰加甲上得六合夾剋，似不和。然庚寅、辛卯納音皆木，而壬辰卻納音水，水木相生，此旬中納音也。若要再論時中納音，則丙寅、丁卯火，戊辰卻為木，木火相生，斷主財喜，但不免有分財人耳，合夥求財應之。

又日陰與日上及類神生旺比合者，買客多，否則少；與干上及類神刑衝剋害者，賣客多，否則少。或日上與類神生旺比合，而日陰與類神刑衝剋害者，則有買有賣，反此則有賣有買。或日上生旺比合類神，而日陰刑衝剋害之，主欲買而心不定；日上刑衝剋害類神，而日陰生旺比合之，主欲賣而心不定。或隨買隨賣，隨賣隨買，反覆無定之象。

三傳為葉市之初中末，其價之高低，以傳之官將吉凶衰旺，依次而斷。如虎頭蛇尾，先貴後賤，隨類推斷可也。

假如類與初生和者，初時買賣好做。餘依次斷，剋制者反此。

旺相者物類多，休囚者物類少。時令旺相者貴，休囚者賤。

上剋下利客利先，下賊上利主利後。中傳為主人，初末為交易。

外有六合為主人，受主生合者為得助，受主刑剋者為被欺。

又見總論。

類神

干：為蠶母，又即蠶體，又為桑主人，又為桑客人。

支：為蠶室，亦為桑地

三傳：占蠶為三眠之次，占桑為價之早中晚，又中為主人初末為交易。

太歲之長生位：為蠶命

太歲之養神：為蠶官

太歲之長生養位：為蠶室

螣蛇巳：為蠶象，又巳為筐。

勝光午：為蠶類神

小吉未：為桑葉

太常：亦可與未為葉類參看

六合：為桑主人

寅：為蠶種出處，又為繭，又為山，艮亦為山。
卯：為綿絮
辰：為箔
申：為絲

諸煞

天德	月德
驛馬	祿
丁	死神
死炁	破碎

射覆占

總論

以十二宮神將為類，俯仰視之。類之云者，一曰陰陽，二曰五行，三曰長生十二位，四曰旺相休囚死五炁。要之不外乎陰陽五行為主，于以別其新故生死之類焉說俱散見看法。

以日辰為類，而俯仰視之。先以日辰分陰陽，陰陽又分五行，五行又分長生十二位，十二位又分旺相休囚死五炁，更兼孟仲季而言，則射覆之道盡之矣。看發用倣此說俱散見看法。

凡射覆，以日辰為主，當從旺神或多少言之。如衰旺多少均者，則陽日責干上，陰日責支上。次兼發用決之，而不取中末傳。雖不取中末，而三傳成局亦可用，並課體宜詳之。

凡射死活，不拘剛柔日，皆看支上所得之神說見看法占死活。

凡可食不可食，看日辰上及發用說見看法占可食不可食。

凡物之當時不當時，俱以用神看四時決之說見看法占當時與過時。

凡占物在左右手，看發用陰陽分之說見看法占物在左右手。

凡占物在仰覆器，專看天罡加陰陽分之說見看法占物在仰覆器。

凡老少，看日之陰陽分，又兼十二位分之說見看法占老少。

凡占虛實，看日辰上及發用之水火而定之說見看法占虛實。

又以三傳之天空、旬空，可占虛空之物，或作無物斷。空臨日辰亦然（說見看法占虛實占有無）。

凡占新舊，看日辰上與發用之十二位、五炁分之，或歲月日時之已過、未過分之（說見看法占新舊）。

占完缺，看旺相休囚。又課不備，或刑破，為缺。又見巳亥亦缺。反此為完（說見看法占完缺）。

占多少，看日辰上與發用之五炁，及歲月建將日時分之（說見看法占多少）。

占水陸所出，看三合局斷。或日辰上下加臨，少一字，亦可言局。發用亦然（說見看法中占水陸所出）。

《雜摘》則雲：論物形狀、用否、過時及時、數目，專推發用。論有無、多寡、虛實、水陸所產，發用兼日辰上推。論新舊、生死、可食與否，惟憑日上辰上神。論顏色，剛日取日上神陽干之色，柔日取辰上神陰干之色，更從占日分四時旺相休囚死也（此段與前大同小異，姑兩存之。自記）。

占貴變通，有從其本屬言，有從其化屬言。如陽日發用見巳午火，若課傳不見甲乙寅卯木及納音木、丁壬木之類，則不能生火，便不以火斷。其或遇休囚死炁，更加鬼剋，斯從鬼剋而變化。故金死為鉛，見火而應；水死為空，見土而應，或成淤泥土塊；木死為器，見金而應。火死為灰，見水而應。土死為石，見木而應。色與數亦當如此論。無剋者，從本象言之。

歌曰：

伏吟近物隱行藏（為近處伏匿之物），不備虧殘形體傷。
若遇反吟從路遠（為遠路往來之物），往來反覆用參詳。
涉害昴星與八專，二三四五總相連。
日辰連茹相和合，物類形顏內外兼。

連茹和合者，亦以干支入三傳言也，而凡干支入三傳者皆是。如甲午日寅午在傳，主其色外青內赤，或形狀不同之類。故《雜摘》云：課逢連茹，或三傳孟仲季，其物形無定體，而色無規模。如日辰相剋，為襍色。

又凡占課中欲射覆物事者，又不須看干支上，只就其神立處便是。如其神是六親之類，則責其陰神為物事也，仍以發用決之。

看法

一　論陰陽

以十干論，則甲丙戊庚壬為陽，乙丁己辛癸為陰。以十二支論，則子寅辰午申戌為陽，丑卯巳未酉亥為陰。陽生陰，陰生陽，陽以陰為本，陰以陽為根，陰陽合德而後成。若陽見陽，陰見陰，則陰陽偏枯，所謂孤陽不生，孤陰不成。

二　論五行

五行，有本神之五行：甲乙寅卯為木，丙丁巳午為火，戊己辰戌丑未為土，庚辛申酉為金，壬癸亥子為水。

有三合之五行：亥卯未木合，寅午戌火合，巳酉丑金合，申子辰水合。此即生旺墓十二雜合也。若辰戌丑未土合，為尤雜。逢刑衝剋害為破局不成。

有五合之五行（即干合）：甲己化土，乙庚化金，丙辛化水，丁壬化木，戊癸化火。凡課中五行所無，而見遁干合，則元氣運化亦可用。但受制不化，干帶傷剋之類；妬合不化，甲己見乙庚之類；非時不化，春見金木之類；

逢空不化，乘空落空之類；非其所不化，五行臨剋絕地之類。

辨五行在四時

五行在四時者，于春爲木，其蟲鱗（水族），其音角，其數八，其味酸，其臭羶。

于夏爲火，其蟲羽（飛物），其音徵，其數七，其味苦，其臭焦。

于中央爲土，其蟲倮（蠢動之物不毛者），其音宮，其數五，其味甘，其臭香。

于秋爲金，其蟲毛（獸屬），其音商，其數九，其味辛，其臭腥。

于冬爲水，其蟲介（甲屬），其數六，其味鹹，其音羽，其臭朽。

辨五行物形

歌云：

潤下細實多盤曲，曲直木兮柔且長。

土如包裹形圓厚，炎上虛尖從革方。

蓋水形屈曲，木性斜長，土體粧造，火上尖虛中，金堅硬而方。凡五行主此，不必定是成局也。

水，上見水，四足遊走；上見火，半虛半實；上見木，輪轉之物；

上見金，生新之物；上見土，土產之物。
火，上見火，飛行之物；上見水，傷破之物；上見木，花果之物；上見金，鎔鍊之物；上見土，磚瓦之物。
木，上見木，竹木草類；上見土，土產之物；上見水，帶花生物；上見火，焦枯之物；上見金，刑傷之物。
金，上見金，五金器物；上見火，爐冶之物；上見水，遊行之物；上見木，雕刻之物；上見土，金石瓦物。
土，上見土，牆壁土物；上見水，粧造之物；上見火，燒煉之物；上見木，穿掘之物；上見金，磚瓦石物。
凡火神發用，其物必心虛，天空亦然。見水神用，其物必實。日辰上火而發用水，日辰上水而發用火，其物半虛半實，若合局亦然。餘金木土倣上歌斷。
又見看日辰及發用十二支辨物形條。

辨五行物味

木味酸，臭羶。火味苦，臭焦。金味辛，臭腥。水味鹹，臭朽。土味甘，臭香。

辨五行物色

歌曰：

甲青乙碧丙主赤，丁紫戊黃己紅色。

壬黑癸綠庚辛白（一云庚白辛絳），甲寅乙卯倣此說。

蓋寅同甲，卯同乙，午同丙，巳同丁，子同壬，亥同癸，申同庚，酉同辛，辰戌同戊，丑未同己。

又可與看日辰上及發用所逢十干辨物色條參看。

辨五行物數

《雜摘》云：物數須參生成數。生數，水一火二木三金四土五也。成數，水六火七木八金九土十也。先天數，甲己子午九，乙庚丑未八，丙辛寅申七，丁壬卯酉六，戊癸辰戌五，巳亥四。

又與看日辰上及發用干支辨物數參看。

又參看占多少條。

三論長生十二位

長生為生新，沐浴為廢敗，冠帶為枯脆，臨官為堅強，帝旺為壯盛，衰病死墓絕胎養為故舊。此十二位中，惟四仲子午卯酉秉氣最純，餘四孟寅申巳亥則雜，四季辰戌丑未尤雜。生旺墓之會成三合者，亦以此。蓋寅木也，而中有生火。辰土也，而中有死水，有生木。巳火也，而中有生土，有生金。未土也，而中有死木，有生火。申金也，而中有生水。戌土也，而中有生土，有死土，又有死火，有生金。亥水也，而中有生木。丑土也，而中有死金，有生水。生即新，而死即故也。凡十二雜，不外乎生旺墓，而亦不離乎孟仲季推之。如甲日占，干上發用，得亥辰為有生木也，得未為有死木也。生主新，死主故。

四論旺相休囚死五炁

五氣，以月建論之，即四時之兄子父官財也（五氣以月論）；以占日論之，即干支之兄子父官財也（五鄉以日論）。此則視歲月發用為應遲，蓋從月建論；視日時發用為應速，蓋從占日論。至于射覆，則以旺相為生新，休囚死為故舊。

大抵旺相相生為有炁，為勢盛，為眾多，為壯盛，為新事，為美物，相生為將來事物；休囚死逢死神死氣為無氣，為勢弱，為寡少，為老弱，為堅實，為真實，為脱空，為詐虛，為舊事，為惡物，為過去事物。若夫旺孟為事物初起，旺仲為事物正發，旺季為事物來速。相孟仲主事生新，物多美，亦為事物將來；相季為故舊事物。

辨五氣物形

旺受剋為破碎，相生為全備。旺為圓，相為方長，旺相則成器皿。死為偃仆僵直、頭足歪斜之形，囚為細碎剛硬之形，休為空鬆枯脆之形及衰朽損傷之類。

看孟仲季物形

凡孟神為內，為後，為未來，為深，為左，于物為美，為形圓，有稜角。仲神為中，為目前，為現在，于物為形方而平直。季神為外，為前，為過去，為淺，為右，于物為惡，為形尖斜，實而柔長。

又《雜摘》云：用孟，物方有稜角；用仲，平直有口；用季，物圓或尖長。（此與上說卻不同，兩存之。）

又云：陽孟圓，陰孟方；陽仲彎，陰仲傷；陽季斜缺，陰季長。

看日辰上與發用陰陽

陰陽者，陽剛陰柔也。剛日則干支皆陽矣，而細分兩儀，則支陰而干陽，故陽而又求之陽，從陽極處而責其類，其占從日上神與發用決之。柔日則干支皆陰矣，而細分兩儀，則干陽而支陰，故陰而又求之陰，從陰極處而責其類，其占從辰上神與發用決之。

剛日，以陽為生新，陰為死故；陽為方來，陰為已往。柔日，以陰為生新，陽為死故；陰為方來，陽為已往。然剛雖從日，而當兼辰上看；柔雖從辰，而當兼日上看。故有氣兩見，而各得其一，或各得其半之類。

若生剋之機，則由五行而化育焉（說見下條）。

看日辰上與發用五行

五行者，日辰上及發用見水火木金土，各以類推。合干（五子遁干）官（天官）將（十二月將）神（地神）四位生剋斷之。若究五行盛衰之炁，則長生十二位由是而推遷焉（說見下條）。

又干支五行，以其旺者言之。旬干支不旺，則從多者言之。日辰上及發用有旺神，或以多為旺者，則從而占之，更用四位占法可也。四位亦以其旺者用之，但四位則例用時干，而取四位中之旺者用為用爻也。

蓋七處有七處之旺神，四位有四位之旺神也。

此五行兼孟仲季言。

看日辰上與發用十二位

十二位者，日辰上（發用當亦然。自記）見長沐冠臨帝，為物氣，為生新；衰病死墓絕胎養，為物形，為故舊。此則剛日五陽德自處，柔日五陰德從陽。蓋取所合陽干而言，合者即五干德合也，己合甲，乙合庚，丁合壬，辛合丙，癸合戊。如申酉戌亥子，乃戊土長沐冠臨帝位也；丑寅卯辰巳午未，乃戊土衰病死墓絕胎養位也。癸亦如之。又戊土，生巳、生寅、生戌，而死戌、死辰，故癸日得巳寅為生新，得戌為新故死生兼半，得辰為死故。餘干倣此。而得令不得令，則五氣由是而推焉（說見下條）。

此十二位兼孟仲季言。

看日辰上與發用五炁

日辰上見旺相為物炁，為生新；休囚死為物形，為故舊。凡旺而遇歲月建將為物盛大而多，日時為物渺小而寡。旺而遇歲月日時衝破刑剋，為傷損；遇已過歲月日時，為故舊；將來歲月日時，為生新。而五氣之運有三（所謂干支衰旺值方變，凡四位占法須看此三者）：一、四時旺，春木夏火秋金冬水四季土，一定而不易者也；二、相生旺，上下相生，及得同類之位，否則得月建生合輔扶，則為月令引出，即旺也；三、隨日辰旺，如木而得亥子日，火得寅卯日，金得辰戌丑未日，水得申酉日，土得巳午日，為旺也。發用亦然。上亦兼孟仲季言之。

又見看發用。

《雜摘》云：木主草木，加日辰發用，旺相為竹木，休囚為草蒿，死為朽腐器物。金主五金物，旺為金銀，相為銅鐵，休為鉛錫，死為瓦鑠。土主石塵沙物，旺相為土物，休囚死為塵埃。水旺相為水中所產，休囚為流轉曲形物。火旺相當為旺火，休囚死當燈燭煤煙等。

看日辰上及發用所逢十二支辨物形

歌曰：

子午偏斜有孔竅，卯酉團欒口腹傷。

巳亥不完多手足，寅申四角是尋常。

辰戌有皮並有骨，丑未眉毛要忖量。

蓋日辰上逢子午，其物偏斜，或頭緒玲瓏，孔竅多端。逢卯酉，其物團圞，或口有傷損。逢巳亥，其物不完，亦多手足，或為乞索物。逢寅申物有稜角，亦尋常所有。逢辰戌，物有皮骨頭角足而剛硬。逢丑未，其物有眉目，或毛而皺皺。

又可與辨五行物形參看。

看日辰上及發用所逢十干辨物色

歌曰：

十干顏色辨陰陽，專看日辰有定章。

若見陽神從陽色，陰從陰色正相當。

旺從本色相從子，死從妻兮囚從鬼。

休從父屬象分明，五行物色隨機擬。

夫十干顏色，甲青乙碧、丙赤丁紫、戊黃己絳、庚白辛栗、壬黑癸綠（前云己紅而此曰絳，前云辛白而此曰栗，姑俟攷。自記），以日辰上定之。見陽神從陽干色，見陰神從陰干色（日辰上，旬干支也，以旺而或多者言之）。一云：陽日從陽，日陰從陰，又以旺相休囚死分之。如秋占，甲乙寅卯日辰上見金旺，從日辰之本色，為青為碧；見水相，從日辰之子色，為赤為紫；見木死，從日辰之妻色，為黃為絳；見火囚，從日辰之鬼色，為白為栗；見土休，從日辰之父色，為黑為綠。發用一如日辰上看，然當以所從色現于日辰上及發用方的。如所見而非所從，則看其神或相生旺，或隨日辰旺，而推其旺相死囚休，從他色論之亦可。

又云：旺相死囚休，兄子財官父，木（仍以上甲寅乙卯比例。自記）火土金水，青赤黃白黑。蓋旺從兄色、從本色也，相從子色，以下倣此。當是看日辰上為射覆，不是看日辰也，故曰若見陽神從陽色云云。

又云：以發用定之。相則以其子色言之，旺則以日辰上神之本色言之。

除射覆占外，凡物類以物類上神言之，如上例。

又凡一課中，天上及本位無剋者，從本色論之。

空亡神，其時干不旺者，不論。

又可與辨五行物色參看。

看日辰上及發用所逢干支辨物數

凡欲別數目多少者，以日辰所納數目詳之，如先天數（甲己子午九之類）是又以初傳發用上下兩見之辰合取之。合取之者，合上下之成數而總計之也。旺則進之，相則倍之，休言成數，囚死半之。例雖如此，大約逢歲月多，旺相相生尤多；逢日時少，休囚死相剋尤少。而發用日辰俱旺相者多，俱休囚者少，一旺相一休囚死者處中。多則合上下而倍之，倍者，倍一為二之類；或因之，因者，因乘法也，有因多于倍，有因少于倍，須隨多少而斟酌焉；或進之，進者，進一為十之類，此又多于因與倍矣。又多則因而倍之，或因而進之，少則合其成數，或因其成數而減半言之，減十為五之類。中則合其成數，或因其成數而言之。此則類神類地，既各有應得之數，至于類神類地，又各有旬建天干之數，合而計之，數可知已。而數少則或從干，或從支，所謂干支衰旺值方變，但值旺方定事神是也。

又與辨五行物數條參看。

又見占多少條。

看三傳

以三傳為始終，而俯仰視之。夫射覆之占，則以日辰上為主，當視三傳生剋日辰上，以決類之吉凶始終。或始生終剋，或始墓終生，皆始終之義。

又見看空。

先看用爻次看旺爻

凡干官將神四位中，先看用爻，次看旺爻。用爻者，陰陽次第五用（見下文），亦曰發用，值空亡為虛。旺爻者，有生不受剋者是也。而陽用取陽為由，陰用取陰為由。

夫五炁之運，旺爻有三，上亦專言相生旺耳。然必其中有四時旺，而又相生者則取之。如無四時旺，則取隨日辰旺。又無，則專取相生旺。

五用者，三陰一陽，以陽為用，取象少陽。三陽一陰，以陰為用，取象少陰（五用不外神（即官）將二者，用陽用陰，或陽神（即官）陰神（仝上），或陽將陰將是也）。二陰二陽，以將為用，隨將陰陽辨之。謂用二陰二陽之將者，當分將之陰陽而言之。純陰反陽，以將（月將）為用。方內之物，夫用將者，不論陰陽皆屬陽。純陽反陰，以神（即官）為用。方外之物，夫用神（即官）者，不論陰陽皆屬陰。

用爻，猶用神也，與旺爻為生剋制化，而合四位為救助，則吉凶于是見矣。

看發用

見總論一條。

又見占完缺條。

又見占虛實條。

又見辨五行物形條。

歌曰：

發用若逢旺相神，物為近貴又圓新。

休囚死絕難為用，完缺全憑此處論。

凡旺相，更加旺相之位，其物近貴可用；休囚，更加休囚之位，不堪用。旺相加休囚，先可用而後廢；休囚加旺相，先廢而後可用。旺相，相生者完美，相剋則美而不完；休囚，相剋者缺陋，相生則陋而不缺。

《雜摘》云：用孟，物方有稜角；用仲，平直有口；用季，物圓或尖長。又神旺主圓軟，相主方嫩，死主僵直，囚主細碎，休主輕缺。長生新小，沐主滑澤，冠帶色枯，臨主新壯，從衰至養，皆主舊。

看炎上潤下從革曲直稼穡五局

凡日辰上下加臨，雖少一字，亦可言局。如土木火局，物出陸地；金局，出山坡；水局，出水中。發用亦然。

又見辨五行物味條。

《雜摘》云：潤下為水中物，或近水曲形物。曲直為曲直木器物，或斜長草木物。炎上為煙火虛心物，或尖銳器。稼穡為近土所養物，或圓厚泥土物類。從革為山谷中所生物，及方雕鑄堅硬物。

占死活

凡占死活，不拘剛日柔日，皆看支辰上所得之神。如長冠臨帝，及帶旺相氣生氣，上下相生（是指時令旺氣相氣，言相生亦指此言），其物必活，更辰上發用尤準。若得衰病死墓絕胎養，及帶死囚休氣死神死氣，上下相剋，其物必死。

占表裏

歌曰：干支若入三傳者，其物必然有表裏。凡干支入三傳者皆是。如甲午日寅（即甲）午在傳，主其物外青內赤之類（以干為表，干是甲木，故主青；以支為裏，支是午火，故主赤），或形狀不同之類。

占可食不可食

凡可食不可食，看日辰上發用，帶旺相氣，其物可食。然必時令旺相相生則可食，否則未必竟可食也。看日辰上，再看發用決之。又用加孟上味酸，仲上味鹹，季上味甘。用逢金為刀傷物，木為菜果類，火經火氣，水經水氣，土係土產物。又其物帶休囚死氣，又不在日辰上者，不堪食。日辰與用神並或相生，可食。得大吉與吉神並，可食。丑未寅相加，可食。龍常六合加日辰發用，可食。

《雜摘》云：發用辰戌，其物有毒，不可食。

占有無

《雜摘》云：天空發用又旬空，為無物。臨日辰亦然。無天空，但旬空，仍有物。

又見占虛實。

占老少

大抵五行之中，剛日以陽為少，陰為老；柔日以陰為少，陽為老。又長沐冠臨帝為少，衰病死墓絕胎養為老。又旺相為少，休囚死為老。

少者，或從其本屬及美好言之。老者，從其化屬及醜陋言之。

占新舊

日辰上或發用，遇長沐冠臨帝為生新，餘七者為故舊。遇旺相為生新，遇休囚死為故舊。遇將來歲月日時為生新，遇已過歲月日時為故舊。

又見三論長生十二位條。

又見看日辰上與發用十二位條。

占物之當時與過時

歌曰：

物推四季可前知，正用將來與過時。

只把用神詳節氣，前來後過不差移。

凡物之當時與過時，俱以用神看四時決之。如春占，用起丑，為過時物；用起巳，為將來物；用起月建，為當時物。用起日時及前後，倣此。用起太歲為今歲，或是常用之物；用起舊歲為去年；明歲為來年。

占完缺

發用旺相，相生者完美，相剋則美而不完；休囚，相剋者缺陋，相生則陋而不缺。

四課陰陽俱不備，見刑破，其物損。反此而不值刑破，為完。又巳亥皆有不備之象。

占虛實

歌曰：

火用虛尖銳有芒，水形曲實更柔長。

土為圓厚金方硬，木類條直長又蒼。

凡火神發用，其物心虛，天空亦然。見水神發用，其物必實。日辰上火而發用水，日辰上水而發用火，其物半虛半實也。若成局亦然。

占遇空亡，主其物空虛，初傳上空，中傳中空，末傳下空。或又為無物也。

《雜摘》云：旬首為實，空亡為虛。金木土加干支為發用，主全實。

占多少

日辰上旺而遇歲月建將，為物盛大而多；日時，為物渺小而寡。發用亦然。

《雜摘》云：日、辰、發用三者俱旺相，物必多；三者休囚，物必處中；三者死絕，物必少。數目則以上下相乘定之。

錢一為一，人十為一，獸八為一，禽五為一。旺數倍，相數因，囚數乘，休本數，死無氣及空亡減半，孤空十減三。

占水陸

看炎上等五局條。

《雜摘》云：火土木神自相加臨發用，或臨日辰，其物出陸地；金水神自相加臨，臨日辰，或發用，其物出水中。巳酉丑金神相加，則多主金石，出山谷中。又日辰及發用，雖少一字，亦可言局，如寅午亦可言火局。

占物在左右手

手之左右，地盤分之。發用臨子丑寅卯辰巳午為陽，為在左手；發用臨午未申酉戌亥子為陰，為在右手。

占物在覆仰器

其法專看天罡，罡加陽在覆器，加陰在仰器。

類神

干支形象

《雜摘》云：甲寅，叢雜，似有手足，五色紋斑點。

乙卯，為細長，似有口腹。

丙巳，不完，似有手足。

丁午，偏斜，光彩。

戊土，多新剛，或皮角。

己土，物細碎。

庚申，四角，或心空。

辛酉，似多頭緒，而尖圓。

壬亥，形扁。

癸子，有爪竅。

十二支物形物類

子，有爪竅，為細碎、柔軟，及婦女首飾、針翦，紙帛佈線，或音樂物、祀神物。

丑，為變化、粧造，形如包裹，有皴皺，或土堆冢中所出，及珍寶、首飾、食物。

寅，為叢雜、斑點、稜角、花果、文書、喜美、柔長物。

卯，為竹草、絲綸、口腹、圓轉，或門戶中動用物。

辰，為水土造成，瓦磁、皮、角、印綬、勾連、堅硬之類，及煙火所出物。

巳，為燒鑄、陶冶、管鑰、弓輪，及彎曲物。

午，為書畫、文采、絲繭、花果、煙火等物。

未，為細碎、酒食、藥穀、印綬、布帛、祀神物。

申，為圓動、絲帛、絮綿、音信、刑器、四角物。

酉，為尖圓、磁石、鏡鎖、珠玉、紙錢、釵釧、錐刀、酒、麥物。

戌，為堅硬，為火土合成，耳目叢緒、葫蘆、纇珠、毛骨、糠糞、鎖具、印綬物。

亥，為圓扁、雙丫、兒戲物，為細碎、柔長，繩、帶、紙、藤篾、穀稻、醬醋物。

又《雜摘》云：子為純水，主毛，或水生，或在沙石中，為諸水族，豆甑（凡上所有者茲不再錄，下倣此。）

丑中雜金，主土兼鐵，及瓦礫物，牛肉、酪酥。

寅中雜木，主竹木，或結實，羽族。

卯為純木，主草，兼桑棉，或無根，驢、兔、果、蝶。

辰中雜水，主藥，近火而堅剛（近巳也。自記），囚死為煙火焦破物，為魚、鹽、海味、網羅。

巳中雜金，主火兼氣，或出爐冶煆煉，為臭物、盞。

午為太陽純火，主果，彩色光明，獐、馬、鹿，小豆。

未中雜木，主食、衣，有滋味可食，壓土、庖丁所用，羊、雁、罐。

申金為主，或硬而心虛，從道路中來，沙、石、磁鐵器、骨殖、醫藥、糟、瓶。

酉為純金，物堅，小麥、雞、鴨、酒、酢醬。

戌中雜火，土產而經火氣，塑畫物，瓶、犬。

亥為重陰雜木，物無定，或水族，豕。

十二支所屬器物歌

子炭墨煤凡黑色，盞瓶籠匣水器測。
祭器樂器女首飾，閨藏女製針翦帛。
珠玉圖書梯匙筐，繩索水物細軟物。
丑櫃冠帶首飾寶，皺皺包裹與粧造。
斗斛秤鞋土堆物，不完變化又枯稿。
寅財木器花（花果）四足（四足物），叢雜柔長斑稜角。
屏風碗碟祭器劍，杍柚楝爐（香爐）文書槨。
卯口腹圓門戶用，一切竹木器中空（又為筆）。
衣架棺櫃旛竿梯，床席香梳枕帳棒。
船車轎鼓刀俎盒，牌坊琴管絲綸共。
辰為水土所造就，皮角瓦磁缸甲冑。
羅石杻械尺印綬，戥秤漆膠破衣湊。
巳輪燒（燒灼物）曲（彎曲物）樂（樂器）文（公文）筐，杵臼磚瓦弓瓶鐺。
爐鍋甑帛扇管鑰，金鐵珠玉匙盒良。

午盒文書火燭器，錦旗絲繡書畫藝。
衣服衣架煙火箱，廚櫃蒸籠筆燈具。
未簾酒食藥香帛，衣冠印綬祭細物（祭物細碎）。
浴盆盤盞酒器幡，歌舞樂器戲具入。
申柩磨碓絲綿類，五金刑具刀兵在。
又為貨寶又角骨，圓動之物申亦匯。
酉錐磁石五金連，珠玉釵釧首飾錢。
紙鎖鏡盤刀劍等，皮革碑碣酒漿兼。
一切門戶動用物，象又為棋尖亦圓。
戌為火土合成物，葫蘆鎖具石毛骨。
印綬僧鞋軍器羅，朝服碓磨犁鋤雜。
瓦器杻械鞋履鐘，磁糠臭惡虛空入。
亥亦柔長兼細碎，藤篾繩索笠傘蓋。
符圖帳櫓幞頭環，醬醋漿鹽戲弄類。
葫蘆管籥帶燈臺，筆墨圖書棉紙配。

冠巾杖幔匾圓形，榨槳雙丫同為亥。

十二天官所主物形物類

天乙，主方圓，五色分明，其物黃白珍異，貴人衣物，文章，彩色。

螣蛇，主空虛變幻，或似蛇形，在春夏其物形彎長，秋冬其物形蟠曲，又主赤色文章，或甘美可食，而經火氣。

朱雀，主文字、赤色、文華、煙火、飛禽羽毛。

六合，主蠶絲、竹木、儀象聲音之器，鹽、栗可食物。

勾陳，主手棒、干戈、土產勾連之物，瓦石土鐵之類。

青龍，主青綠草木、堪食物，為衣帛、文書、錢財類。

天空，主空虛、彎、幻、污濁不潔物。

白虎，主堅硬、稜屬、五金利器。

太常，主衣服、飲食，色黃可用之物。

元武，主虛空、流轉、陰暗、近水之物。

太陰，主黃白陰私之物，針翦刀錢之類。

天后，主衣服、繒帛、婦女經手之物。

諸煞
生炁　死炁
馬　丁
死神

怪異占

總論

《雜摘》云：子為鬼門，未為鬼宿。
又太乙螣蛇互見者，主鬼怪。
又與日辰相生吉，相剋凶。
又四課中有螣蛇，則為真怪；若無，則非怪。年命上神將吉，雖怪無害。有蛇，則視所乘神隨類決之。
《尋源》云：所不常見、不常聞，則為怪異。視課傳內有螣蛇見者，日辰上有直符、大煞、月厭臨者，怪異斯真。而不知其為何怪也，視神后所加之辰可辨，又當視蛇之陰神可析（如陰是生氣旺相，怪必活物；是死氣休囚，必死物）。怪異明矣，然其占人年命上吉神良將，雖怪何傷？必年命上惡神惡煞，怪咎成矣。

看法

占落星

月將加時，視所落之方上，得吉將爲使命，凶將爲兵起。以十二宮分野決之。如星落卯方，卯上見午，得吉將，周分遣使入宋地之類；得凶將，周出兵入宋地。又從西向東，從北向南爲使；從南向北，從東向西爲兵。應期在末傳。又用在貴前應今歲，在貴後應來年。出《雜摘》。

占雷震

《雜摘》云：雷初發聲猛暴，或非時震擊，月將加時，視登明上所臨神亥爲天門，主雷，木稔多風，水澇，火旱而薄收，土疫疾，金刀兵起。更審雷起方位，卻以地盤爲應期。如雷震于酉方，應八月，不出百里。

占暴風

月將加時，以風來方爲應期。如風來在寅，應正月也。或云：以風止時爲應期。又視風來方上，見乙，貴人出遊；見蛇，火光驚駭；雀，口舌；合，小口不安；陳，惡人宜避；青，貴人召；空，卑獄訟；白，病喪，虎狼為災；常，當慎飲食；武，防賊；陰，奸私；后，主婦女災。

又當視日上神將吉凶何如。如旋風入户，亦以日上推之。出《雜摘》。

占心動

視行年上，有旺氣，或陰合龍常等吉將，或傳見救神，免凶。反此凶，各以類推之。出《雜摘》。

占什物自動

視日辰及日辰上，吉而旺相，身家皆吉，反此皆凶。出《尋源》。

占井溢

亦視日辰上，如上條法。

占釜鳴

視日辰上及行年神將，吉主富貴，凶主人動宅遷。出《雜摘》。

占犬吠

《雜摘》云：視日上所臨神，以意推之。

占牝雞鳴

占視從魁上下及乘神。出《雜摘》。

占鳥怪鳴

視鳴處所臨神。或云：看日上。

類神

太乙巳：主怪
螣蛇：主怪
未：為鬼宿
子：為鬼門

諸煞

月厭：正起戌逆十二　　大煞：正午逆四仲
直符　　丁
馬

壬竅卷之十終

編號	書名	作者	說明
占筮類			
1	擲地金聲搜精秘訣	心一堂編	沈氏研易樓藏稀見易占秘鈔本
2	卜易拆字秘傳百日通	心一堂編	
3	易占陽宅六十四卦秘斷	心一堂編	火珠林占陽宅風水秘鈔本
星命類			
4	斗數宣微	【民國】王裁珊	民初最重要斗數著述之一；未刪改本
5	斗數觀測錄	【民國】王裁珊	失傳民初斗數重要著作
6	《地星會源》《斗數綱要》合刊	心一堂編	失傳的第三種飛星斗數
7	《斗數秘鈔》《紫微斗數之捷徑》合刊	心一堂編	珍稀「紫微斗數」舊鈔秘本
8	斗數演例	心一堂編	
9	紫微斗數全書（清初刻原本）	題【宋】陳希夷	斗數全書本來面目；有別於錯誤極多的坊本
10-12	鐵板神數（清刻足本）——附秘鈔密碼表	題【宋】邵雍	無錯漏原版秘鈔密碼表　首次公開！
13-15	蠢子數纏度	題【宋】邵雍	蠢子數連密碼表打破數百年秘傳　首次公開！
16-19	皇極數	題【宋】邵雍	清鈔孤本附起例及完整密碼表
20-21	邵夫子先天神數	題【宋】邵雍	研究神數必讀！附手鈔密碼表研究神數必讀！
22	八刻分經定數（密碼表）	題【宋】邵雍	皇極數另一版本；附手鈔密碼表
23	新命理探原	【民國】袁樹珊	子平命理必讀教科書！
24-25	袁氏命譜	【民國】袁樹珊	
26	韋氏命學講義	【民國】韋千里	民初二大命理家南袁北韋
27	千里命稿	【民國】韋千里	
28	精選命理約言	【民國】韋千里	北韋之命理經典
29	滴天髓闡微——附李雨田命理初學捷徑	【民國】袁樹珊、李雨田	命理經典未刪改足本
30	段氏白話命學綱要	【民國】段方	民初命理經典最淺白易懂
31	命理用神精華	【民國】王心田	學命理者之寶鏡

32	命學探驪集	【民國】張巢雲	稀見民初子平命理著作 發前人所未發
33	澹園命談	【民國】高澹園	
34	算命一讀通——鴻福齊天	【民國】不空居士、覺先居士合纂	
35	子平玄理	【民國】施惕君	
36	星命風水秘傳百日通	心一堂編	
37	命理大四字金前定	題【晉】鬼谷子王詡	源自元代算命術
38	命理斷語義理源深	心一堂編	稀見清代批命斷語及活套
39－40	文武星案	【明】陸位	失傳四百年《張果星宗》姊妹篇 千多星盤命例 研究命學必備
相術類			
41	新相人學講義	【民國】楊叔和	失傳民初白話文相術書
42	手相學淺說	【民國】黃龍	民初中西結合手相學經典
43	大清相法	心一堂編	重現失傳經典相書
44	相法易知	心一堂編	
45	相法秘傳百日通	心一堂編	
堪輿類			
46	靈城精義箋	【清】沈竹礽	沈氏玄空遺珍 玄空風水必讀
47	地理辨正抉要	【清】沈竹礽	
48	《玄空古義四種通釋》《地理疑義答問》合刊	沈瓞民	
49	《沈氏玄空吹虀室雜存》《玄空捷訣》合刊	【民國】申聽禪	
50	漢鏡齋堪輿小識	【民國】查國珍、沈瓞民	失傳已久的無常派玄空經典
51	堪輿一覽	【清】孫竹田	
52	章仲山挨星秘訣（修定版）	【清】章仲山	章仲山無常派玄空珍秘 門內秘本首次公開 沈竹礽等大師尋覓一生末得之珍本！
53	臨穴指南	【清】章仲山	
54	章仲山宅案附無常派玄空秘要	心一堂編	
55	地理辨正補	【清】朱小鶴	玄空六派蘇州派代表作
56	陽宅覺元氏新書	【清】元祝垚	簡易・有效・神驗之玄空陽宅法
57	地學鐵骨秘 附 吳師青藏命理大易數	【民國】吳師青	釋玄空廣東派地學之秘
58－61	四秘全書十二種（清刻原本）	【清】尹一勺	玄空湘楚派經典本來面目 有別於錯誤極多的坊本

62	地理辨正補註　附 元空秘旨　天元五歌　玄空精髓　心法秘訣等數種合刊	【民國】胡仲言	貫通易理、巒頭、三元、三合、天星、中醫
63	地理辨正自解	【清】李思白	公開玄空家「分率尺、工部尺、量天尺」之秘
64	許氏地理辨正釋義	【民國】許錦灝	民國易學名家黃元炳力薦
65	地理辨正天玉經內傳要訣圖解	【清】程懷榮	秘訣一語道破，圖文并茂
66	謝氏地理書	【民國】謝復	玄空體用兼備、深入淺出
67	論山水元運易理斷驗、三元氣運說附紫白訣等五種合刊	【宋】吳景鸞等	失傳古本《玄空秘旨》《紫白訣》
68	星卦奧義圖訣	【清】施安仁	
69	三元地學秘傳	【清】何文源	
70	三元玄空挨星四十八局圖說	心一堂編	三元玄空門內秘笈　清鈔孤本 過去均為必須守秘不能公開秘密 與今天流行飛星法不同
71	三元挨星秘訣仙傳	心一堂編	
72	三元地理正傳	心一堂編	
73	三元天心正運	心一堂編	
74	元空紫白陽宅秘旨	心一堂編	
75	玄空挨星秘圖　附 堪輿指迷	心一堂編	
76	姚氏地理辨正圖說　附 地理九星并挨星真訣全圖　秘傳河圖精義等數種合刊	【清】姚文田等	
77	元空法鑑批點本——附 法鑑口授訣要、秘傳玄空三鑑奧義匯鈔　合刊	【清】曾懷玉等	蓮池心法　玄空六法 門內秘鈔本首次公開
78	元空法鑑心法	【清】曾懷玉等	
79	蔣徒傳天玉經補註	【清】項木林、曾懷玉	
80	地理學新義	【民國】俞仁宇撰	
81	地理辨正揭隱（足本）　附連城派秘鈔口訣	【民國】王邈達	揭開連城派風水之秘
82	趙連城傳地理秘訣附雪庵和尚字字金	【明】趙連城	
83	趙連城秘傳楊公地理真訣	【明】趙連城	
84	地理法門全書	仗溪子、芝罘子	巒頭風水，內容簡核、深入淺出
85	地理方外別傳	【清】熙齋上人	巒頭形勢、「望氣」「鑑神」
86	地理輯要	【清】余鵬	集地理經典之精要
87	地理秘珍	【清】錫九氏	巒頭、三合天星，圖文並茂
88	《羅經舉要》附《附三合天機秘訣》	【清】賈長吉	清鈔孤本羅經、三合訣法圖解
89－90	嚴陵張九儀增釋地理琢玉斧巒	【清】張九儀	清初三合風水名家張九儀經典清刻原本！

91	地學形勢摘要	心一堂編	形家秘鈔珍本
92	《平洋地理入門》《巒頭圖解》合刊	【清】盧崇台	平洋水法、形家秘本
93	《鑒水極玄經》《秘授水法》合刊	【唐】司馬頭陀、【清】鮑湘襟	千古之秘，不可妄傳匪人
94	平洋地理闡秘	心一堂編	雲間三元平洋形法秘鈔珍本
95	地經圖說	【清】余九皋	形勢理氣、精繪圖文
96	司馬頭陀地鉗	【唐】司馬頭陀	流傳極稀《地鉗》
97	欽天監地理醒世切要辨論	【清】欽天監	公開清代皇室御用風水真本
三式類			
98－99	大六壬尋源二種	【清】張純照	六壬入門、占課指南
100	六壬教科六壬鑰	【民國】蔣問天	由淺入深，首尾悉備
101	壬課總訣	心一堂編	過去術家不外傳的珍稀六壬術秘鈔本
102	六壬秘斷	心一堂編	
103	大六壬類闡	心一堂編	
104	六壬秘笈——韋千里占卜講義	【民國】韋千里	六壬入門必備
105	壬學述古	【民國】曹仁麟	依法占之，「無不神驗」
106	奇門揭要	心一堂編	集「法奇門」、「術奇門」精要
107	奇門行軍要略	【清】劉文瀾	條理清晰、簡明易用
108	奇門大宗直旨	劉毗	天下孤本　首次公開 虛白廬藏本《秘藏遁甲天機》 奇門不傳之秘　應驗如神
109	奇門三奇干支神應	馮繼明	
110	奇門仙機	題【漢】張子房	
111	奇門心法秘纂	題【漢】韓信（淮陰侯）	
112	奇門廬中闡秘	題【三國】諸葛武侯註	
選擇類			
113－114	儀度六壬選日要訣	【清】張九儀	清初三合風水名家張九儀擇日秘傳
115	天元選擇辨正	【清】一園主人	釋蔣大鴻天元選擇法
其他類			
116	述卜筮星相學	【民國】袁樹珊	民初二大命理家南袁北韋
117－120	中國歷代卜人傳	【民國】袁樹珊	南袁之術數經典